손에
잡히는
취업 기본
워크북

성공
취업스토리텔링

김인기

YANGSEOWON
양서원

책머리에

Preface

자신의 꿈을 실현시킬 때까지는 많은 시간과 노력이 필요하다. 어쩌면 그 꿈은 마음에만 품고 죽을 때까지 살아갈 수 있다. 그러나 미리부터 자신의 꿈을 포기할 필요는 없다. 자신이 하고자 하는 일에 확신을 갖고 과감하게 도전하라고 말하고 싶다. 많은 사람은 '무엇을 할까? 이 일이 정말 나에게 맞을까? 그리고 내가 해낼 수 있을까?'라고 생각하면서 망설이다 중요한 시기를 놓치고 있다.

학벌중심의 사회에서 능력중심의 시대로 변화되었다. 좋은 직장에 입사한다고 해도 그 일이 자신에 맞지 않고 익숙하지 않아 인정받지 못한다면, 스스로 회사를 그만두는 것이 아니고 구조조정될 것이다. 자신에게 가장 적합한 직업을 선택하고, 그 직업을 통해 자아실현을 이루는 것이 가장 행복한 삶이라고 생각한다. 행복이란 자신이 좋아하고 잘할 수 있는 일을 찾아 그 일을 달성하기 위해 주어진 삶을 긍정적이고, 자신을 통제할 수 있는 의지로 지속적으로 노력하면서 살아가는 것이다. 어쩌면 행복이란 끊임없는 자신과의 싸움과 도전에서 이겨야 얻어질 수 있는 것이 아닐까 생각한다.

마음속에 있는 고민들은 자신이 목표가 없고, 무엇을 해야 할지 확신이 없어 늘 고민만 하고 이를 해결하려고 노력하지 않아 생기는 것이다. 우리가 할 수 있는 일은 자신이 무엇을 해야 할지 확신을 가지고 뚜렷한 목표를 수립하고, 하면 된다는 마음으로 지금 바로 시작하는 것이 중요하다. 그러기 위해서는 무엇보다도 자신감을 가져야 한다. 필자는 이 책을 통해 여러분에게 사회에 진출할 수 있는 확실한 자신감을 심어 주고 싶다.

이 책은 따라서 하기만 하면 취업준비가 될 수 있도록 꼭 알아야 할 스토리텔링, 자기분석, 직업(직무)분석, 기업분석, 채용인성, 면접, 취업전략 등을 통해 역량중심 자기소개서를 작성하는 데 활용하는 기법들을 소개하고 있다. 또한, 직무능력중심(NCS 기반) 채용 준비를 핵심적으로 알기 쉽게 요약하였다. 필자는 현장에서 수년간 경험하고 스스로 체험한 내용들을 이 책에 옮겨 놓으려고 노력하였다. 이 책을 통해 취업 준비에 대한 고민이 해결되었으면 하는 바람이다. 취업 준비까지 전문적이고 체계적으로 준비해야 하는 현실이 안타깝지만, 그것이 시대적 흐름이라면 하루라도 빨리 준비하라고 당부하고 싶다. 자신의 꿈을 포기하지 않는다면 언젠가는 꼭 실현될 수 있다는 진리를 마음에 담고 하루하루 최선을 다하길 바란다.

2021년 8월

김 인 기

차 례

Contents

차 례

PART

01

스토리텔링 기법

Chapter 01 스토리텔링

chapter

1. 스토리텔링

2. 스토리텔링 작성과정

3. 스토리텔링 작성요령

CHAPTER

01

스토리텔링

1. 스토리텔링

급변하는 사회에서 채용방식도 다양하게 변화되고 있다. 평생직업이라는 일하는 삶이 바뀌고, 학벌과 스펙이 좋은 사람보다는 직무와 회사가 원하는 인재상과 적합한 사람을 선호하게 되었다.

회사는 많은 예산으로 신입사원 직무교육을 통해 일을 시키기보다는 언제 전직할지 모르는 상황에서 채용한 후 바로 직무를 수행할 수 있는 직무능력을 갖춘 사람을 원하는 것이고, 회사의 공통역량인 인재상에 부합하는 사람을 찾는 것이다. 그러기 위해서 가장 중요한 것은 직무능력과 인성역량(회사의 공통역량)을 갖춘 사람을 선별하는 것이다. 지원자가 직무능력과 인성역량을 갖추었는지 가려내는 과정에서 구체적인 스토리텔링은 지원자의 글과 말을 믿게 해주는 도구가 될 수 있다. 직무능력과 인재상, 그리고 자신의 역량으로 어떤 성과를 발휘했으며, 공동체에서 원만한 대인관계를 가지고 있는지에 대한 기본적인 방법은 스토리텔링 기법과 면접에 달려 있다고 해도 과언이 아닐 것이다. 따라서 스토리텔링은 자신이 행한 경험들을 다른 사람들에게 충분히 보여줄 수 있는 기법인 것이다.

2. 스토리텔링 작성과정

자신이 살아온 과정의 경험 중에는 자신의 흥미 · 성격 · 가치관 · 강점 등을 발휘하여 좋은 성과를 가져온 경우가 많다. 또한, 사소한 경험이라도 어떻게 작성하느냐에 따라 전혀 다른 이야기가 될 수 있다. 이러한 다양한 경험을 자신이 지원한 회사나 직무에 도움이 되도록 작성하기 위해서 자신의 역량을 활용한 스토리텔링 기법을 활용하는 것이 좋다. 자신의 다양한 경험을 인사 담당자의 마음을 사로잡는 이야기로 만들기 위해서 다음과 같은 과정이 선행되어야 한다. 첫째, 지금까지 살아온 과정에서 최근 4년 이내에 있는 자신의 흥미, 성격, 강점 등을 발휘한 경험 중 직무역량과 지원 회사의 인재상과 부합하는 경험을 탐색한다. 단, 가치관은 최근 4년 이내의 경험보다는 어린 시절 초, 중, 고등학교 때 어떤 경험을 통하여 자신이 느껴서 형성된 것으로, 지금까지 마음에 새기며 실천하고 있는 것을 선택하는 것이 좋다. 둘째, 자신이 희망하는 직무를 분석하여 그 직무의 내용, 직무가 요구하는 능력, 직무의 비전 등을 파악한다. 셋째, 기업분석을 통해 회사의 인재상과 핵심가치 등을 파악한다. 넷째, 직무에서 요구하는 역량과 회사가 요구하는 인재상과 자신의 역량과의 공통역량을 선택하여 경험을 탐색하고 스토리텔링 기법을 활용하여 작성한다.

〈표 1-1〉 스토리텔링 작성과정

자기분석	→	흥미, 성격, 강점, 가치관 등
↓		
직업(직무)분석	→	직무의 내용, 직무역량, 직무의 비전 등
↓		
기업분석	→	인재상, 목표 및 비전, 핵심가치 등
↓		
직무 및 인재상 역량 탐색	→	회사나 직무가 요구하는 역량과 자신의 특성 및 경력 사항과의 매칭
↓		
경험스토리 탐색	→	직무역량과 회사의 인재상과 부합하는 구체적인 경험 찾기
↓		
스토리텔링 기법	→	스토리텔링 기법으로 작성하기

1) 자기분석

자기분석은 고등학교 때부터 대학교 저학년 때까지 다양하게 해본 경험이 있을 것이다. 지금까지 자신을 이해하는 수준에서의 자기분석을 하였다면 이제는 자기분석 중 취업준비에 적용할 수 있는 자기분석 항목으로 경험을 찾고 스토리텔링 기법을 적용하여 작성하는 것이 중요하다. 역량중심 취업에 활용할 수 있는 자기분석은 흥미, 성격, 강점, 가치관 등이다.

흥미검사를 통해 자신이 흥미가 있는 분야에서 열정을 가지고 일한 경험과 희망 직업(직무)에서 요구하는 특성과 부합한 경험이 있다면 "열정을 가지고 일한 경험을 말씀해 보세요"라는 면접 스토리를 만들어 낼 수 있다.

성격검사를 통해 자신의 장단점을 찾아낼 수 있다. 장점은 희망 직무가 요구하는 특성으로 사용하고 단점은 희망직업(직무)과 무관하거나 도움이 되는 성격으로 사용하면 된다. 자신의 장점으로 발휘한 경험을 찾아내어 스토리를 작성하고 단점은 현재 어떻게 극복하고 있는지 그 과정을 쓰면 된다. 성격검사를 통해 "자신의 장단점을 말해보세요"라는 면접 스토리를 만들어 낼 수 있다.

다중지능이나 적성검사를 통해 자신의 강점을 찾아낼 수 있다. 직무에 적합한 재능 또는 회사의 목표나 비전 달성에 기여할 수 있는 특성 중 경험이 있는 강점으로 쓰면 된다. 다중지능검사를 통해 "자신의 강점을 말해보세요"라는 면접 스토리를 만들어 낼 수 있다. 그리고 가치관 검사를 통해 어릴 적 경험을 통해 얻은 신념, 좌우명, 생활신조 등을 찾을 수 있고 그러한 신념 중 현재까지 마음속에 간직하고 실천하고 있는 경험을 자신의 신념 또는 성장과정으로 쓰면 된다. 가치관 검사를 통해 "당신의 신념을 말해보세요"라는 면접 질문을 만들어 낼 수 있다.

이와 같이 역량중심 채용에 있어서는 자신이 지원하는 회사나 직무에 적합한 사람이라는 것을 보여주는 것이 매우 중요하며 이를 입증할 수 있는 경험을 찾아 스토리텔링으로 작성하여 자신을 표현하는 것이 중요하다.

2) 직업(직무)분석

자기분석을 통해 자신의 흥미, 성격, 재능, 가치관 등을 확인한 다음 자신에게 적합한 직업(직무)을 분석하는 것이 중요하다. 직업(직무)의 내용, 필요한 능력 등을 파악하여 자신과 부합하는 특성과 경험을 찾아낸 후 스토리를 작성하는 것이 직무역량 취업경쟁력을 높이는 것이다. 가령 "자신의 직무와 적합한 이유를 말해보세요"라는 면접 질문을 만들어낼 수 있다.

3) 기업분석

기업분석을 하는 이유는 크게 두 가지이다. 첫째는 성장 가능성을 분석하는 것이고, 둘째는 자신이 회사가 원하는 인재상 또는 회사의 목표 및 비전에 얼마나 적합한 특성을 가지고 있는지를 파악하는 것이다. 인재상은 회사의 공통역량으로서 그 회사의 직원이라면 누구나 회사가 원하는 인재상을 지니고 있어야 한다. 가령 도전정신, 리더십, 창의력, 봉사심 등이 인재상이라고 하면, "살아오면서 가장 기억에 남는 도전했던 경험이 있으면 말해보세요"라는 면접 질문이 만들어질 수 있다. 리더십, 창의력, 봉사심 등도 마찬가지로 경험을 토대로 한 면접 질문이 될 수 있다.

또한 자신이 회사의 목표나 비전을 달성시킬 수 있는 특성이 있는지 살펴보고, 그러한 특성으로 성과를 이루어냈던 경험을 찾아내어 스토리를 작성하는 것이 중요하다. 기업분석을 통해서 지원동기 또는 1분 자기소개서 등을 작성할 수 있다.

예를 들어 '입사 후 3년 내에 백화점 영업사원으로서 매출액 개인 순위 5위 안에 진입할 것이며, 5년 내에 영업 왕이 되어 영업의 노하우를 후배들에게 교육하고 전수하는 영업의 전문가가 되겠다.'와 같이 비전은 정량적인 개념을 포함하여 구체적인 입사 후의 모습 등이 기술되어야 한다.

4) 직무 및 인재상 역량탐색

자신이 희망하는 직무와 얼마나 적합한지, 회사의 인재상에 얼마나 부합한지, 회사의 목표나 비전을 달성하는 데 얼마나 필요한 인재인지를 자기분석을 기반으로 찾아야 하고, 스토리를 작성한 경험이 있어야 한다. 만약 경험이 없으면 직접 경험을 하여 직무나 회사가 필요로 하는 사람이라는 것을 표현하는 것이 역량중심 채용에 있어서 매우 중요하다. 이와 같이 직무와 회사의 부합하는 특성을 찾고, 그 특성으로 어떤 성과를 이루어 낸 경험이 있다면 이를 스토리텔링 기법으로 작성하는 것이다.

5) 회사에 대한 기여도

회사에 대한 기여도는 지원자의 목표나 비전이 실현되었을 때 회사에 기대할 수 있는 성과를 의미한다. 성과를 낼 수 있는 구체적이고 실현 가능한 비전을 세우고, 이를 달성하기 위한 자신의 역량을 발견하고, 그 역량을 활용하여 구체적인 행동을 하고 좋은 성과를 달성한 경험을 스토리텔링 기법으로 만들어 내는 것이 중요하다.

6) 경험스토리 찾기

경험스토리는 직무에서 요구하는 능력과 회사에서 요구하는 인재상 등에 적합한 경험을 찾는 것으로 역량중심 채용에 대비하는 중요한 과정이다. 경험스토리는 최근 경험일수록 좋다. 학창시절의 팀 프로젝트, 동아리활동, 국내외 봉사활동, 직무관련 아르바이트, 인턴 등에서 찾을 수 있다. 단, 좌우명이나 신념 등은 초, 중, 고등학교 등 어릴 적 경험을 통해 형성되었고 현재에도 실천하고 있으며 미래에도 실천할 것이라는 스토리가 필요하다. 직무나 회사가 요구하는 특성에 적합한 경험이 있는지를 다양한 측면에서 찾아야 한다.

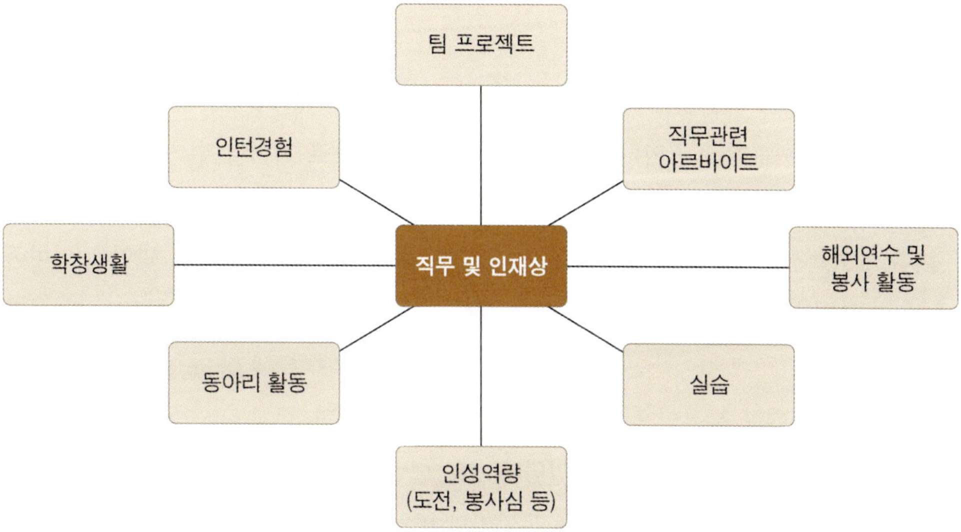

[그림 1-1] **직무 및 인재상 경험 마인드맵**

3. 스토리텔링 작성요령

스토리텔링 기법은 소설, 드라마, 만화, 영화 등과 같이 매혹적인 이야기를 만드는 다양한 기법들이 있지만 이 장에서는 취업에 필요한 스토리텔링 기법 두 가지를 소개하고자 한다. 첫째는 STAR의 4단계 기법과 구체적인 스토리를 작성하기 위한 12단계 기법을 설명하고자 한다.

요즘 기업의 자소서 내용을 보면 "경험"을 작성하라는 요구가 많다. 경험이라고 하면 직무와 인재상에 관련된 경험을 작성하는 것이 좋다. 국가기관이나 공공기관은 NCS 직업기초 능력 열 가지에 관련된 경험도 필요하다. 특히 NCS 채용에 있어서 직무기술서를 확인하면 직업기초능력 열 가지 중 4~6가지 정도가 직무의 특성에 따라 필요한 직업기초능력으로 표기되어 있다. 이와 같이 해당 직무에서 요구하는 항목을 중점적으로 준비하는 것이 시간을 낭비하지 않고 역량중심 채용에 대비하는 것이다.

1) STAR 기법

회사가 요구하는 직무능력과 인재상에 부합하는 특성을 파악하고, 그 특성으로 발휘한 성과를 이루어낸 경험을 찾았다면 스토리텔링을 성공적으로 시작할 수 있다. 간편 스토리텔링을 작성할 수 있는 STAR는 자신의 경험을 설득력 있게 표현할 수 있는 하나의 도구이다. S(Situation)는 그 당시 상황을 의미하고, T(Task)는 자신이 부여받은 과업을 의미한다. A(Action)는 부여받은 과업을 위해 행한 행동을 의미하고, R(Result)은 행동을 통한 성과를 의미한다.

예를 들어, 지원한 분야의 필요역량이 리더십이라고 하면 '학교 ○○동아리 회원들이 줄어들어 해체 위기에 처한 경우가 있었다.(상황) 그런 상황에서 회장으로 선출되어 회원을 늘려야 한다는 과제가 있었다.(과제) 동아리의 비전과 목표를 새롭게 하고 회원들이 필요한 것은 무엇인지 파악하였다. 대화를 통해 문제점을 파악하고 해결하려는 노력을 하였다.(행동) 그 결과 1년 안에 9~30명의 회원을 확보하였다.(결과) 회원들과의 원활한 의사소통을 통해 회원들의 공통된 요구에 맞는 목표를 세우고 실천하는 것이 팀워크를 이끄는 중요한 요소임을 느꼈다'라고 적을 수 있다.(느낀 점)

STAR를 활용할 때 면접관은 'ST'보다는 'AR'쪽에 더 많은 관심을 가지고 중요하게 여긴다. 이와 같이 자기소개서 내용을 작성할 때 STAR를 활용한 스토리텔링 기법이 자신의 이야기를 논리적으로 전개할 수 있고 면접관의 신뢰를 확보할 수 있는 방법이다.

〈표 1-2〉 STAR 기법 사례

구분	스토리 내용
S : 상황 (Situation)	대학교 1학년 때 처음으로 화장품 판매 일을 하였습니다. 처음 하는 일이라 함께 일하는 직원들에게 부담을 주는 일이 있어서 동료 분들에게 미안한 마음을 갖게 되었습니다.
T : 과제 (Task)	이를 해결하는 일은 하루빨리 화장품 이름과 기능을 외워야만 하였고, 고객 응대 방법도 익혀야 했습니다.

구분	스토리 내용
A : 행동 (Action)	함께 일하는 직원 분들에게 부담을 주지 않기 위해서 일주일 동안 매일 직원이 일하는 것을 하나도 빠짐없이 메모를 하였고, 다양한 화장품의 이름과 기능을 시간이 있을 때마다 외웠고, 직원 분들이 응대하는 모습을 보면서 나만의 고객응대 방법을 터득하게 되었습니다. 그러자 점점 일이 익숙해지고, 고객을 잘 응대할 수 있게 되었습니다. 직원 분들께서도 제가 노력하는 모습을 보고 화장품에 대한 기능을 직접 알려주시고, 독려해주셨습니다. 그런 후 3개월 만에 저에 대한 글이 회사 칭찬게시판에 올라와 동료 분들이 함께 축하해주셨습니다.
R : 결과 (Result)	제가 근무한 지 2개월 이후부터 개인 매출액 20%의 상승이라는 기록을 세울 수 있었습니다. 그 모든 것이 직장에서의 서로 협조하는 동료관계가 중요하다는 것을 알게 되었습니다. 이러한 경험은 제가 사회생활을 할 때 힘들어하는 타인들에게 희망을 주는 삶이 되어야겠다는 교훈을 얻을 수 있었습니다.

2) 12단계 기법

역량중심 스토리텔링 기법을 좀 더 구체적·세부적으로 살펴보면 ① 스토리의 결론 작성(두괄식), ② 경험을 하고자 한 이유, ③ 언제, ④ 어디에서(장소), ⑤ 자신의 역할, ⑥ 어떤 일(무엇을)을 했나? ⑦ 그 일을 하면서 가장 집중했던 것, ⑧ 집중한 이유, ⑨ 경험하면서 가장 기억나는 에피소드, ⑩ 그 경험을 통해서 배우고 느낀 점(인재상), ⑪ 그 경험을 통해 자신의 것으로 만든 능력(직무능력), ⑫ 이러한 경험과 능력을 바탕으로 지원한 직무나 회사의 목표 등에 기여할 수 있는 것 등으로 작성한 후에 스토리로 만든다면 역량중심의 멋진 사례가 만들어질 것이다. 사소한 경험일지라도 어떤 용어로, 어떻게 쓰는가에 따라 자신을 멋지고 능력 있는 사람으로 만들 수 있다.

그러나 '③ 언제'를 작성할 때는 숫자로 명시하는 것은 피하고 인사담당자가 편하게 읽을 수 있도록 '대학 3학년 여름방학 때'와 같이 작성하는 것이 좋다. 또한, '⑩ 그 경험을 통해서 배우고 느낀 점'을 작성할 때는 지원한 인재상과 관련 있는 것을 작성하는 것이 좋고, '⑪ 그 경험을 통해 자신의 것으로 만든 능력'에는 직무와 관련된 역량으로 작성하는 것이 좋다. 이러한 역량중심의 스토리텔링 기법은 자기소개서를 작성함에 있어서 모든 경험에 적용할 수 있다. '⑨ 경험하면서 가장 기억나는 에피소드'는 회사가 요구하는 글자 수에 따라 생략할 수 있다.

〈표 1-3〉 12단계 기법 사례(직무경험스토리)

단계	내용
1. 두괄식(결론)	A회사 총무부에서 6개월 동안의 인턴경험은 대인관계 능력이 회사의 원가 절감에 크게 영향을 미칠 수 있음을 느끼게 한 소중한 시간이었습니다.
2. 경험한 이유	6개월 간 인턴 경험을 한 이유는 제가 희망하는 직무가 현장에서 실제로 저의 흥미와 적성에 적합한지 알아보기 위함이었습니다.
3. 언제	대학교 3학년 겨울방학 때부터 6개월 간
4. 어디에서(장소)	A회사 총무부에서
5. 역할	사무실 인테리어 공사에서
6. 무엇을(어떤 일)	제가 맡은 일은 사무실 3개 층 건물 인테리어 공사의 견적을 비교 검토하는 일을 하였습니다.
7. 집중한 일 (핵심적인 일)	인테리어 공사의 질을 높이면서 3천 2백만 원 예산을 맞추는 데 집중하였습니다. 여러 인테리어 업체에서 견적을 받아 비교 검토하면서 견적비를 5천만 원 제시한 업체에 주목하고 공사비 협상을 하기로 하였습니다.
8. 집중한 이유	해당 업체에 집중한 이유는 낮은 견적을 낸 업체는 모두 자재가 좋지 않아 부실 공사가 될 수 있기 때문이었습니다.
9. 경험에서 기억나는 한 가지 에피소드 (글자 수가 많이 요구될 때 활용)	글자 수가 1,000자 이상을 요구할 때 에피소드 경험을 선택하여 스토리텔링으로 작성 (이 장에서는 생략함)
10. 배운 점 (회사의 인재상)	비록 6개월 간 짧은 인턴 직원이었지만 자신이 맡은 일에 책임감과 주인의식을 갖는 것이 중요하다는 것을 배울 수 있었습니다.
11. 경험을 통해 자신이 얻은 능력 (직무능력 및 성과)	객관적으로 바라보고 소통할 수 있으며 합리적으로 설득할 수 있는 능력도 함께 얻을 수가 있었습니다. 우선 협상으로 선정한 업체를 직접 방문하여 견적을 낸 방식대로 다시 견적을 내보자고 제안한 후 예산을 확인한 결과 3천 2백만 원이 나왔습니다. 인테리어 업체는 그 금액으로는 공사를 할 수 없다고 하였지만, 설득을 하여 3천 2백만 원으로 결정되었고, 공사도 성공적으로 해낸 결과로 3일 휴가와 보너스도 받았습니다.
12. 회사나 직무에 대해 기여할 점	이런 경험과 능력은 앞으로 도전하게 되는 총무직을 수행함에 있어서 원가절감을 통한 회사의 살림을 알뜰하게 꾸려갈 수 있을 것이라고 확신합니다.

〈표 1-4〉 스토리텔링 수정 전, 후 비교

수정 전
저는 대학교 시절 동안 여러 아르바이트를 많이 해왔습니다. 성장배경에서도 말했듯이 현재는 나레이션 아르바이트를 하고 있는데 매출상승에 힘쓰고 있으며 그 성과를 인정받고 있습니다. 나레이션 아르바이트를 하기 전에는 고기도 팔고 자동차 용품, 카메라, 기능성 의자 등 다양한 것들을 팔아보았습니다. 그리고 저는 항상 그때마다 매출 상승의 효과를 얻고 인정을 받을 수 있었습니다. 축산 아르바이트의 경우 처음에는 "과연 네가 이 일을 잘 할 수 있을까?"라고 말해주셨던 분들이 행사가 끝날 무렵에는 다들 칭찬을 해주고 심지어 박수를 받기도 했습니다. 축산 아르바이트는 신선도의 문제로 인해 매출이 다른 것들보다 중요하기 때문에 처음 시작할 때는 압박을 받기도 했지만 이내 익숙해져서 나중에는 여러 업체들이 저를 쓰려고 연락이 계속해서 오기도 했습니다. 21살 때 처음 시작한 축산 아르바이트를 제가 나레이션 아르바이트를 전문적으로 하기 전까지인 3년 동안 계속 꾸준히 해왔습니다. 축산 아르바이트는 매출이 나오지 않으면 더 이상 그 사람을 쓰지 않기 때문에 경력에서만 보더라도 저의 성과를 인정받을 수 있다고 생각합니다.

수정 후
대학시절 동안 영업 및 마케팅에 관련된 일의 경험을 통해 사람들과의 의사소통능력을 배웠고, 특히 축산업에서의 일한 경험은 제품에 따라 차별화된 마케팅전략이 매출의 향상을 가져올 수 있음을 느끼게 한 소중한 시간이었습니다. 영업 및 마케팅에 관련된 아르바이트를 한 이유는 학교를 벗어나 사회의 경험을 하면서 적성에 맞는지 현장에서 직접 확인하기 위함이었습니다. 특히, 대학교 2학년 여름방학 2개월 동안 서울 ○○지점 ○○마트 축산코너에서 판매하는 일은 가장 기억에 남는 경험이었습니다. 저는 생선을 가공하고, 신선함을 유지할 수 있도록 관리하며, 판매하는 일을 하였습니다. 그 일을 하면서 가장 집중한 것은 생선의 신선도를 유지시키는 것입니다. 생선의 신선도를 유지하기 위해 적절한 얼음의 사용과 생선의 위치 등을 수시로 바꾸어 놓았습니다. 그 이유는 생선의 신선함을 유지하는 것이 판매를 올릴 수 있는 방법이라고 생각했기 때문입니다. 손님들은 그러한 생선을 보시고는 생선이 싱싱하고 맛있게 보인다고 하시면서 구입을 하셨습니다. 제가 일한 2개월 동안 평균 매출액보다 20%의 매출 상승이라는 성과를 이루어 냈습니다. 학업과 일을 병행하느라 늘 분주하고 육체적으로 많이 힘들었지만, 이 경험을 통해 제품의 특성에 따라 마케팅전략을 다르게 해야 하며, 아무리 하찮은 일이라도 자신이 맡은 일에 책임감과 자부심을 갖는 것이 중요하다는 것을 배울 수 있었습니다. 그와 더불어 자신의 입장이 아닌 상대방의 입장에서 소통할 수 있는 능력도 제 것으로 만들 수 있었습니다. 저의 이런 경험과 능력은 앞으로 제가 도전하게 되는 ○○직무를 수행함에 있어서 고객지향 서비스, 매출 상승에 많은 도움이 될 것입니다.

worksheet **1-1** 자신의 학창시절 직무경험 또는 업적 경험을 선택하여 STAR 기법을 활용하여 스토리를 작성해 보자.

구분	스토리 내용
S : 상황 (Situation)	
T : 과제 (Task)	
A : 행동 (Action)	
R : 결과 (Result)	

worksheet 1 - 2 〈1-1〉 경험을 12단계 기법을 활용하여 작성해 보자.

단계	내용
1. 두괄식(결론)	
2. 경험한 이유	
3. 언제	
4. 어디에서(장소)	
5. 역할	
6. 무엇을(어떤 일)	
7. 집중한 일 (핵심적인 일)	
8. 집중한 이유	
9. 경험에서 기억나는 한 가지 에피소드 (글자 수가 많이 요구될 때 활용)	
10. 배운 점 (회사의 인재상)	
11. 경험을 통해 자신이 얻은 능력 (직무능력 및 성과)	
12. 회사나 직무에 대해 기여할 점	

PART

02

자기분석과 스토리텔링

chapter

Chapter 02 흥미, 성격분석과 스토리텔링

Chapter 03 다중지능, 가치관분석과 스토리텔링

1. 자기분석의 중요성
2. 흥미분석과 스토리텔링
3. 성격분석과 스토리텔링

CHAPTER 02

흥미, 성격분석과 스토리텔링

1. 자기분석의 중요성

자기분석은 역량중심 취업준비를 위한 필수조건이다. 그중 흥미, 성격, 적성, 다중지능, 가치관 분석은 희망 직무와 기업에서 필요한 인재를 선별하는 데 중요한 의미가 있다. 즉, 자신이 과거에 어떤 일을 했고, 어떤 직무능력이 있으며, 어떤 성과를 이루어 낼 수 있는가가 채용의 기본 자료가 된다.

자신의 흥미유형을 참고로 지원하고자 하는 직업(직무)의 흥미를 확인할 수 있고, MBTI의 성격유형의 특징에 따라 지원자의 장점과 단점을 찾아낼 수 있다. 다중지능검사를 통해서 자신의 강점과 약점을 파악하고, 그러한 강점이 지원한 회사의 비전, 인재상, 직무 등에 어떤 도움을 줄 수 있는지 찾아낼 수 있다. 가치관검사를 통해 자신의 삶에 영향을 미친 신념 등을 찾아낼 수 있고, 이를 활용하여 자신의 성장과정을 작성하는 데 활용할 수 있다. 또한, 객관적인 자기분석을 통해 지원한 직업(직무)과 회사의 비전을 달성할 수 있는 공통된 자신의 역량이 무엇인지 발견하고, 그러한 역량이 회사에 어떻게 기여할 수 있는지 찾아내어 자기소개서를 작성하는 데 활용할 수 있다.

이와 같이 객관적인 자기분석은 자신의 특성과 역량을 찾아내는 데 유용할 뿐 아니라 직업(직무), 회사의 인재상 등에 적합한 사람임을 증명할 수 있는 기본 자료가 된다. 이러한 자기분석을 통해 발견한 자신의 특성이나 재능을 발휘한 경험들을 찾아내고, 그 경험을 통해 느끼고 배운 것을 스토리텔링 기법을 활용하여 이야기로 만들어 가는 것이 매우 중요하다.

최근 직무능력중심의 채용에서 좀 더 객관적이고 심도 있게 표준화한 것이 국가직무표준능력(NCS) 기반 채용과 블라인드 채용이다. 이러한 채용에 대비하기 위해서는 철저한 자기분석을 통해 자신이 지원한 직업(직무)과 회사에 적합한 특성이나 역량이 무엇인지 발견하여 이를 채용과정에 적절하게 활용할 수 있는 능력이 선행되어야 한다.

2. 흥미분석과 스토리텔링

흥미에 대한 이해는 홀랜드(Holland) 이론에 기초를 두고 있다. 홀랜드는 여섯 가지 성격유형과 거기에 적합한 여섯 가지 기본적 직업환경을 제안하였다. 홀랜드 이론은 첫째, 대부분 사람들의 여섯 가지 성격유형인 현실형(Realistic), 탐구형(Investigative), 예술형(Artistic), 사회형(Social), 진취형(Enterprising), 관습형(Conventional)으로 설명될 수 있다. 둘째, 직업환경도 현실적 · 탐구적 · 예술적 · 사회적 · 진취적 · 관습적 환경으로 분류될 수 있다. 셋째, 사람들은 자신에게 맞는 환경을 찾는다. 즉 자신의 기술과 능력을 발휘하고, 태도와 가치를 표현하며, 자신에게 맞는 역할을 수행할 수 있는 환경을 찾는다. 넷째, 개인의 성격특성과 직업환경의 상호작용이 행동으로 나타난다.

개인의 성격유형과 적합한 직업환경을 가질수록 개인의 직무 만족, 장기 근속, 성취 등에 긍정적인 영향을 미치고 있다는 것을 예측할 수 있음을 가정하고 있다. 즉, 사람들의 성격특성이 현실형(R)과 일치한다면 손이나 도구들을 사용하여 일하는 직업에 끌리고, 탐구형(I)과 일치한다면 아이디어와 연구하는 분야에서 일하는 직업에 끌리고, 예술형(A)과 일치한다면 예술적인 분야에서 일하는 직업에 끌릴 것이며, 사회형(S)과 일치한다면 사람들과의 관계를 다루는 직업에 더 끌리고, 진취형(E)과 일치한다면 사람들을 설득하여 물건을 팔거나 영향을 끼치는 직업에 끌리고, 관습형(C)과 일치한다면 꼼꼼한 성격이 필요한 일을 하는 직업에 끌린다는 것이다.

이와 같이 자신이 좋아하는 일을 선택한 사람은 그렇지 않은 사람보다 더 행복하고, 일에 몰입할 수 있어 일에 대한 성과도 높아진다. 간편 흥미검사를 통해 자신이 좋아하는 직업 환경을 알아보고, 관련된 일의 경험을 발견하고 자신만의 스토리를 만들어 보고자 한다.

☞ 흥미분석을 통해 희망직업이 자신의 흥미영역에 포함된다면 그 분야에서 열정적으로 일했던 경험을 찾을 수 있을 것이다.
"당신이 가장 열정을 가지고 일했던 경험을 작성하시오"

worksheet 2-1 나의 흥미유형을 알아보자.

흥미Ⅰ, Ⅱ, Ⅲ, Ⅳ, Ⅴ, Ⅵ의 표를 보고 자신과 비슷하거나 선호하는 ____에 모두 ○를 해 보고, ( )에는 ①~⑤ 중에 해당되는 번호를 적어 보자.

1) 여섯 가지 흥미유형별 점수 확인하기

<table>
<tr><th colspan="5">흥미 Ⅰ</th></tr>
<tr><td colspan="2">____ 에 나에게 해당되는 것에 모두 ○를 해 보자.</td><td colspan="2">( )에 해당되는 번호를 써 보자.</td><td rowspan="2">A+B의 합</td></tr>
<tr><td colspan="2" rowspan="2">____ 나는 강건하다.
____ 나는 순응적이다.
____ 나는 물질주의적이다.
____ 나는 완고하다.
____ 나는 실제적이다.
____ 나는 현실적이다.
____ 나는 엄격하다.
____ 나는 안정적인 것을 좋아한다.
____ 나는 말이 없고 무뚝뚝하다.
____ 나는 검소하다.</td><td colspan="2">동물이나 기계 도구를 사용하여 일하기, 물건을 수선하거나 만드는 일
( )</td></tr>
<tr><td colspan="2">① 아주 재미없다.
② 재미없다.
③ 그저 그렇다.
④ 재미있다.
⑤ 아주 재미있다.</td><td rowspan="3"></td></tr>
<tr><td rowspan="2">○를 한 개수 합계</td><td>A</td><td colspan="2">B</td></tr>
<tr><td>( )개</td><td>번 호</td><td>( )번</td></tr>
</table>

<table>
<tr><th colspan="5">흥미 Ⅱ</th></tr>
<tr><td colspan="2">____ 에 나에게 해당되는 것에 모두 ○를 해 보자.</td><td colspan="2">( )에 해당되는 번호를 써 보자.</td><td rowspan="2">A+B의 합</td></tr>
<tr><td colspan="2" rowspan="2">____ 나는 비판적이다.
____ 나는 호기심 많다.
____ 나는 창의적이다.
____ 나는 독립심이 강하다.
____ 나는 지적이다.
____ 나는 논리적이다.
____ 나는 수학적 풀이를 좋아한다.
____ 나는 방법적인 사고를 한다.
____ 나는 합리적이다.
____ 나는 과학적이다.</td><td colspan="2">수학 · 물리학 · 생물학과 같은 분야에서 연구하기, 추상적인 문제 풀기, 분석적인 사고, 복잡한 원리나 방법 이해하기( )</td></tr>
<tr><td colspan="2">① 아주 재미없다.
② 재미없다.
③ 그저 그렇다.
④ 재미있다.
⑤ 아주 재미있다.</td><td rowspan="3"></td></tr>
<tr><td rowspan="2">○를 한 개수 합계</td><td>A</td><td colspan="2">B</td></tr>
<tr><td>( )개</td><td>번 호</td><td>( )번</td></tr>
</table>

<table>
<tr><th colspan="5">흥미 Ⅲ</th></tr>
<tr><td colspan="2">_____ 에 나에게 해당되는 것에 모두 ○를 해 보자.</td><td colspan="2">(　　)에 해당되는 번호를 써 보자.</td><td rowspan="2">A+B의 합</td></tr>
<tr><td colspan="2" rowspan="2">_____ 나는 창의적이다.
_____ 나는 비우호적이다.
_____ 나는 정서적이다.
_____ 나는 표현력이 있다.
_____ 나는 비현실적이다.
_____ 나는 독립적이다.
_____ 나는 혁신적이다.
_____ 나는 통찰력이 있다.
_____ 나는 자유분방하다.
_____ 나는 예민하다.</td><td colspan="2">자신을 표현하기, 예술적인 창의성, 변화와 다양성, 상상력이 풍부하고 변화를 선호하는 일(　　)</td></tr>
<tr><td colspan="2">① 아주 재미없다.
② 재미없다.
③ 그저 그렇다.
④ 재미있다.
⑤ 아주 재미있다.</td><td rowspan="3"></td></tr>
<tr><td rowspan="2">○를 한 개수 합계</td><td>A</td><td colspan="2">B</td></tr>
<tr><td>(　　　)개</td><td>번 호</td><td>(　　　)번</td></tr>
</table>

<table>
<tr><th colspan="5">흥미 Ⅳ</th></tr>
<tr><td colspan="2">_____ 에 나에게 해당되는 것에 모두 ○를 해 보자.</td><td colspan="2">(　　)에 해당되는 번호를 써 보자.</td><td rowspan="2">A+B의 합</td></tr>
<tr><td colspan="2" rowspan="2">_____ 나는 수용적이다.
_____ 나는 남을 배려한다.
_____ 나는 공감적이다.
_____ 나는 우호적이다.
_____ 나는 남에게 도움을 준다.
_____ 나는 친절하다.
_____ 나는 설득력이 있다.
_____ 나는 책임감이 있다.
_____ 나는 가르치는 것을 좋아한다.
_____ 나는 이해심이 있다.</td><td colspan="2">다른 사람과 함께 일하기, 다른 사람들의 복지에 대한 관심, 사람들을 교육하거나 치료하는 일(　　)</td></tr>
<tr><td colspan="2">① 아주 재미없다.
② 재미없다.
③ 그저 그렇다.
④ 재미있다.
⑤ 아주 재미있다.</td><td rowspan="3"></td></tr>
<tr><td rowspan="2">○를 한 개수 합계</td><td>A</td><td colspan="2">B</td></tr>
<tr><td>(　　　)개</td><td>번 호</td><td>(　　　)번</td></tr>
</table>

<table>
<tr><th colspan="5">흥미 V</th></tr>
<tr><td colspan="2">_____ 에 나에게 해당되는 것에 모두
○를 해 보자.</td><td colspan="2">(　　)에 해당되는 번호를 써 보자.</td><td rowspan="2">A+B의 합</td></tr>
<tr><td colspan="2" rowspan="2">_____ 나는 야망이 있다.
_____ 나는 매사에 분명하다.
_____ 나는 자기주장이 강하다.
_____ 나는 매사에 확신한다.
_____ 나는 결정을 잘한다.
_____ 나는 지배력이 있다.
_____ 나는 열성적이다.
_____ 나는 타인에 영향력 있다.
_____ 나는 설득력이 있다.
_____ 나는 생산적인 사고를 한다.</td><td colspan="2">타인을 지도·통제·설득, 권력·지위·성취에 대한 야망과 열정, 판매업·매매업·정치 등 활동적인 일(　　)</td></tr>
<tr><td colspan="2">① 아주 재미없다.
② 재미없다
③ 그저 그렇다.
④ 재미있다
⑤ 아주 재미있다.</td><td rowspan="3"></td></tr>
<tr><td rowspan="2">○를 한 개수 합계</td><td>A</td><td colspan="2">B</td></tr>
<tr><td>(　　　　)개</td><td>번 호</td><td>(　　　　)번</td></tr>
</table>

<table>
<tr><th colspan="5">흥미 Ⅵ</th></tr>
<tr><td colspan="2">_____ 에 나에게 해당되는 것에 모두
○를 해 보자.</td><td colspan="2">(　　)에 해당되는 번호를 써 보자.</td><td rowspan="2">A+B의 합</td></tr>
<tr><td colspan="2" rowspan="2">_____ 나는 조직화된 것을 좋아한다.
_____ 나는 책임질 수 있다.
_____ 나는 효율적이다.
_____ 나는 질서정연하다.
_____ 나는 순응하는 것이 편하다.
_____ 나는 실제적인 성격이다.
_____ 나는 정확한 것을 좋아한다.
_____ 나는 체계적이다.
_____ 나는 보수적이다.
_____ 나는 잘 통제되는 편이다.</td><td colspan="2">자료의 체계적인 정리, 자신에게 기대되는 것이 무엇인지, 정해진 일이 무엇인지 정확히 구조화된 일(　　)</td></tr>
<tr><td colspan="2">① 아주 재미없다.
② 재미없다.
③ 그저 그렇다.
④ 재미있다.
⑤ 아주 재미있다.</td><td rowspan="3"></td></tr>
<tr><td rowspan="2">○를 한 개수 합계</td><td>A</td><td colspan="2">B</td></tr>
<tr><td>(　　　　)개</td><td>번 호</td><td>(　　　　)번</td></tr>
</table>

2) 나의 흥미 육각형 그려 보기

〈worksheet 2－1〉의 A＋B의 합(1~15점)으로 자신의 흥미 육각형을 그려 보자.

① 점수 산정의 예

<table>
<tr><th colspan="5">흥미 I</th></tr>
<tr><td colspan="2">_____ 에 나에게 해당되는 것에 모두 ○를 해 보자.</td><td colspan="2">(　　)에 해당되는 번호를 써 보자.</td><td rowspan="2">A＋B의 합</td></tr>
<tr><td colspan="2" rowspan="2">__○__ 나는 강건하다.
__○__ 나는 순응적이다.
_____ 나는 물질주의적이다.
_____ 나는 완고하다.
__○__ 나는 실제적이다.
_____ 나는 현실적이다.
__○__ 나는 엄격하다.
__○__ 나는 안정적인 것을 좋아한다.
_____ 나는 말이 없고 무뚝뚝하다.
_____ 나는 검소하다.</td><td colspan="2">동물이나 기계 도구를 사용하여 일하기, 물건을 수선하거나 만드는 일(③)</td></tr>
<tr><td colspan="2">① 아주 재미없다.
② 재미없다.
③ 그저 그렇다.
④ 재미있다.
⑤ 아주 재미있다.</td><td rowspan="3">8</td></tr>
<tr><td rowspan="2">○를 한 개수 합계</td><td>A</td><td colspan="2">B</td></tr>
<tr><td>(5)개</td><td>번 호</td><td>(③)번</td></tr>
</table>

② 〈worksheet 2－1〉에서의 여섯 가지 흥미별 점수(A+B의 합)를 표에 적는다.

<table>
<tr><th>흥미 I (R)</th><th>흥미 II (I)</th><th>흥미 III (A)</th><th>흥미 IV (S)</th><th>흥미 V (E)</th><th>흥미 VI (C)</th></tr>
<tr><td></td><td></td><td></td><td></td><td></td><td></td></tr>
<tr><td colspan="4">나의 흥미유형 코드(두 자리 높은 점수의 영문 코드, 예 SE)</td><td colspan="2"></td></tr>
<tr><td colspan="6">1. 〈worksheet 2－1〉에서 각 흥미유형 A＋B의 합(1~15점)을 적는다.
2. 아래 육각형 모형의 원점을 기준으로 한 칸이 5점씩 계산하여 가장자리를 15점으로 한다.
3. 흥미 I 은 현실형(R), 흥미 II 는 탐구형(I), 흥미 III 는 예술형(A), 흥미 IV 는 사회형(S), 흥미 V 는 진취형(E), 흥미 VI 는 관습형(C)을 의미한다.
4. 각 흥미유형별 점수를 가지고 아래 그림에 여섯 개의 점을 찍고, 연결해 본다.
5. 가장 점수가 높게 나온 흥미유형과 두 번째 높게 나온 점수의 유형 코드를 적는다.
두 자리 영문 코드가 자신의 흥미유형 코드가 된다(예 RIASEC 중 2개의 영문코드: AS).
※ 좀 더 신뢰성 있고, 포괄적인 흥미검사를 원한다면 노동부 직업선호도검사(S형)를 받아 보자.
(직업선호도검사(S형): https://www.work.go.kr)</td></tr>
</table>

③ 나의 흥미유형 그리기

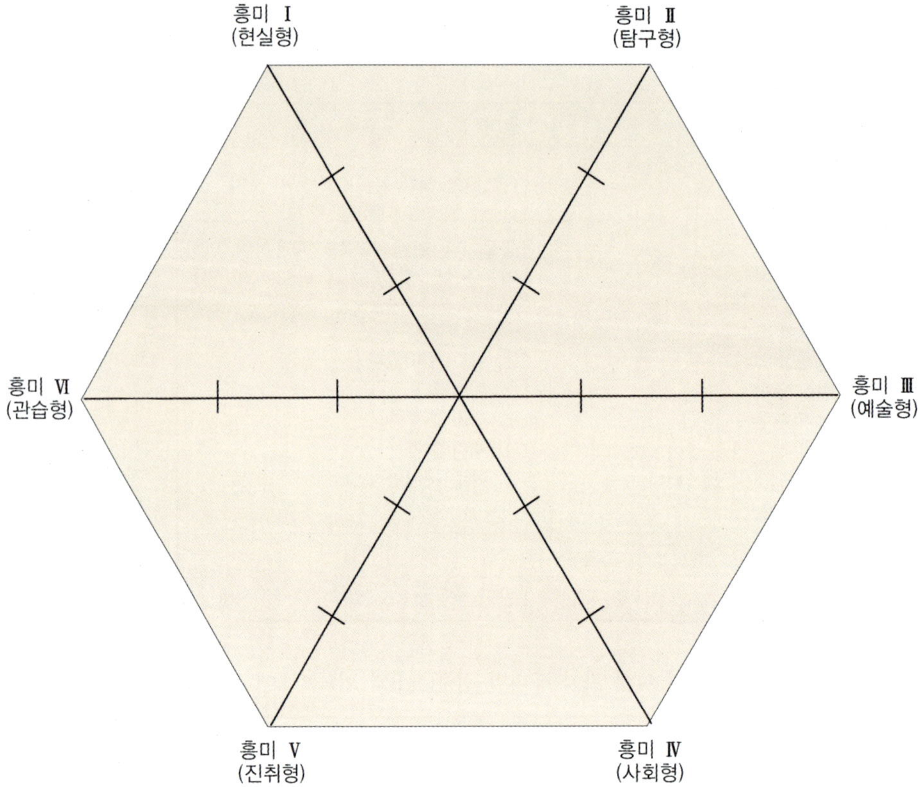

〈표 2-1〉 흥미분석 스토리텔링 사례

대학교 3학년 때 ○○항공사에 실습을 간 경험이 있습니다. 제가 원하는 항공사에 실습을 가는 것이기 때문에 매우 설레고 떨렸습니다. 몇 주 동안 여객터미널에서 실습을 하는 과정에서, 힘든 일도 많았고, 마음대로 일이 풀리지 않았던 날도 많았지만 미래의 제 모습을 상상하며 1시간 전에 출근하고 퇴근시간은 잊은 채 열정적으로 실습을 하고 부족한 것이 있으면 매일매일 실습일지에 부족한 점과 고쳐야 할 점을 기록했습니다. 그렇게 열심히 생활하다 보니 어느 날 수료식이 다가오고 수료를 한 저의 모습을 볼 수 있어 매우 뿌듯한 경험이었습니다. 이 경험을 통해 승무원은 서비스직이다 보니 처음 보는 사람들과 자주 마주치고 외국인들과도 소통을 해야 하며, 그러한 상황 속에서도 웃음을 잃지 않고 친절하게 대해야 한다는 점이 정말 대단하다고 느꼈습니다. 저의 이러한 경험을 통해 고객지향적 서비스 마인드와 상황에 따른 임기응변 등 대처능력이 많이 돋보인 저의 모습을 볼 수 있었습니다.

worksheet **2-2** 자신이 열정을 가지고 일한 경험(사례)을 작성해 보자.(어떤 상황에서, 어떤 일을, 어떻게 수행해서, 어떤 결과를 이루어 냈는지 구체적으로 작성)

상황	
과제	
행동	
결과 및 성과	

TIP 2-1 여섯 가지 흥미유형별 특성

흥미유형	성격특성	추구 가치	직업환경
현실형(R)	분명하고 질서정연하고 체계적인 것을 좋아하며 연장이나 기계를 조작하는 활동 및 기술에 흥미가 있음	눈에 보이는 성취에 대한 물질적 보상	엔지니어, 소방관, 경찰관, 운동선수 등
탐구형(I)	관찰적 · 상징적 · 체계적이며 물리적 · 생물학적 · 문화적 현상의 창조적인 탐구를 수반하는 활동에 흥미가 있음	지식의 개발과 습득	언어학자, 심리학자, 물리학자, 생물학자, 연구원 등
예술형(A)	예술적 창조와 표현, 변화와 다양성을 선호하고 틀에 박힌 것을 싫어하며 모호하고, 자유롭고, 상징적인 활동에 흥미가 있음	아이디어, 정서, 감정의 창조적 표현	음악가, 화가, 시인, 카피라이터, 디자이너, 배우, 미용사 등
사회형(S)	타인의 문제를 듣고, 이해하고, 도와주고, 치료해 주고, 봉사하는 활동에 흥미 있음	타인의 복지와 사회적 서비스의 제공	상담가, 간호사, 교사, 성직자 등
진취형(E)	조직의 목적과 경제적인 이익을 얻기 위해 타인을 지도 · 계획 · 통제관리하는 일과 그 결과로 얻어지는 명예 · 인정 · 권위에 흥미가 있음	금전적 성취, 사업 · 정치 영역에서의 권력	기업가(CEO), 정치가, 변호사, 판매 및 영업사원, 언론인 등
관습형(C)	정해진 원칙과 계획에 따라 자료를 기록 · 정리 · 조직하는 일을 좋아하고 체계적인 작업환경에서 사무적 · 계산적 능력을 발휘하는 활동에 흥미가 있음	책임감, 질서와 사회적 관습 중시	회계사, 경리사무원, 비서, 금융사무원 등

3. 성격분석과 스토리텔링

인간의 성격특성을 설명해 주는 가장 대표적인 모형 중 하나가 MBTI(Myers Briggs Type Indicator)이다. MBTI는 스위스 심리학자 칼 융(Jung)의 심리유형론을 근거로 마이어스(Myers)와 브릭스(Briggs)가 고안한 자기보고식 성격유형검사이다.

MBTI에 따르면 사람의 성격은 네 가지 요소의 조합으로 구성된다. 첫째, 외향(Extraversion)과 내향(Introversion)을 살펴보면 외향은 주로 외부세계를 지향하고, 인식과 판단에서도 외부의 사람이나 사물에 초점을 맞춘다. 외향형의 사람들은 바깥에 나가 뛰어다녀야 활력을 얻는다. 행동 지향적이고 때로는 충동적으로 사람들을 만나고, 솔직하고 사교성이 많고 대화를 즐긴다. 내향은 자기 내부세계를 지향하며, 바깥 세계보다는 자기 내부의 개념이나 생각 또는 이념에 더 관심을 둔다. 혼자 앉아 생각에 잠기는 것이 편안하고 활력이 생긴다. 이러한 사람은 사려 깊고 명상적이며 고독과 프라이버시를 즐긴다.

둘째, 감각(Sensing)과 직관(iNtuition)을 살펴보면 감각을 선호하는 사람은 오관 중 눈 또는 귀 등 한 가지 또는 그 이상의 감각기관을 통해 관찰 가능한 사실이나 사건을 잘 받아들인다. 감각형의 사람은 자기가 현재 직접 경험하고 있는 일을 중시하며 현실적이고 관찰능력이 뛰어나며 세세한 것까지 기억을 잘하며 구체적이다. 직관형인 사람은 오감보다는 통찰, 즉 육감이나 영감에 의존하며 구체적인 사실이나 사건보다는 이면에 감추어져 있는 의미, 관계 가능성 또는 비전을 보려고 한다. 직관형의 사람은 새로운 가능성을 추구해 나가며 현재보다는 미래의 성취와 변화, 다양성을 즐긴다.

셋째, 사고(Thinking)와 감정(Feeling)을 살펴보면 감각 또는 직관을 통해 정보를 얻으면 사고형의 사람은 상대방, 인정, 체면보다는 논리적 분석과 원리에 따라 판단한다. 감정형의 사람은 개인적 · 인간적 · 사회적 가치를 기준으로 판단한다. 예를 들어, 상대방이 돈을 빌리면 사고형의 사람은 돈을 어디에 쓸 것인지, 제대로 갚을 수 있는지 등에 관심을 기울인다. 감정형의 사람은 돈을 안 빌려주면 섭섭하게 생각할 텐데, 나를 어떻게 생각할까, 미안해서 다음에 어떻게 만날지에 관심이 기울어진다. 즉, 사고형의 사람이 객관적이라면 감정형의 사람은 주관적이다.

넷째, 판단(Judging)과 인식(Perceiving)을 살펴보면 판단형의 사람은 의사를 결정하고, 종결을 짓고, 활동을 계획하고 어떤 일이든 조직적 · 체계적으로 진행하기를 좋아한다. 인식형의 사람은 들어오는 정보 그 자체를 받아들이기를 즐긴다. 삶을 통제하고 조절하기보다 상황에 맞추어 잘 적응하며 이해하려고 한다. 예를 들어, 판단형의 사람은 한 가지 일을 빨리 끝내고 다른 일을 추진한다. 하던 일을 놔두고 다른 일을 하지 못하며 일을 두고는 잠을 못 이룬다. 인식형의 사람은 한꺼번에 여러 가지 일을 시작하지만, 뒷마무리가 약하다. 판단형 사람은 단기전에 강하고, 인식형 사람은 장기전에 강하다.

이러한 성격특성을 바탕으로 자신의 성격 장단점을 발견하여 자기소개서에 활용할 수 있다.

〈표 2-2〉 **MBTI의 네 가지 선호경향**

외향형(E) Extraversion		⟷ 에너지 방향 (주의 초점)	**내향형(I)** Introversion	
감각형(S) Sensing		⟷ 인식의 기능 (정보 수집)	**직관형(N)** iNtuition	
사고형(T) Thinking		⟷ 판단의 기능 (판단, 결정)	**감정형(F)** Feeling	
판단형(J) Judging		⟷ 행동양식 (생활양식)	**인식형(P)** Perceiving	

〈표 2-3〉 MBTI의 유형별 장단점

☞ 사람의 성격은 장점과 단점이 있는 것이 아니고 하나의 성격 그 자체인 것이다. 어떻게 바라보냐에 따라 장점이 될 수도 있고, 단점이 될 수도 있다.

☞ 이 장에서는 취업준비를 위해 참고 사항으로 임의로 장단점을 구분해 보았다. MBTI를 검사한 후에 자신이 지원한 직무나 회사의 인재상을 생각하면서 장단점을 생각해보자.

MBTI 여덟 가지 유형	장점	단점
외향형(E) Extraversion	리더십, 대인관계, 친화력 등 → 관련 경험으로 스토리텔링(STAR)	행동을 앞세움, 충동적임 등 → 단점 극복을 어떻게 하고 있는지 설명 예) 행동하기 전에 세 번 이상 생각해보기
내향형(I) Introversion	신중함, 집중력, 생각이 깊음 → 관련 경험으로 스토리텔링(STAR)	자기노출을 억제함, 고민을 많이 함, 명상적임 → 단점 극복을 어떻게 하고 있는지 설명 예) 긍정적인 생각을 가지고 사소한 걱정은 하지 않는다.
감각형(S) Sensing	꼼꼼함 관찰력 → 관련 경험으로 스토리텔링(STAR)	의사결정이 늦음 → 단점 극복을 어떻게 하고 있는지 설명 예) 관련된 정보를 정확히 수집하여 자료 검토시간을 줄이고 기간 내 의사결정을 내린다.
직관형(N) iNtuition	미래지향적 도전적, 변화추구, 신속함 → 관련 경험으로 스토리텔링(STAR)	자신의 판단(직관)으로만 의사결정 → 단점 극복을 어떻게 하고 있는지 설명 예) 의사결정 시 관련정보를 수집하여 객관적으로 판단한다.
사고형(T) Thinking	객관성, 논리적, 분석적, 규범 중시 → 관련 경험으로 스토리텔링(STAR)	원리원칙을 강조, 냉정한 분위기 → 단점 극복을 어떻게 하고 있는지 설명 예) 상황에 따라 융통성을 발휘한다.
감정형(F) Feeling	우호적, 관계지향적 → 관련 경험으로 스토리텔링(STAR)	업무과중, 사적인 부탁도 거절 못함 → 단점 극복을 어떻게 하고 있는지 설명 예) 공과 사를 구별하여 정중한 거절을 한다.
판단형(J) Judging	추진력, 계획적, 체계적 → 관련 경험으로 스토리텔링(STAR)	한번에 여러 가지 일에 집중 못함 → 단점 극복을 어떻게 하고 있는지 설명 예) 일의 우선 순위를 정하고 중요한 것부터 처리한다.
인식형(P) Perceiving	개방성, 융통성, 이해력 → 관련 경험으로 스토리텔링(STAR)	한번에 여러 가지 일을 하려는 경향 → 단점 극복을 어떻게 하고 있는지 설명 예) 목표와 방향을 설정하고 일을 추진한다.

worksheet 2-3 나의 성격유형 찾기

1. A와 B의 문장을 읽고 둘 중 더 선호하는 문장에 빠짐없이 √해 보자.

A		B	
외부활동에 적극적이다.	( )	내부활동에 집중한다.	( )
대인관계의 폭이 넓다.	( )	소수와의 깊은 인간관계를 맺는다.	( )
말로 표현하기를 좋아한다.	( )	글이나 편지 쓰기를 좋아한다.	( )
활동을 통해서 활력을 얻는다.	( )	조용히 생각하면서 에너지를 충전한다.	( )
생각보다는 행동이 앞선다.	( )	충분히 생각하고 결정한 후 행동한다.	( )
솔직하며 사교적이다.	( )	명상적이며 생각을 즐긴다.	( )
인사성이 밝다.	( )	낯을 가린다.	( )
노는 모임을 좋아한다.	( )	독서 등 조용한 모임을 좋아한다.	( )
공적인 활동을 좋아한다.	( )	개인적인 활동을 좋아한다.	( )
E: 총 개 수( )		I: 총 개 수( )	
A		**B**	
정보 수집을 자신의 오감에 의존한다. (시각 · 후각 · 미각 · 촉각 · 청각)	( )	정보 수집을 육감 · 감정에 의존한다. (통찰적 사고)	( )
현재에 초점을 둔다.	( )	미래에 초점을 둔다.	( )
SF영화보다는 사실적인 영화를 좋아한다.	( )	사실적인 영화보다 SF영화나 판타지를 좋아한다.	( )
관례적 · 보존적이다.	( )	새로운 변화를 시도한다.	( )
숲 전체보다는 나무를 보려고 한다.	( )	나무보다는 숲 전체를 보려고 한다.	( )
일 처리가 꼼꼼하고, 철저하다.	( )	일은 신속하고 빠르게 처리한다.	( )
사실적이고 구체적이다.	( )	가능성을 추구하고 추상적이다.	( )
의사결정이 다소 늦는 편이다.	( )	의사결정이 빠른 편이다.	( )
관찰하는 것을 좋아한다.	( )	공상하는 것을 좋아한다.	( )
S: 총 개 수( )		N: 총 개 수( )	
A		**B**	
이성적이고 냉정하다.	( )	감정적이고 따뜻하다.	( )
거짓이 없고 바르고 참되다.	( )	눈치 빠르게 상황에 따라 처리한다.	( )
원리 · 원칙을 강조한다.	( )	상호우호적인 협력을 좋아한다.	( )
산을 오를 때는 정상까지 간다.	( )	산을 간다는 자체만으로도 즐겁다.	( )
감정표현이 잘 안 나타난다.	( )	감정이 쉽게 드러난다.	( )
일을 공평하게 처리한다.	( )	친근하고 다정하게 처리한다.	( )
복잡한 현상은 간략하게 해명하는 편이다.	( )	여러 사람과 서로 얽혀 있는 편이다.	( )
죄지은 사람에게는 사회 정의에 따라 처벌을 한다.	( )	죄 자체는 미워해도 사람까지 미워하지는 않는다.	( )
질서 있는 행동을 좋아한다.	( )	조화로운 행동을 좋아한다.	( )
T: 총 개 수( )		F: 총 개 수( )	

A		B	
조직적인 것을 좋아한다.	(　　)	융통적인 것을 좋아한다.	(　　)
정리 · 정돈이 되어 있어야 편하다.	(　　)	상황에 따라서는 흩뜨려도 좋다.	(　　)
목표의식이 분명하다.	(　　)	상황에 따라 목표와 방향이 변한다.	(　　)
약속한 기한은 철저히 지킨다.	(　　)	기한이 지나도 좋다고 생각한다.	(　　)
뚜렷한 기준과 자기의사가 분명하다.	(　　)	계획 없이 상황에 따라 행동한다.	(　　)
미리 계획해 놓고 일을 추진한다.	(　　)	일을 즉흥적으로 처리한다.	(　　)
일에 대한 결과를 중요시한다.	(　　)	일하는 과정을 즐긴다.	(　　)
일을 좋아한다.	(　　)	놀이를 좋아한다.	(　　)
하던 일을 마친 후에 새로운 일을 시작하는 편이다.	(　　)	하던 일을 마치기도 전에 또 다른 일을 시작하는 편이다.	(　　)
J: 총 개 수(　　　)		P: 총 개 수(　　　)	

2. 아래 방법에 따라 자신의 성격유형을 측정해 보자.

① A와 B의 문장에 √된 개수를 세어 여덟 개 성격특성 각각(E, I, S, N, T, F, J, P)의 합계를 (　　　)에 적는다.
② E와 I, S와 N, T와 F, J와 P의 √개수를 각각 비교하여 둘 중 √개수가 더 많이 나온 영문자를 1개씩 쓴다.
③ 각각 √개수가 많이 나타난 영문 코드 네 자리가 자신의 성격유형이라고 가정한다.
예 ENTJ, ISFP

	(E – I)	(S – N)	(T – F)	(J – P)
네 가지 선호경향을 통해서 살펴본 자신의 성격유형				

※ E–I, S–N, T–F, J–P에서 두 개씩 체크한 개수의 차이가 많이 날수록 높은 점수의 성격유형 성향이 뚜렷하다는 것을 추론할 수 있다. 점수 차이가 비슷한 경우에는 양면적인 성격을 가지고 있음을 뜻하므로 중립적인 성격성향을 보인다고 할 수 있다.
※ 본 검사는 신뢰도와 타당도가 입증되지 않았기 때문에 정밀한 검사를 원할 경우 MBTI 성격유형검사를 받는 것이 바람직하다.

TIP 2-2 열여섯 가지 성격특성

실제 사실에 대해 정확하고 체계적으로 기억하며 일 처리에 있어서 신중하고 책임감이 강하다. 집중력이 강한 현실감각을 지녔으며 조직적이고 침착하다. 성취하고자 하는 것은 주위의 시선에 아랑곳하지 않고 꾸준하게 추진해 나간다. 정확성과 조직력을 발휘하는 일을 선호한다. 회계, 법률, 생산, 토목, 보건, 사무직, 관리직 등에 적합하다. [ISTJ]	온정적이며 헌신적이고, 침착하며 양심이 바르다. 어떤 계획의 추진이나 집단에 안정감을 준다. 경험을 통해서 자신이 틀렸다고 인정될 때까지 어떠한 난관이 있어도 꾸준히 밀고 나간다. 충실하고 동정심이 많고 타인의 감정에 민감하다. 타인의 관심과 관찰이 필요한 분야인 의료, 간호, 교사, 사무직, 사회복지 등에 적합하다. [ISFJ]
조용하고 과묵하며 절제된 호기심으로 객관적으로 인생을 관찰하는 유형이다. 일과 관련이 없으면 어떤 상황이나 인간관계에 직접 관여하지 않는다. 미세한 차이까지도 알아차릴 정도로 관찰력을 가졌다. 모험심이 많아 긴장감 있는 운동을 좋아한다. 연장·도구·기계를 다루는 데 뛰어나며 사실들을 조직화하는 재능이 많다. 민첩하게 상황을 판단하는 능력이 있다. 조종사, 승무원, 한의사, 경제, 법률, 판매, 마케팅 분야에 적합하다. [ISTP]	말없이 다정하고 속마음이 매우 따뜻하고 친절하다. 상대를 잘 알기 전까지는 따뜻함을 잘 드러내지 않는다. 자신의 의견이나 가치를 타인에게 강요하지 않으며 반대 의견이나 충돌을 피하고 인화를 중요시한다. 목표를 달성하기 위해서 서두르지 않으며 현재를 즐기기 때문에 마음의 여유가 있다. 자신과 타인의 감정에 지나치게 민감하다. 화가, 무용가, 디자이너, 경찰, 패션 코디네이터, 간호사, 컴퓨터기사 분야에 적합하다. [ISFP]
창의력과 통찰력이 뛰어나며 강한 직관력으로 타인에게 영향을 끼친다. 독창성과 내적 독립심이 강하며, 확고한 신념과 열정을 가지고 자신의 영감을 구현시켜 나가려고 한다. 공동의 이익에 애를 쓰고 동료애로 존경을 받으며 사람이 따른다. 직관력과 사람중심의 가치를 중시하는 분야인 심리학, 상담학, 예술, 문학, 연구 개발 등에 적합하다. [INFJ]	자신의 아이디어나 목표를 달성하는 데 강한 결단력과 추진력이 있다. 관심을 끄는 일이라면 이를 계획하고 추진해 나가는 능력이 돋보인다. 목적 달성을 위해 모든 시간과 노력을 기울인다. 때로는 회의적·비판적·독립적이고 고집스러울 때도 있다. 직관력과 통찰력이 활용되는 분야, 과학·발명·정치·철학·엔지니어 분야 등에 적합하다. [INTJ]

정열적이고 충실하며 내적 신념이 깊다. 이해심이 많고 관대하며 자신이 지향하는 이상에 대해 정열적인 신념을 가지고 있다. 적응력이 많고 관대하며 개방적이다. 인간이해와 복지에 기여할 수 있는 일을 하기 원한다. 너무 많은 일을 벌려 놓고 고민하는 경향이 있다. 언어, 문학, 심리학, 상담, 과학, 예술, 교수 등의 직업에 적합하다. [INFP]	과묵하지만 관심이 있는 분야에 대해서는 조리있게 말을 한다. 아이디어 개발에 관심이 많으며 매우 분석적이고 논리적이고 비평을 잘한다. 지나치게 추상적이고 비현실적이며 사교성이 결여되기 쉽다. 때로는 자신의 지적 능력을 은근히 과시하므로 거만해 보이기도 한다. 지적 호기심을 발휘할 수 있는 분야, 순수과학, 수학, 추상적 개념을 다루는 경제 · 철학 · 심리 분야 등에 적합하다. [INTP]
현실적인 문제해결에 타협 모색에 능하며 적응력이 강하고 관용적이며 개방적이다. 친구를 좋아하며 음식, 오락 등 다양한 활동 등 예술적인 멋과 감각으로 생활의 모든 것을 즐긴다. 경험을 중시하며 보수적인 가치관을 가지고 있다. 연장이나 기계 다루는 데 능숙하다. 일을 논리 · 분석적으로 처리하고, 추상적인 아이디어나 개념에 대해서는 별로 관심이 없다. 경찰, 소방관, 은행원, 레크레이션 지도자, 기업가, 컴퓨터 서비스 기술자 분야에 적합하다. [ESTP]	친절하며 낙천적이고 인간중심적 가치를 가지고 있다. 어떤 상황이든 잘 적응하며 수용력이 강하고 사교적이다. 물질적 소유나 운동 등의 실생활을 즐긴다. 다소 수다스럽고 깊이가 없고 마무리를 등한시하는 경향이 있으나 사람들로 하여금 밝고 즐거운 분위기를 조성한다. 상식과 실제적 능력을 필요로 하는 분야인 비서 · 간호 · 판매 · 기계를 다루는 분야, 초등학교 교사 등에 적합하다. [ESFP]
온정적이고 창의적이며 항상 새로운 가능성을 찾고 시도한다. 관심이 있는 일이라면 열성적이고 강렬한 호기심으로 수행해 내는 능력이 있다. 다른 사람들에게 관심을 쏟으며 사람들을 리드하며 뛰어난 통찰력으로 도움을 준다. 반복적이고 일상적인 일은 싫어하며 한 가지 일을 끝내기도 전에 다른 일을 벌이는 경향이 있다. 상담, 교육, 저널리스트, 광고, 성직, 판매, 작가 등의 분야에 적합하다. [ENFP]	독창적인 혁신가이며, 창의력이 풍부하고 폭넓은 안목과 다방면으로 재능이 많다. 풍부한 상상력과 새로운 일에 도전하려는 열정과 의욕이 강하다. 새롭고 복잡한 문제해결능력이 뛰어나다. 사람을 이해하기 위해 노력하며, 항상 즐겁고 활기차다. 일상적이고 세부적인 일을 경시하는 경향이 있다. 때로는 경쟁적이며 이론에 많은 관심이 있다. 과학자, 발명가, 저널리스트, 마케팅, 컴퓨터 관련 분야 등에 적합하다. [ENTP]

실용적이고 현실감각이 뛰어나며, 일을 조직하고 계획하며 추진시키는 능력이 있다. 규칙을 중시하고 체계적으로 사업체나 조직을 이끌어 나간다. 뛰어난 지도자로서 일의 목표를 설정하고, 지시 · 결정하고 이행하는 능력이 있다. 지나치게 업무 위주로 사람을 대하는 경우가 있어 인간중심적 사고가 필요하다. CEO, 행정가, 관리자 등의 분야에 적합하다. [ESTJ]	마음이 따뜻하고 말하는 것을 좋아하며, 동정심과 동료애가 많고 친절하며 능동적인 구성원이다. 정리 · 정돈을 잘하고 참을성이 많고 인화를 도모한다. 일이나 사람들에게 냉철한 입장을 보이는 것을 어려워한다. 자신과 반대의 입장을 보이거나 자신의 요구가 받아들여지지 않으면 상처를 받는다. 교직, 간호 · 의료 분야, 성직자 등에 적합하다. [ESFJ]
민첩하고 동정심이 많고 사교적이며 타인의 의견을 존중하고 공동선을 위해 다른 사람들의 의견에 동조하는 편이다. 현재보다는 미래의 가능성을 더욱 추구하고 능숙하게 계획을 제시하고 집단을 리드하는 능력이 있다. 타인의 좋은 점을 지나치게 이상화하며 맹목적인 충성을 보이는 경향이 있다. 심리상담치료, 외교, 판매, 성직자 등의 분야에 적합하다. [ENFJ]	활동적 · 분석적이며, 결정력과 통솔력이 있다. 장기적인 계획을 수립하고 지적인 자극을 주는 새로운 아이디어에 높은 관심을 갖는다. 정보에 밝고 지식에 대한 관심과 욕구를 가지고 있다. 일에 있어서는 사전 준비와 철저히 분석하여 체계적으로 처리해 나가는 유형이다. 다른 사람의 의견에 귀 기울이고, 성급한 판단이나 결론을 피해야 좋을 때가 많다. 경영자, 주식브로커, 창업, 판검사, 세무사 분야에 적합하다. [ENTJ]

worksheet 2-4 자신의 성격 장단점을 쓰시오.

☞ MBTI 분석을 토대로 자신의 장점을 쓰고, 장점으로 어떤 일을 한 경험과 성과를 쓰시오.
(장점은 직무에 도움이 되는 특성, 단점은 직무와 무관하거나 도움이 되는 특성)
※ 대인관계, 심리적 문제, 직무에 부적합한 단점은 작성하지 말 것
예) 소심한 성격, 우유부단한 성격 등의 표현은 쓰지 않음

성격의 장점	
장점으로 어떤 일을 수행한 경험(상황, 과제, 행동, 결과) STAR	
성격의 단점	
극복 노력	

1. 다중지능과 스토리텔링

2. 가치관 알아보기

3. 워크넷 직업심리검사

CHAPTER

03

다중지능, 가치관분석과 스토리텔링

1. 다중지능과 스토리텔링

다중지능이론은 하워드 가드너(Howard Gardner)에 의해 창시되었다. 가드너의 여덟 가지 지능을 살펴보면 다음과 같다.

첫째, 언어적 지능(linguistic intelligence)이다. 이는 단어의 소리 · 리듬 · 의미에 대한 감수성이나 언어의 다른 기능에 대한 민감성 등과 관련된 능력이다.

둘째, 음악적 지능(musical intelligence)이다. 이는 가락 · 리듬 · 소리 등 음악적 상징체계에 민감하고 그러한 상징들을 창조할 수 있으며, 그와 관련된 문제를 해결하는 능력이다. 음악적 지능이 뛰어난 사람은 음악의 형태를 잘 감지하고, 음악적 유형을 잘 구별할 뿐만 아니라 다른 음악형태로 변형시키기도 한다.

셋째, 논리-수학지능(logical-mathematical intelligence)이다. 이는 논리력과 수리력 그리고 과학적인 능력이다. 논리-수학적 지능이 높은 사람은 논리적 과정에 대한 문제들을 보통 사람들보다 훨씬 빠른 속도로 해결하는 능력을 가지고 있다.

넷째, 공간적 지능(spatial intelligence)이다. 이는 시각적이거나 공간적인 정보를 인식할 수 있는 능력이다. 시공간적 아이디어들을 도표 · 지도 · 그림 등으로 잘 나타내고, 시각적으로 표현하는 디자인, 그림 그리기, 만들기 등을 좋아한다.

다섯째, 신체-운동적 지능(bodily-kinesthetic intelligence)이다. 이는 신체의 일부 또는 전체를 사용하여 문제를 해결하고 창조물을 만들어 내는 능력이다. 신체-운동적 지능이 높은 사람은 생각이나 느낌을 글이나 그림보다는 몸동작으로 표현하는 능력이 뛰어나다.

여섯째, 대인관계 지능(interpersonal intelligence)이다. 이는 다른 사람의 마음 · 감정 · 느낌을 잘 이해함으로써 다른 사람과 효과적이고 조화롭게 일할 수 있는 능력이다. 대인관계 지능이 높은 사람은 친구들을 많이 사귀고 교우관계의 중심에 있다.

일곱째, 자기이해 지능(intrapersonal intelligence)이다. 이는 자신을 정확히 판단하여 인생을 효과적으로 살아가는 능력이다. 자기이해 지능이 높은 사람은 자기존중감, 자기향상, 자기가 처한 문제를 위해 사용할 수 있는 성격이 강하다.

여덟째, 자연탐구 지능(naturalist intelligence)이다. 이는 자연현상에 대한 유형을 규정하고 분류하는 능력이다. 자연탐구 지능이 높은 사람은 영화에 나오는 타잔처럼 자연친화적이고, 동물이나 식물 채집을 좋아하며, 이를 구별하는 능력이 높다.

가드너는 이러한 지능을 재능이라고 하였다. 이 밖에 영성, 도덕적 감수성, 성적 관심, 유머, 직관, 창의성, 요리능력, 후각능력, 타 지능을 종합하는 능력 등이 있다고 하였다.

다중지능검사에서 상위 두 개의 지능은 자신의 강점이라고 할 수 있고, 하위 두 개의 지능은 자신의 약점이라고 할 수 있다. 사람은 누구나 자신이 잘하는 것이 있다. 따라서 자신의 강점을 남 앞에 드러내어 인정받는 것이 중요하고, 약점은 자신이 보완해야 하는 것일 수 있으므로 이를 자신이 하고자 하는 일에 관련지어 비교·평가하는 것이 중요하다. 왜냐하면 이러한 지능이 자신이 하고자 하는 영역에서 성공과 실패의 원인이 될 수 있기 때문이다.

〈표 3-1〉 **여덟 가지 지능별 분석표**

다중 지능	특징	적합 직업	관련 인물
언어 지능	말이나 글을 잘 이해하고 자신의 생각과 느낌을 표현하는 능력	작가, 아나운서, 변호사, 방송인, 정치가, 시인, 성우, 번역가, 외교관	유재석, 시인 엘리엇, 셰익스피어, 줄리어스 시저
음악 지능	음악을 이해하고 악기를 잘 연주할 수 있는 능력	음악가, 음악평론가, 음향기술자, 음악교사, 공연연출가	정명훈, 조수미, 서태지, 모차르트, 메뉴힌
논리-수학 지능	수리적으로 문제를 잘 해결할 수 있고, 추론을 잘하는 능력	기술자, 수학자, 물리학자, 과학자, 은행원, 공인회계사, 의사, 수학교사, 법조인, 연구원	아인슈타인, 스티븐 호킹, 빌 게이츠, 바바라 맥클린톡
공간 지능	사물을 그림으로 표현하고, 머릿속으로 그림을 그리며 상상할 수 있는 능력	디자이너, 조각가, 항해사, 화가, 건축가, 사진사, 설계가, 파일럿, 애니메이터, 인테리어 디자이너	안토니 가우디, 파블로 피카소, 월트 디즈니

다중 지능	특징	적합 직업	관련 인물
신체운동 지능	몸으로 느낌을 표현하며 효율적으로 몸을 움직이고 동작을 학습할 수 있는 능력	무용가, 배우, 뮤지컬배우, 경찰, 군인, 경호원, 카레이서, 운동선수, 파일럿	박찬호, 베이브 루스, 나폴레옹, 찰리 채플린
대인관계 지능	타인의 감정을 잘 알고, 다른 사람들과 상호작용하는 능력	외교관, 방송 PD, 사회학자, 정치가, 카운슬러, 교사, 개그맨, 선교사, 교육사업가	처칠, 간디
자기이해 지능	자신의 생각과 감정을 잘 알며, 자신의 감정을 조절하는 능력	심리학자, 작가, 발명가, 신학자, 철학자, 성직자, 작곡가, 기업가, 예술가	성철, 프로이트, 울프
자연탐구 지능	자연현상을 탐구하고, 환경에 적응하는 능력	수의사, 유전공학자, 생물학자, 농화학자, 조류학자, 천문학자, 한의사, 의사, 원예가, 환경운동가	윤무부, 허준, 파브르

worksheet **3-1** 다음 각 문항은 다중지능을 알아보는 것이다. 자신에게 관련이 있다고 생각되는 문항에 1~10점을 적어 보자(1. 전혀 그렇지 않다 ~10. 매우 그렇다).

A		B	
다른 사람보다 어휘력이 풍부한 편이다.	( )	악기 연주나 음악 감상이 취미이다.	( )
글을 읽을 때 어색한 문장을 잘 찾아낸다.	( )	악보를 보면 그 곡의 멜로디를 알 수 있다.	( )
작가나 아나운서를 하고 싶었다.	( )	연주를 들으면 어떤 점이 부족한지 알 수 있다.	( )
글을 조리 있고 설득력 있게 잘 쓴다는 말을 자주 듣는다.	( )	다른 사람과 노래를 부를 때 화음을 잘 넣는다.	( )
책을 읽을 때 그 내용을 잘 이해한다.	( )	악기를 연주할 때 음정, 리듬, 빠르기를 정확하게 표현할 수 있다.	( )
국어시간이나 글쓰기 수업시간을 좋아했다.	( )	어떤 악기라도 쉽게 배울 수 있다.	( )
상대방이 하는 말의 핵심적인 말을 잘 파악한다.	( )	빈칸을 주고 어떤 곡을 채워 보라고 하면 박자와 전체 곡의 분위기에 맞게 채울 수 있다.	( )
합 계 ( )		합 계 ( )	

C		D	
어떤 일을 실험하고 검증하는 것을 좋아한다.	( )	손으로 물건 만드는 것을 좋아한다.	( )
수학이나 과학수업을 좋아했다.	( )	길이나 넓이를 감각으로 잘 알아맞힌다.	( )
대화를 하면서 비논리적인 점을 잘 찾아낸다.	( )	다른 사람의 그림을 잘 평가할 수 있다.	( )
문제를 해결하는 절차나 방법을 잘 알 수 있다.	( )	내 방을 꾸밀 때 재료의 사용과 배치 방법을 잘 알아낸다.	( )
물건의 가격이나 은행 이자를 잘 계산한다.	( )	그림 그리기나 만들기를 잘한다고 칭찬받은 적이 있다.	( )
암기할 때 논리적으로 이해하며 암기한다.	( )	새로운 개념을 배울 때 그림이나 개념지도를 그리면서 외운다.	( )
발생한 문제에 성급하게 결정하지 않고 여러 가지로 원인을 밝히려고 한다.	( )	고장 난 기계나 물건을 잘 고친다.	( )
합 계 ( )		합 계 ( )	

E		F	
축구경기를 볼 때 선수들의 장단점을 잘 파악한다.	(　)	다른 사람의 고민을 들어주거나 해결해주기를 좋아한다.	(　)
몸을 움직이며 활동하는 것을 좋아한다.	(　)	싸운 후 어떻게든 화해하려고 노력한다.	(　)
어떤 운동도 한두 번 해 보면 잘할 수 있다.	(　)	다정다감하다는 소리를 자주 듣는다.	(　)
운동을 잘한다는 말을 자주 듣는다.	(　)	다른 사람의 기분을 잘 파악하고 적절하게 대처한다.	(　)
손놀림이 필요한 활동을 잘할 수 있다.	(　)	누구와도 잘 지내는 편이다.	(　)
개그맨이나 주변 사람들의 행동을 잘 흉내 낼 수 있다.	(　)	어떤 조직에서도 내가 할 일을 잘 찾아서 수행한다.	(　)
전달하고자 하는 것을 연기나 춤으로 잘 표현할 수 있다.	(　)	다른 사람들 앞에서 발표를 잘한다.	(　)
합　계 (　　　)		합　계 (　　　)	
G		**H**	
자신을 돌아보고, 미래 설계하는 것을 좋아한다.	(　)	자동차에 대한 관심이 많고, 각각의 공통점과 차이점을 알고 있다.	(　)
나의 건강 상태나 컨디션을 알 수 있다.	(　)	옷이나 가방을 보면 브랜드를 알 수 있다.	(　)
나의 생각이나 감정을 잘 통제할 수 있다.	(　)	동식물에 대한 정보를 많이 알고 있다.	(　)
나의 재능이나 능력을 개발하려고 노력한다.	(　)	동물이나 식물을 좋아하고 잘 돌본다.	(　)
나는 매일 규칙적인 생활을 하려고 노력한다.	(　)	나는 동식물과 관련된 직업을 갖고 싶다.	(　)
나는 어떤 일에 실패해도 방황하지 않고, 그런 일이 다시 생기지 않도록 노력한다.	(　)	동식물이나 특정 사물에 대한 특징을 분석하는 것을 좋아한다.	(　)
어떻게 성공해야 할지에 대한 뚜렷한 신념을 갖고 있다.	(　)	환경문제를 해결할 수 있는 방법들을 많이 알고 있다.	(　)
합　계 (　　　)		합　계 (　　　)	

① A, B, C, D, E, F, G, H의 각 문항 점수를 합계란에 적는다.
② 각 다중지능의 점수 합계를 〈worksheet 3-2〉에 옮겨 적는다.

worksheet 3-2 〈worksheet 3-1〉의 A, B, C, D, E, F, G, H의 각 점수를 적고 순위를 매긴 후 점수에 맞게 점을 찍고 연결하여 자신의 다중지능 그래프를 그려 보자.

지능	A (언어 지능)	B (음악 지능)	C (논리-수학 지능)	D (공간 지능)	E (신체운동 지능)	F (대인관계 지능)	G (자기이해 지능)	H (자연탐구 지능)
점수								
35								
30								
25								
20								
15								
10								
5								
순위								

구분	높은 점수(강점)		낮은 점수(약점)	
순위	1순위	2순위	7순위	8순위
다중지능				
관련 직업				

☞ 자신의 강점을 적고, 강점을 활용하여 성취한 경험을 작성해 보자.[강점+성취경험(상황, 과제, 행동, 결과)]

출처: 문용린 외(2001). 서울대학교 사범대학 교육연구소.

2. 가치관 알아보기

직업을 선택할 때 자신이 좋아하고 잘할 수 있는 일이라도, 하더라도, 자신의 가치관과 맞지 않으면 그 직업에 온전하게 만족할 수 없다. 직업을 선택할 때 그 일을 통해서 자신의 가치관(욕구)을 만족시켜 주어야 한다. 일반적으로 가치관이란 개인이 전 생애를 살아가면서 확고하게 가지고 있는 소신이나 신념으로, 개인이 삶에서 장기적으로 이정표의 역할을 하고 개인행동에 영향을 준다.

직업가치관이란 자신이 직업을 선택할 때 바람직하다고 생각되는 기준이다. 직업가치관의 요소들은 직업을 선택하고 성취감을 느끼고 의사결정을 할 때 중요한 영향을 주기 때문이다. 워크넷(https://www.work.go.kr)에 수록된 직업가치관검사는 직업을 선택할 때 중요하게 생각되는 성취, 봉사, 개별활동, 직업 안정, 변화지향, 몸과 마음의 여유, 영향력 발휘, 지식 추구, 애국, 자율성, 금전적 보상, 인정, 실내활동 등 열세 개의 직업가치관 요인으로 구성된다.

가치관을 갖게 된 이유를 이야기로 만들어 성장과정에 활용할 수 있고, 직업가치관을 통해 직업적 환경과의 적합성을 알아볼 수 있다.

TIP 3-1 자기이해에 필요한 심리검사

심리검사명	내용	비고
직업선호도검사(S 또는 L형)	직업과 관련된 흥미유형 파악	워크넷 심리검사
성인용 직업적성검사	열한 가지 직업과 관련된 적성 파악	
직업가치관검사	열세 가지 직업가치관 파악	

TIP 3-2 가치관 작성 사례 1

가치관(신념)	장애인 복지사
가치관(신념)을 갖게 된 어릴 때 경험 (초, 중, 고 시절)	중 2학년 때 아버지가 교통사고로 한쪽 다리를 심하게 다치셨습니다. 한 복지사가 아버지를 일주일에 한 번씩 방문하여 지극하게 보살펴 주시는 모습을 보고 고 1학년 때까지 지켜보았습니다.
경험을 통해 느낀 점	저는 그때부터 장애인을 돕는 훌륭한 복지사가 되겠다고 다짐했습니다.
가치관(신념)을 실천하고 있는 현재의 사례(경험)	대학에서 사회복지 전공을 하면서 대학 1학년 때부터 장애인 봉사활동 동아리에 가입하여 지금까지 일주일에 2시간씩 봉사활동을 하면서 사회 음지에 있는 그분들의 웃음이 저에게 행복을 주는 것을 느끼고 있습니다.
미래의 다짐	장애인의 마음을 헤아릴 수 있는 진실된 마음으로 일을 하여 ○○ 복지관을 장애인의 마음과 재활을 치유하고 행복을 주는 최고의 기관으로 만들 수 있는 ○○○입니다.

TIP 3-3 가치관 작성 사례 2

가치관(신념)	무엇이든 나누면 배로 행복해진다.
가치관(신념)을 갖게 된 어릴 때 경험(STAR)	가장 기억에 남는 봉사는 요양병원에서 한 봉사입니다. 거동이 불편하신 할머니, 할아버지의 수발을 들어드리고 옆에서 말동무가 되어 주며 오랫동안 한 곳에서 봉사를 했습니다. 한 할아버지가 저를 매우 좋아해 주시고 아끼셨는데 건강상의 문제로 멀리 떠나셨습니다. 아프셨을 당시 저는 입시 준비 때문에 봉사를 가지 않았습니다. 할아버지가 저를 찾으셨다고 그 후에 들었습니다. 마음이 정말 아팠고 봉사를 가지 않은 제가 부끄러웠습니다. 이 이후로 저는 꾸준히 봉사를 다니고 있습니다.
경험을 통해 느낀 점	어렸을 때는 누군가에게 양보하고 무언가를 나눠준다는 것이 싫었습니다. 하지만 봉사를 하면서 나누는 기쁨을 알게 되었습니다.
가치관(신념)을 실천하고 있는 현재의 경험 사례(STAR)	대학교 때부터는 월 2회 정기적으로 서울 종로구에서 할머니, 할아버지를 대상으로 하는 무료 급식소에서 봉사를 꾸준히 했습니다. 저는 그냥 배식만 할 뿐인데 오히려 저에게 고맙다는 말 한마디와 집에서 가져오신 간식을 주시는 할머니, 할아버지를 보면서 봉사를 통해 많은 것을 배웠습니다. 현재는 코로나19로 인해 봉사를 다니지 못하고 있지만 이 시국이 끝나면 꾸준하게 봉사를 다닐 것입니다. 꾸준하게 봉사를 하여 봉사를 통해 얻을 수 있는 기쁨을 누릴 것입니다.
미래의 다짐 또는 회사 기여 방향	물질적으로 나누는 것만 봉사가 아니라고 생각합니다. 비행을 하면서 저의 긍정적인 에너지를 나누어 승객들에게 활기찬 기운을 나눠줄 것입니다.

worksheet 3-3 자신이 가장 중요하게 생각하는 가치관(신념)을 〈보기〉에서 하나를 선택하고 이야기를 만들어 보자.(보기에 없을 경우 직접 작성)

〈보기〉
겸손, 정직, 인내, 검소, 융통성, 여유 있는 생활, 자유로운 생활, 변화 추구, 타인에게 도움을 주는 것, 화목한 가정, 건강, 원만한 인간관계, 더불어 사는 삶, 우정, 지식 추구, 경제적인 부, 효, 안정적인 직업, 성취감, 타인으로부터 인정받는 것 등

가치관 (신념)	
가치관(신념)을 갖게 된 어릴 때 경험(초·중·고 시절)	
어릴 적 경험을 통해 느낀 점	
어릴 적 가치관(신념)을 실천하고 있는 현재의 사례(경험) STAR	
미래의 다짐	

worksheet 3-4 나의 직업가치관 목록 요인에 대해 알아보자.

직업에서 추구하는 각각의 가치에 대해서 자신에게 중요한 정도를 체크해 보자.

가치	나에게 중요한 정도		
	매우 중요하다	중요 하다	그저 그렇다
1. 성취감을 느낄 수 있다.			
2. 봉사하는 것은 행복한 일이다.			
3. 혼자서 하는 일이 좋다.			
4. 안정적인 직장생활을 하고 싶다.			
5. 업무가 변화 가능한 것이 좋다.			
6. 몸과 마음의 여유가 있다.			
7. 타인에 영향력을 발휘한다.			
8. 새로운 지식을 얻고 싶다.			
9. 나라 발전에 기여한다.			
10. 자율적으로 일을 한다.			
11. 월급이 많다.			
12. 타인으로 인정받는다.			
13. 주로 실내에서 일을 한다.			
14. 기타( )			

☞ 가장 중요하게 생각하는 직업가치관을 쓰고, 그 직업가치관이 희망하는 직업(직무)에 적합한지에 대해 자신의 생각을 적어 보자.

중요한 직업가치관 세 가지	
자신이 희망하는 직업(직무)과의 적합성	

〈표 3-2〉 직업가치관의 요인

가치관	내용	적합 직업
1. 성취	• 자신이 스스로 목표를 세우고 이를 달성함 • 도전적 · 진취적 · 경쟁적인 편 • 새로운 과제에 도전하고 성취할 때 기쁨과 보람을 느낌	대학교수, 연구원, 프로운동선수, 연구가, 관리자
2. 봉사	• 남을 위한 활동에 보람을 느낌 • 따뜻한 마음, 희생정신, 동정심이 많음 • 일은 생계수단뿐 아니라 주변 사람들을 도와줄 수 있다고 느낄 때 보람을 느낌	판사, 소방관, 성직자, 경찰관, 사회복지사
3. 개별활동	• 여러 사람과 어울려 일하기보다는 혼자 일하는 것을 중시함 • 집중력을 많이 요하는 일, 참신한 아이디어를 필요로 함 • 대체로 조용하고 온순한 성격인 편이나 경우에 따라 매우 고집이 있거나 개성 있어 보일 수 있음	디자이너, 화가, 연주자 등의 예술 분야 직업, 운전사, 교수
4. 직업 안정	• 직업에서 얼마나 오랫동안 안정적으로 종사할 수 있는지를 중시함 • 일 자체가 반복적이거나 익숙한 일을 하고자 함 • 하나의 전문적 기술을 가지고 오랫동안 꾸준히 일하는 환경을 좋아함	연주가, 미용사, 교사, 약사, 변호사, 기술자 등
5. 변화지향	• 일상적 업무보다 늘 새로운 일을 선호함 • 같은 일을 하더라도 자기만의 방식으로 풀어 보려는 연구자적 기질이 있음	연구원, 컨설턴트, 소프트웨어 개발자, 광고홍보전문가, 메이크업 아티스트
6. 몸과 마음의 여유	• 마음과 신체적인 여유를 가질 수 있는 업무나 직업을 중시함 • 규칙적인 업무를 통해 자기 시간을 갖거나 자율적 일정관리가 가능한 직업을 선호함 • 자신의 개인생활을 중시함	레크리에이션 진행자, 대학교수, 화가, 교사, 조경기술자
7. 영향력 발휘	• 타인에 대한 영향력을 발휘하는 것을 중시함 • 자기주장이 강함, 도전적이며 타인과의 교류 즐김 • 타인이 자신의 의견이나 생각을 잘 따르기 바람	감독, 코치, 관리자, 성직자, 변호사 등
8. 지식 추구	• 새로운 것에 대한 관심과 궁금증이 많음 • 여러 가지 현상에 대한 지식 습득을 좋아함 • 일을 통해 다양한 지식을 얻는 것을 보람 있다고 생각함	판사, 연구원, 경영 컨설턴트, 소프트웨어 개발자, 디자이너 등

가치관	내용	적합 직업
9. 애국	• 개인의 이익보다 사회와 국가의 이익을 중시함 • 타인에 대한 희생정신과 국가를 위해 일하겠다는 사명감이 높음 • 책임감이 많고 규범적 · 희생적이며 소신이 명확함	군인, 경찰관, 검사, 소방관, 사회단체활동가
10. 자율성	• 업무를 자율적으로 해 나가는 것을 중시함 • 의사결정 권한도 자신이 갖고 싶어함 • 스스로 계획을 수립하고 일을 수행하며 자기통제를 잘 하는 편임 • 협력은 괜찮지만 명령 지시에 따르는 업무는 좋아하지 않음	연구원, 광고전문가, 예술가, 자동차영업원
11. 금전적 보상	• 금전적 보상을 중시함 • 성실하고 열심히 일함 • 쾌활하고 열정적이며, 힘이 넘치고 도전적임	프로운동선수, 증권 및 투자중개인, 공인회계사, 금융자산운용가, 기업 고위임원
12. 인정	• 사회적으로 명예로운 직업이나 사람들로부터 얻은 인기가 중요함 • 타인으로부터의 인정에서 일의 의미 찾는 경우가 많음 • 자기 일에서 전문적 능력 쌓아 인정받기 원함	항공기 조종사, 교수, 운동선수, 연주자, 판사
13. 실내활동	• 몸을 움직이는 일보다 앉아서 할 수 있는 일을 선호함 • 대부분 조용하고 편안하고 성실한 편임	번역사, 관리자, 상담원, 연구원, 법무사

출처: 한국고용정보원(워크넷).

3. 워크넷 직업심리검사

워크넷에서 자신의 흥미 · 성격 · 적성 · 가치관 등을 무료로 검사할 수 있다. 심리검사를 통해 자신의 특성이 희망하는 직업(직무)에 얼마나 적합한지 파악할 수 있고, 자신의 어떤 강점이 직업(직무)에 도움을 줄 수 있는지 알 수 있다. 직업심리검사를 통해 자신의 특성이 지원한 직업(직무)에서 요구하는 성격, 기술, 역량을 지니고 있는지 확인할 수 있다. 이력서, 자기소개서, 면접에서 자신이 지원한 분야에 적합하지 않다고 판단되면 채용은 그만큼 어려워진다. 예를 들어, '자신이 지원한 직업(직무)에 적합한 이유를 말하시오.'라고 질문한다면 어떻게 답변해야 할까? 자신의 직무에 적합한 특성과 경력, 자격증 등을 중심으로 대답해야 한다. 그러기 위해서는 자기분석과 직업(직무)분석을 통해 자신의 직무에 적합한 것들이 무엇인지 알 필요가 있다.

※ [검사실시] 버튼을 클릭하여 검사를 실시할 수 있으며, 검사 도중 중단되어도 당일에 한해 이어서 실시가 가능합니다.

심리검사명	검사시간	실시가능	검사안내	결과예시	검사실시
직업선호도검사 S형	25분	인터넷, 지필	안내	예시보기	검사실시
직업선호도검사 L형	60분	인터넷, 지필	안내	예시보기	검사실시
구직준비도검사	20분	인터넷, 지필	안내	예시보기	검사실시
창업적성검사	20분	인터넷, 지필	안내	예시보기	검사실시
직업가치관검사	20분	인터넷, 지필	안내	예시보기	검사실시
영업직무 기본역량검사	50분	인터넷, 지필	안내	예시보기	검사실시
IT직무 기본역량검사	95분	인터넷, 지필	안내	예시보기	검사실시
준고령자 직업선호도검사	20분	인터넷	안내	예시보기	검사실시
대학생 진로준비도검사	20분	인터넷, 지필	안내	예시보기	검사실시
이주민 취업준비도 검사	60분	인터넷	안내	예시보기	검사실시
중장년 직업역량검사	25분	인터넷	안내	예시보기	검사실시
성인용 직업적성검사	80분	인터넷, 지필	안내	예시보기	검사실시

출처: https://www.work.go.kr → 직업·진로 → 직업심리검사

[그림 3-1] 워크넷 직업심리검사 화면

worksheet 3-5 자기분석 결과를 종합해 보자.

<table>
<tr><td rowspan="3">흥미 검사</td><td>흥미유형</td><td colspan="8">R (현장형) | I (탐구형) | A (예술형) | S (사회형) | E (진취형) | C (관습형)</td></tr>
<tr><td>흥미유형</td><td colspan="8">[　　] [　　]　※ 높은 점수부터 2개의 영문자</td></tr>
<tr><td>흥미 요약</td><td colspan="8"></td></tr>
<tr><td rowspan="2">성격 검사</td><td>성격 코드</td><td colspan="8">[　　] [　　] [　　] [　　]　※ 간편 MBTI 결과</td></tr>
<tr><td>성격 요약</td><td colspan="8"></td></tr>
<tr><td rowspan="3">다중 지능</td><td>지능 요인</td><td>언어 지능</td><td>음악 지능</td><td>논리-수학 지능</td><td>공간 지능</td><td>신체운동 지능</td><td>대인관계 지능</td><td>자기이해 지능</td><td>자연탐구 지능</td></tr>
<tr><td>순위</td><td></td><td></td><td></td><td></td><td></td><td></td><td></td><td></td></tr>
<tr><td>다중 지능 요약</td><td colspan="8"></td></tr>
<tr><td rowspan="3">직업 가치관</td><td rowspan="2">가치관 세 가지</td><td colspan="3">1순위</td><td colspan="3">2순위</td><td colspan="2">3순위</td></tr>
<tr><td colspan="3"></td><td colspan="3"></td><td colspan="2"></td></tr>
<tr><td>가치관 요약</td><td colspan="8"></td></tr>
<tr><td rowspan="2">종합</td><td colspan="9">☞ 공통된 특성이나 역량을 찾아서 적어 보자.</td></tr>
<tr><td colspan="9">☞ 공통된 특성이나 역량을 바탕으로 성취한 경험이 있으면 스토리텔링으로 작성해보자.
(STAR 기법으로 작성)</td></tr>
</table>

PART

03

직업(직무) 및 기업분석과 스토리텔링

chapter

1. 직업 및 직무분석의 중요성
2. 직업분석과 스토리텔링
3. 직무분석과 스토리텔링

직업 및 직무분석과 스토리텔링

CHAPTER

04

1. 직업 및 직무분석의 중요성

직업 및 직무분석은 직업(직무)의 내용은 무엇이며 어떤 능력과 스킬이 필요한가를 분석하여 자신이 가지고 있는 능력과 스킬을 비교 분석하는 것이 포함된다. 직업(직무)에서 요구하는 필요한 특성들을 가지고 있지 않으면 그 직무를 수행하는 데 어려움을 겪을 가능성이 크다는 측면에서 기업은 직업(직무) 능력이 없는 인재를 선호하지 않는다.

취업을 준비함에 있어서 간과해서는 안 될 사항은 직업(직무)이 필요로 하는 특성을 미리 파악하여 직무역량을 높이는 준비를 저학년 때부터 해야 한다는 것이다. 만약 준비를 못했더라도 자신을 분석하고 직업(직무)의 특성을 분석해 보면 적합한 특성들을 발견할 수 있다. 그러한 특성들을 활용하여 직업(직무)에 필요한 경험을 찾아내고 스토리를 작성하여 그 직무를 수행하는 데 필요한 차별화된 인재로 만들어야 한다.

직업 및 직무분석은 이력서, 자기소개서를 작성하고 면접 등을 준비하는 데 기초적인 자료를 제공하는 것이다. 자신의 직업(직무)이 어떤 일을 하고, 어떤 능력과 성격특성이 필요하고, 미래에 어떤 비전을 가질 수 있는지 먼저 파악하고 자신이 가지고 있는 것과 비교하여 어떤 공통점이 있는지 발견한 후 입사서류 작성 및 면접 준비를 해야 한다. 직업(직무)분석은 실제 현장에서 일하고 있는 사람들을 만나서 인터뷰하거나 이미 분석해 놓은 자료를 활용하여 필요한 내용들을 파악하는 것이 가장 좋은 방법이다.

2. 직업분석과 스토리텔링

직업의 사전적 의미는 '생계를 유지하기 위하여 자신의 적성과 능력에 따라 일정한 기간 동안 계속하여 종사하는 일이다.'로 정의하고 있다.

선택의 범위를 넓히고, 더 만족스러운 결정을 내리기 위해서는 더 많은 직업정보를 수집해야 한다. 최근에는 인터넷이 발달하면서 컴퓨터나 스마트폰 등을 활용하여 쉽고 빠르게, 다양한 정보를 검색할 수 있게 되었다. 그러나 단순히 검색어만으로 탐색을 하다 보면 특정한 진로계획에 맞는 정보를 찾기 어려울 뿐만 아니라 시간이 많이 소비되기도 하고, 어떤 정보가 정확한지 쉽게 판단하기 어려운 경우가 발생하기도 한다. 따라서 어떤 검색엔진을 활용해야 할지 잘 모를 때에는 한국고용정보원에서 운영하는 사이트들을 이용해 보는 것이 효과적이다. 직업분석은 직업이 하는 일, 필요한 능력과 특성, 필요한 자격증 및 교육훈련 등을 사전에 분석하여 자신의 경력관리 및 취업에 대비하기 위함이다.

1) 워크넷

워크넷(https://www.work.go.kr)은 구인 · 구직정보, 각종 직업정보서, 심리검사 등을 제공하고 있어 취업을 준비하는 사람에게 매우 필요한 사이트이다. 워크넷 직업정보검색 시스템은 자신이 결정한 직업을 검색창에서 직접 찾아볼 수 있고, 자신의 학과에 적합한 직업들을 검색할 수 있다. 직업탐색에는 '분류별', '지식별', '업무수행 능력', '통합 찾기' 등 다양한 방법이 있다. 또한 신직업 · 창직, 대상별, 이색직업별, 테마별 찾기 등을 통해 직업을 탐색할 수 있다.

〈표 4-1〉 **직업정보 검색**

워크넷 직업정보	Worknet → 직업 · 진로 → 직업정보 → 직업정보 찾기 → 분류별 찾기 → 관리 · 경영 · 금융 · 보험(1차 분류) → 경영 · 회계 · 사무관련직(2차 분류) → 경영컨설턴트
커리어넷	커리어넷(www.career.go.kr) → 직업 · 학과 정보 → 직업정보 → 정보통신 관련직 → 정보보호전문가

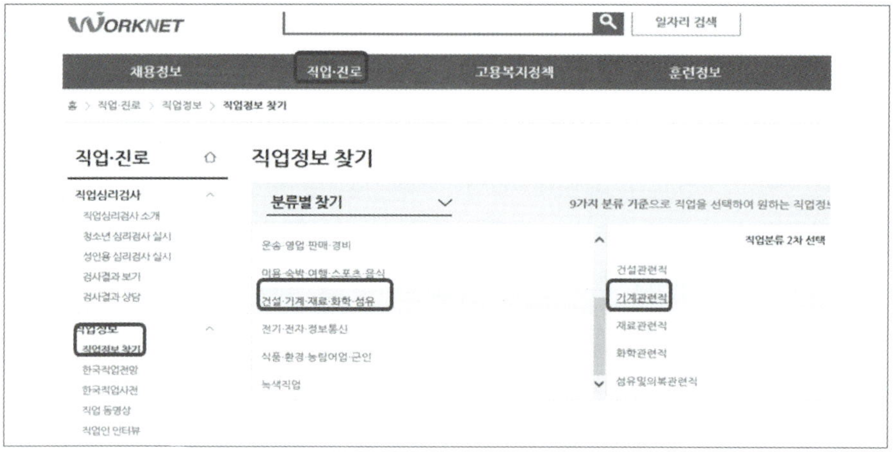

[그림 4-1] 워크넷 검색 화면

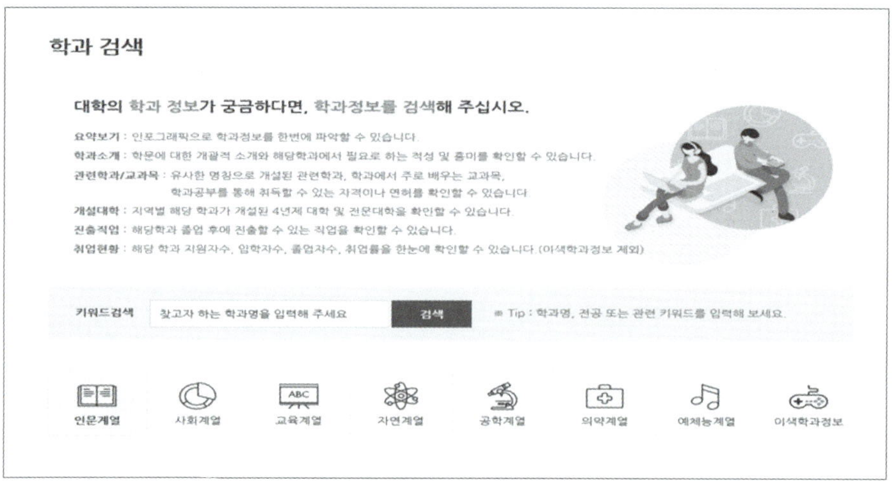

[그림 4-2] 워크넷 학과정보로 찾기

워크넷의 직업정보 시스템에 실린 직업의 수는 매우 제한적이므로 자신이 원하는 직업이 수록되어 있지 않을 수 있다. 따라서 직업을 탐색할 때는 다양한 채널을 통해서 탐색하고 필요하면 실제 현장에서 일하고 있는 사람들을 직접 만나는 적극적인 방법도 필요하다. 직업정보에서는 하는 일, 교육 · 훈련, 임금, 전망, 능력 · 지식 · 환경, 성격 · 흥미 · 가치관 등을 제공하고 있다. 그리고 신직업, 눈길 끄는 이색직업, 테마별 직업여행, 직업 · 취업 · 학과 동영상 등을 제공하고 있다.

〈표 4-2〉 직업정보 상세 내역

하는 일	**노무사** I 관리·경영·금융·보험 > 경영·회계·사무관련직 > 노무사 **(최종수정일시:2015-12-07 16:25:06)** 요약 | 하는 일 | 교육/자격/훈련 | 임금/직업만족도/전망 | 능력/지식/환경 | 성격/흥미/가치관 직업전망 테마별직업여행 직업인터뷰 이색직업 외국직업 동영상 **직무개요** 개인사무소 또는 기업체에 소속되어 노동관계서류를 작성하거나 노사관리업무를 수행한다. **수행직무** • 개인사무소에서 타인의 의뢰 또는 계약사업장의 노동관련업무를 대리하여 수행한다. • 노동관계법령의 규정에 따라 행정기관에 제출하는 각종 신고, 신청, 보고, 청구와 권리구제 등에 관한 서류의 작성과 제출업무를 수행한다. • 장부, 대장 등의 서류작성, 노동관계법령 및 노무관리에 대하여 상담·지도를 한다. • 근로기준법의 적용을 받는 사업 또는 사업장에 대한 직무관리 및 진단업무를 수행하기도 한다.
교육/ 훈련	**노무사** I 관리·경영·금융·보험 > 경영·회계·사무관련직 > 노무사 **(최종수정일시:2015-12-07 16:25:06)** 요약 | 하는 일 | 교육/자격/훈련 | 임금/직업만족도/전망 | 능력/지식/환경 | 성격/흥미/가치관 직업전망 테마별직업여행 직업인터뷰 이색직업 외국직업 동영상 **필요 기술 및 지식** 노무사가 되기 위해서는 보통 전문대학 및 대학교에서 법학, 경영학, 경제학 등을 전공하는 것이 유리하다. 특히 노무사가 되기 위해서는 고용노동부가 시행하고 한국산업인력공단에서 위탁받아 실시하는 공인노무사 자격시험에 합격해야 한다. 법률에 근거하여 문제를 판단하고 처리해야 하므로 평상시 노동관계법령에 대한 지식을 쌓아 두는 것이 중요하다. 그리고 업무 특성상 노동관계법, 민법, 형법, 소송법등의 전반적인 법률에 대한 이해를 넓히거나, 직무분석, 직무설계, 근로조건 등 인적자원개발 컨설팅 관련 지식과 경험을 쌓을 필요가 있다.
임금/ 직업만족도 /전망	**임금** 노무사 하위(25%) 3,200만원, **평균(50%) 3,829만원**, 상위(25%) 4,300만원 ※위 임금정보는 직업당 평균 30명의 재직자를 대상으로 실시한 설문조사 결과로, 재직자의 자기보고에 근거한 통계치입니다. 재직자의 경력, 근무업체의 규모 등에 따라 실제 임금과 차이가 있을 수 있으니, 직업간 비교를 위한 참고자료로 활용하여 주시기 바랍니다. **직업만족도** 노무사에 대한 직업 만족도는 **91%**(백점 기준)입니다. ※직업만족도는 해당 직업의 일자리 증가 가능성, 발전가능성 및 고용안정에 대해 재직자가 느끼는 생각을 종합하여 100점 만점으로 환산한 값입니다. **일자리전망** 향후 5년간 노무사의 고용은 다소 증가할 것으로 전망된다. 일자리의 양극화, 세대별 일자리 문제, 비정규직의 증가, 기업간 인수합병이나 구조조정, 해외시장 진출이나 외국노동자의 유입 등 노동시장을 둘러싼 환경의 변화와 더불어 노동시장 유연화와 안정화 요구 등이 맞물리면서 노동 관련 다양한 형태의 문제와 이슈들이 제기되고 있다. 또한 노동관계 법령이 수시로 바뀌고 복잡해지면서 노사관리의 문제가 기업 운영의 핵심으로 떠오르고 있다. 이에 따라 기업체의 인사노무 관련 업무도 전문화되면서 관

능력/지식/환경

○ 업무수행능력 중요도

중요도 : 낮음 0 100 높음

중요도	업무수행능력	설명
100	협상	사람들과의 의견차이를 좁혀 합의점을 찾는다
99	문제 해결	문제의 본질을 파악하며 해결 방법을 찾고 이를 실행한다
99	설득	다른 사람들의 마음이나 행동을 변화시키기 위해 설득한다
99	글쓰기	글을 통해서 다른 사람과 효과적으로 의사소통한다
99	판단과 의사결정	이득과 손실을 평가해서 결정을 내린다
98	논리적 분석	문제를 해결하기 위해(혹은 의사결정을 하기 위해) 체계적으로 이치에 맞는 생각을 해낸다
98	읽고 이해하기	업무와 관련된 문서를 읽고 이해한다
97	듣고 이해하기	다른 사람들이 말하는 것을 집중해서 듣고 상대방이 말하려는 요점을 이해하거나 적절한 질문을 한다
97	행동조정	다른 사람들의 행동에 맞추어 적절히 대응한다
96	사람 파악	타인의 반응을 파악하고 왜 그렇게 행동하는지 이해한다

이전으로 더보기

성격/흥미/가치관

○ 성격

중요도 : 낮음 0 100 높음

중요도	성격	설명
90	꼼꼼함	사소한 부분까지도 주의 깊고 업무를 철저히 완수한다
89	책임과 진취성	책임을 기꺼이 받아들이고 도전하려 한다
85	사회성	혼자 일하기 보다는 사람들과 일하는 것을 좋아하며 타인들과 개인적인 유대관계를 형성한다
85	인내	장애가 있어도 포기하지 않고 계속 참고 견딘다
84	성취/노력	도전적인 목표를 설정한 후에 이를 달성하기 위해 노력한다
83	분석적 사고	문제에 대한 답을 구하기 위해 정보를 분석하거나 논리를 사용한다
78	정직성	솔직하고 도덕적이다
77	리더십	타인을 리드하고 다른 사람들에게 의견을 제시하거나 방향을 설정해준다
69	신뢰성	믿을 수 있고, 자신이 맡은 책무를 완수한다
69	스트레스 감내성	비판을 받아들이고, 고도의 스트레스 상황에서도 효과적으로 대처한다

이전으로 더보기

〈표 4-3〉 **직업분석 사례**

직업명	하는 일	교육/자격/훈련	능력/지식/환경(필수역량)	성격/흥미/가치관	비전
사회복지사	학교, 병원, 수용시설, 국가기관 등에서 아동, 청소년, 장애인, 노인, 여성 등을 대상으로 그들의 재활과 사회복귀를 돕기 위해 사정, 진단, 상담, 프로그램 개발, 기획, 실시, 평가, 지원, 교육 등의 업무를 수행한다.	사회복지학 전공과목 이수, 사회복지사 1급, 2급 자격증, 컴퓨터 활용능력이 요구됨, 프로그램 구성 훈련, 상담기술 훈련 등	글쓰기, 듣고 이해하기, 모니터링, 사람 파악, 인적자원관리, 전산, 사회와 인류, 상담, 의료, 국어, 고객서비스, 역할 갈등, 다른 사람과의 충돌, 업무량 과부하	타인에 대한 배려, 사회성, 정직성, 자기통제, 리더십, 애국심, 사회형, 진취형, 이타, 고용안정	프로그램 관리자, 사례관리 관리자, 시설장, 복지경영 선임관리자, 공공복지 선임관리자

2) 커리어넷

'커리어넷(https://www.career.go.kr)'에서는 진로심리검사, 진로상담, 직업·학과정보, 진로교육자료 등을 제공하고 있어 진로 선택과 취업 준비에 고민하는 이들에게 도움을 주고 있다.

[그림 4-3] **커리어넷 초기 화면**

3. 직무분석과 스토리텔링

직무의 사전적 의미는 '생산활동에 종사하는 개별 종사자 한 사람에 의하여 정규적으로 수행되었거나 수행되도록 설정, 교육, 훈련되는 일련의 업무 및 임무'로 직업 분류의 가장 기본적인 개념이다. 직무분석(job analysis)은 인사관리의 출발점으로 종업원의 채용·배치·이동·승진·승급 등 인사관리활동의 효율적 수행에 필요한 직무의 정보자료를 수집하는 과정이다. 따라서 직무분석은 기업 내 종업원이 담당하고 있는 각 직무의 성질 및 내용과 직무수행상 필요요건에 관한 직무정보자료를 수집하고 분석하는 과정으로서 그 결과를 일정한 문서로 작성하는 일련의 절차나 과정이다.

취업을 준비하는 이들에게 직무를 분석하는 것은 자신이 하고자 하는 직무에서 어떤 일을 수행하는 것인지 파악하고, 직무에 필요한 자질, 기술, 직무에 대한 경력관리, 비전 등이 무엇인지 파악하는 것이다.

이러한 직무에 대한 내용은 회사마다 다소 차이가 있지만 많은 부분 유사한 내용으로 구성되어 있다. 직무를 파악하는 방법은 현장 직무수행자의 인터뷰를 통해 파악하는 것이 가장 정확하다. 그러나 여건이 어려울 경우 타 회사에 공개되어 있는 직무관련 내용이나 전문적인 취업 사이트에서 직무에 대한 내용을 탐색할 수 있다.

워크넷
Worknet → 직업·진로 → 직업정보 → 직업동영상 → 기업직무소개

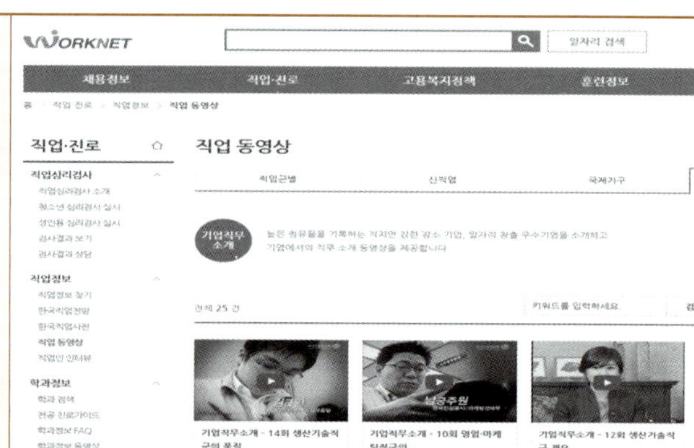

CJ그룹 https://recruit.cj.net → 직무 미리보기	
POSCO https://www.posco.co.kr → 채용 → 부분별 업무소개	
두산그룹 https://career.doosan.com → 자회사 직무 소개	

잡이룸
https://www.joberum.com → 직무사전

[그림 4-4] 직무분석 사이트

그밖에 직무분석은 구글에서도 검색할 수 있다. 대부분 보고서가 PDF 형태로 되어 있어서 구글 검색창에 "filetype:pdf회계직무"라고 검색하면 회계에 대한 직무보고서를 찾을 수 있다.

〈표 4-4〉 직무분석 사례

직무명	직무내용	필수역량	경력 및 비전
해외 영업	① 기존 해외 거래처의 매출 추이 분석, 다양한 판촉 및 광고활동 기획, 신제품 소개 ② 해외 지사와의 협력, 해외 거래처 신규 발굴 ③ 신규 사업 기회 검토, 현지 기업과의 제휴 및 해외 제품의 국내 도입 검토 등	① 현지 언어 구사 능력, 커뮤니케이션 능력 ② 수출과 관련된 지식과 기술 ③ 도전정신, 추진력과 관리능력	① 글로벌 광고 마케터 ② 글로벌 물류 전문가
마케팅	① 소비자의 다양한 트렌드 파악 ② 제품 개발 ③ 광고와 홍보활동 ④ 브랜드 매출과 손익분석	① 리더십, 의사소통능력 ② 데이터 분석능력, 마케팅 전략 수립 ③ 전문적인 마케팅 지식	① 마케팅 핵심 전략 리더 ② 전략컨설팅 전문가

직무명	직무내용	필수역량	경력 및 비전
경영 기획	① 전반적인 경영방침 및 전략 수립 ② 단기, 중장기 전략 및 추진 계획 수립 ③ 사업 부문별 전략대안 개발 및 성과평가 ④ 각 사업 부문별 월별 경영실적에 대한 문제점 검토 및 수정 전략 방향 제시 ⑤ 각 사업 부문 간 이해 대립에 대한 조정역할 및 경쟁사 분석	① 인터넷 활용능력과 문서 작성 능력 ② 외국어 독해 및 회화능력, 재무/회계 지식 및 경영, 경제 지식, 통계수행능력 ③ 기획력과 분석력 ④ 대인관계, 의사소통기술, 설득력, 통솔력 ⑤ 경제적 효율성과 비즈니스 마인드, 새로운 변화를 시도할 수 있는 열정, 창의력	① 최고 경영전략가 ② 기업운영가
인사	① 채용, 교육, 평가, 보상, 조직, 문화 등의 기획 및 운영업무 ② 회사와 직원과의 가교역할수행 ③ 행정전문가로서 회사의 전반적인 운영에 관여 ③ 회사의 전략적인 파트너로서의 역할수행	① 원활한 커뮤니케이션 역량, 일정 수준의 외국어 구사능력 ② 논리적 사고 ③ 회사의 전체적인 전략 방향을 이해할 수 있는 전략적인 사고	① 인사전문가 ② 최고 경영자
광고 영업	① 광고기획 및 수주 ② 각종 브랜드 행사에 참여하여 각계의 네트워크 구축 ③ 통합광고, 마케팅 솔루션 개발	① Business 감각과 경제지표를 읽는 능력 ② Excel, Powerpoint, Software 활용능력 ③ 프레젠테이션 기술 ④ 풍부한 협상력 · 논리력	① 광고 ② 홍보 ③ 브랜드전문가
시스템 개발 및 운영	① 프로젝트관리 ② 정보 시스템 개발 및 최신화 ③ 솔루션 발굴 및 관리 ④ 정기 점검 및 예방정비 (preventive) ⑤ 고객관리 및 활용 촉진, 운용 서비스 성과관리 등	① 정보 시스템에 대한 기술 ② 비즈니스 노하우 ③ 고객의 서비스 마인드 ④ 커뮤니케이션 능력	① 개발프로젝트 관리 ② 정보기술 기획, 인터넷 서비스 제공자 ③ 정보 시스템 관리자

출처: CJ그룹 홈페이지(https://recruit.cj.net), 두산그룹 홈페이지(https://career.doosan.com)

worksheet 4-1 자신이 지원하고자 하는 직업 또는 직무를 탐색하여 다음 내용을 작성해 보자.

<table>
<tr><td rowspan="4">희망직업
(직무)</td><td>직업(직무)내용</td><td>필요역량</td></tr>
<tr><td></td><td></td></tr>
<tr><td>경력관리와 비전</td><td>자신이 가지고 있는 흥미, 성격, 가치관,
능력 등과 일치하는 자신의 특성</td></tr>
<tr><td></td><td></td></tr>
</table>

worksheet 4-2 〈worksheet 4-1〉에서 자신과 직무에서 요구하는 능력과 일치하는 특성으로 발휘한 경험을 스토리텔링 기법으로 작성해 보자.

자신과 직무와의 일치하는 특성	☞
직무에서 필요한 자질과 일치하는 자신의 특성으로 발휘한 성취 경험 (스토리텔링 기법) ↓ 자신이 지원한 직업(직무)에 적합하다고 생각되는 이유 [직무에 적합한 자신의 성격특성 또는 재능 + 그러한 특성으로 발휘한 경험(상황, 과제, 행동, 결과) + 회사에 대한 기여도]	

1. 기업분석

2. 기업분석 방법

기업분석과 스토리텔링

CHAPTER

05

1. 기업분석

기업분석을 통해 기업의 발전 가능성을 엿볼 수 있고 지원자의 여러 가지 상황이 기업문화와 잘 맞는지 살펴볼 필요가 있다. 또한, 입사서류 작성 및 채용면접을 준비하는 과정에서도 매우 필요하다. 지원자가 회사의 관심 정도를 파악할 수 있기 때문이다. 기업분석의 내용은 다음과 같다.

첫째, 기업의 기본정보를 파악한다. 기업의 기본정보에는 기업명, 대표, 설립일, 기업형태, 계열사, 홈페이지 주소 등이 있다.

둘째, 기업의 개요를 분석한다. 기업의 개요에는 회사의 연혁, 매출 정보, 직원 현황, 조직도, 글로벌 네트워크 등이 있다. 매출액과 영업이익을 살펴보는 것이 중요한데 영업이익이 6% 이상이면 매출액에 따라 차이는 있지만 비교적 양호한 편이다. 그러나 영업이익이 3% 미만이면 기업 선택을 신중히 고려할 필요가 있다.

셋째, 기업의 경영철학과 이념의 분석으로 회사의 윤리강령, 인재상, 핵심가치, 미션, 비전 등이 있다.

넷째, 사업영역분석으로 시장 점유율, 주요 제품, 경쟁사 관계, 사업전략, 투자계획, SWOT분석 등이 있다.

다섯째, 직무와 인사제도분석으로 회사의 주요 직무, 직원복지, 인사제도, 경력개발제도, 채용절차 및 분야 등이 있다.

그러나 현재의 기업 경쟁력보다 미래의 발전 가능성과 직무를 고려해야 한다. 기업이 현재는 소위 잘 나가는 산업 분야에 속해 재정적으로 건전한 기업이라고 하더라도 장기적인 측면에서 장래성이 부족한 산업이나 기업의 경우는 입사를 고려해 볼 필요가 있다.

또한, 대기업과 중소기업을 선택할 때는 서로의 장단점을 비교해 볼 필요가 있다. 최근 대기업이 미래의 유망산업인가에 대한 질문에서 47% 이상이 유망산업이 아니라고 대답하였고, 반면에 중소기업이 유망산업이라고 대답한 사람은 20% 정도인 것으로 나타나 미래의 경쟁력을 갖춘 중소기업도 유망산업으로 인식되고 있음을 알 수 있다. 이러한 인식의 변화에 따라 대기업보다는 자신의 적성에 맞고 장래가 보장된 중소기업을 선택하는 것이 최선일 수 있다. 중소기업에 취업하면 다양한 경험을 쌓을 수도 있기 때문에 현재보다는 장래의 비전을 고려하여 어떤 기업을 선택할 것인가에 대해 심각하게 고민해 볼 필요가 있다.

2. 기업분석 방법

일반적으로 기업을 분석하는 방법은 매우 다양하고 그 내용도 광범위하다. 따라서 취업에 필요한 내용 중심으로 기업분석 방법을 알아보고 그 밖의 기업분석 사이트를 소개하고자 한다.

기업분석 시 고려할 사항은 첫째, 환경분석 단계로 국내외 시장여건, 산업, 업계를 파악하는 것이다. 둘째, 기업분석 단계로 경쟁사 파악, 기업분석, 사업분석, 제품 및 서비스분석을 하는 것이다. 셋째, 판단 단계로서 SWOT분석을 통해 전략방향을 설정하는 것이다.

〈표 5-1〉 기업검색 고려사항과 주요 정보원

환경분석 단계		기업분석 단계		판단
국내외 시장여건 산업/업계 파악	→	경쟁사 파악 기업분석 사업분석 제품/서비스분석	→	SWOT분석 전략방향 설정
업계 동향 트렌드보고서 검색 →“filetype:pdf”로 구글링 →관련산업협회보고서 활용		기업보고서 검색 →“금융감독원 전자공시 시스템” 활용 →기업홈페이지 검색		기업의 강점/약점/기회/위협 요소 분석 →성과를 다각도로 평가 →앞으로의 방향 정하기

(1) 환경분석 단계

국내외 시장여건과 산업, 업계를 파악하기 위해서 구글링을 하는 것이 간편한 방법이다. 기업의 트렌드와 동향을 알아보기 위해 구글링을 할 때 대부분 보고서 문서가 PDF 파일 형식으로 되어 있기 때문에 "filetype:pdf"라고 검색한다. 이는 "pdf 파일" 형식을 찾는다는 것이다. 예를 들어 SNS의 트렌드와 동향을 알아보기 위해서 구글링할 때는 "filetife: pdf SNS"라고 검색하면 된다.

[그림 5-1] 구글 화면

↓

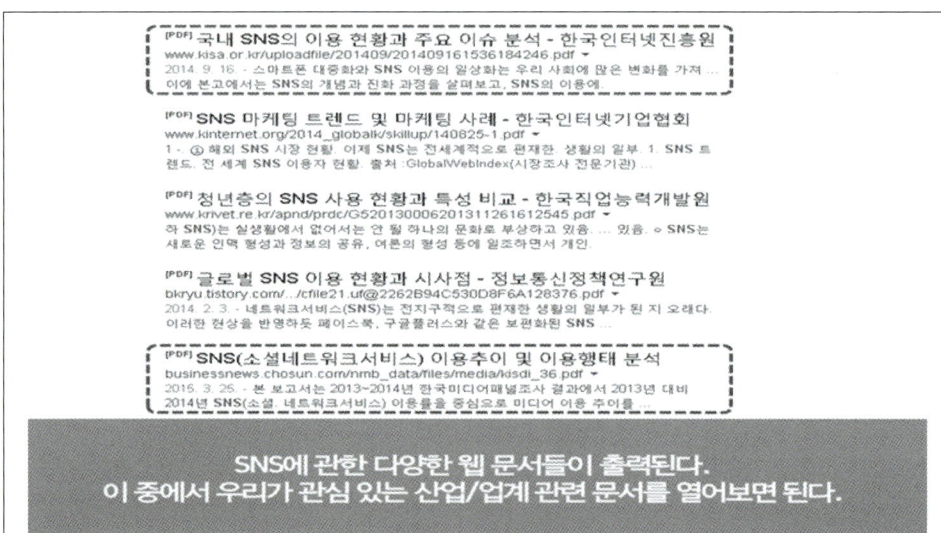

[그림 5-2] SNS 웹문서

(2) 기업분석 단계

기업분석은 금융감독원에서 제공하는 전자공시시스템(https://dark.fss.or.kr)을 이용하면 기업의 매출 / 재무, 사업, 주주 등의 정보를 열람할 수 있다. 사업보고서, 분기 / 반기 보고서를 참고하면 된다. 전자공시시스템(DART ; Data Analysis, Retrieval and Transfer System)은 상장법인 등이 공시서류를 인터넷으로 제출하고, 투자자 등 이용자는 제출 즉시 인터넷을 통해 조회할 수 있도록 하는 종합적 기업공시 시스템이다.

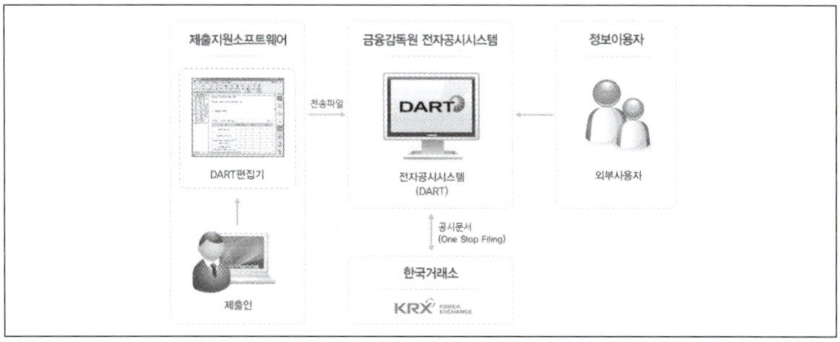

[그림 5-3] 전자공시시스템

금융감독원 전자공시시스템을 통해 모바일 SNS로 성장한 "다음카카오"를 분석해 보자. 기업에 대한 내용은 사업 / 반기 / 분기보고서를 살펴보면 된다. 검색옵션의 정기공시에서 보고서 체크 후 검색을 클릭하면 된다.

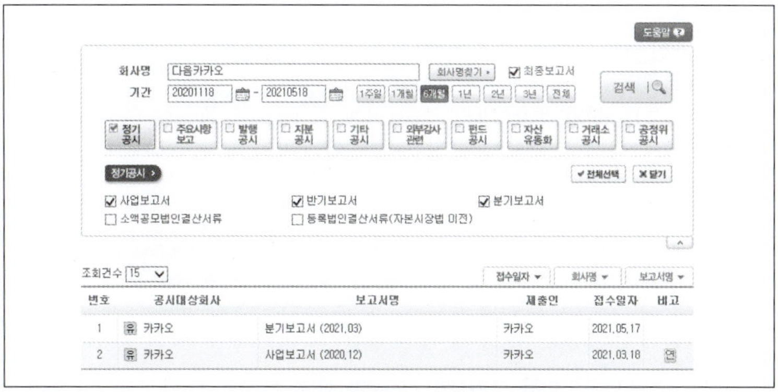

[그림 5-4] 다음카카오 기업분석

〈표 5-2〉 금융감독원 전자공시시스템을 활용한 기업분석

분 기 보 고 서 【 대표이사 등의 확인 】 I. 회사의 개요 1. 회사의 개요 2. 회사의 연혁 3. 자본금 변동사항 4. 주식의 총수 등 5. 의결권 현황 6. 배당에 관한 사항 등 7. 정관에 관한 사항 II. 사업의 내용 III. 재무에 관한 사항 1. 요약재무정보 2. 연결재무제표 3. 연결재무제표 주석 4. 재무제표 5. 재무제표 주석 6. 기타 재무에 관한 사항 IV. 이사의 경영진단 및 분석의견 V. 감사인의 감사의견 등 VI. 이사회 등 회사의 기관에 관한 사항 1. 이사회에 관한 사항 2. 감사제도에 관한 사항 3. 주주의 의결권 행사에 관한 사항 VII. 주주에 관한 사항 VIII. 임원 및 직원 등에 관한 사항 1. 임원 및 직원 등의 현황 2. 임원의 보수 등 IX. 계열회사 등에 관한 사항 X. 이해관계자와의 거래내용 XI. 그 밖에 투자자 보호를 위하여 필요한 사항 【 전문가의 확인 】 1. 전문가의 확인	1. 회사의 개요 : 설립일자, 연혁, 계열회사 등 기본정보 → 회사가 속한 산업, 계열사와의 관련성 등 2. 사업의 내용 : 회사가 영위하는 사업의 전반적인 현황 → 사업부별 시장점유율, 매출, 경쟁자 등의 사항 3. 재무에 관한 사항 → 재무제표(대차대조표, 손익계산서, 현금흐름표) 4. 임원 및 직원들에 관한 사항 → 평균근속연수, 평균연봉 등 임직원 사항 이렇게 크게 네 가지 사항을 확인하면 기업에 대한 정보를 얻을 수 있다.

이외에 필요한 기업의 인재상, 경영철학, 목표 및 비전 등은 해당 기업홈페이지에서 살펴볼 수 있다. 기업의 인재상은 회사의 공통역량으로서 해당 기업에 입사하기 위해서 꼭 갖추어야 할 인성역량이다. 또한 기업의 목표와 비전을 달성하는 데 기여할 수 있는 인

재를 원하기 때문에 자신이 어떻게 회사의 목표와 비전을 이루는 데 기여할 수 있을 것인가에 대한 고민도 해야 한다.

〈표 5-3〉 현대자동차 기업분석 사례

경영철학	비전	인재상 (공통역량, 인성)	스토리텔링
창의적 사고의 끝없는 도전을 향해 새로운 미래를 창조함으로써 인류사회의 꿈을 실현하다	자동차에서 삶의 동반자로	도전 글로벌마인드 협력 열정 창의	구체적인 경험 찾기
도전	실패를 두려워하지 않는 신념, 의지, 적극적 업무 추진		
글로벌마인드	글로벌 상황에 대한 통찰력, 글로벌네트워크를 활용하여 전문성 개발		
협력	타 조직 존중, 시너지 제고, 타 조직과 방향성 공유, 적극적 협동		
열정	믿음, 회사와 고객을 위해 업무를 주도적 수행, 본인이 끝까지 책임		
창의	항상 새로운 시각에서 문제를 바라봄, 창의적 사고와 행동 실무에 적용		

출처: https://www.hyundai.co.kr/Careers/Talent.hub

〈표 5-4〉 기타 기업검색 정보 검색 사이트

구분	사이트 주소
한국신용평가	https://www.kisrating.com → 업체별 검색 → 해당 업체
카인즈	https://www.kinds.or.kr → 최근 3년치 기사 검색
중소기업현황정보시스템	https://sminfo.smba.go.kr
NICE 기업정보	https://www.nicebizinfo.com/cm/CM0100M001GE.nice

기타 기업을 분석하는 방법에는 네이버 기업정보, 한국신용평가, 중소기업현황정보 시스템 등에서 유용한 정보를 얻는 것이 있다. 특히, 카인즈에서는 최근 3년간 회사관련 기사를 검색할 수 있어서 유용하다. 그리고 스마트폰으로 매경 e신문 어플의 매경회사 연감을 통해서도 간단한 기업개요와 재무정보 등을 검색할 수 있다. 유료 사이트로는 KISINE, fnGuide에서 검색할 수 있다.

worksheet 5-1 자신의 희망기업을 기업분석 방법을 활용하여 작성해 보자.

<table>
<tr><td rowspan="4">기업의 기본 정보</td><td>기업명</td><td></td><td>대표</td><td></td></tr>
<tr><td>설립일</td><td></td><td>기업형태</td><td></td></tr>
<tr><td>계열사</td><td colspan="3"></td></tr>
<tr><td>홈페이지 주소</td><td colspan="3"></td></tr>
<tr><td rowspan="4">기업의 개요</td><td>회사 연혁</td><td colspan="3"></td></tr>
<tr><td>매출 정보 (영업이익)</td><td colspan="3"></td></tr>
<tr><td>직원 현황</td><td colspan="3"></td></tr>
<tr><td>조직도</td><td colspan="3"></td></tr>
<tr><td rowspan="3">기업의 경영 철학</td><td>목표 및 비전</td><td colspan="3"></td></tr>
<tr><td>핵심 가치</td><td colspan="3"></td></tr>
<tr><td>인재상</td><td colspan="3"></td></tr>
<tr><td rowspan="3">사업 영역</td><td>시장 점유율</td><td colspan="3"></td></tr>
<tr><td>주요 제품</td><td colspan="3"></td></tr>
<tr><td>경쟁사 관계</td><td colspan="3"></td></tr>
<tr><td>인사 제도</td><td>채용절차</td><td colspan="3"></td></tr>
</table>

worksheet 5-2 〈worksheet 5-1〉에서 자신과 일치하는 특성으로 스토리텔링을 작성해 보자.

희망기업의 인재상, 목표, 핵심가치 등과 일치하는 개인의 특성	☞
희망기업과 일치하는 특성으로 성과를 이루어낸 경험 작성 (스토리텔링 기법) ↓ **지원동기, 1분 자기소개서 등으로 활용** [지원 회사의 인재상, 핵심가치, 목표 및 비전과 관련된 개인의 특성 + 그러한 특성으로 발휘한 성취경험 (STAR) + 회사에 대한 기여도]	

PART

04

역량중심 입사지원서

chapter

Chapter 06 이력서 작성하기

Chapter 07 자기소개서 작성하기

CHAPTER

06

이력서 작성하기

1. 이력서 작성요령

대부분 회사에는 규정된 양식이 있거나 온라인으로 지원서류를 받고 있다. 온라인으로 지원할 경우에는 첫째, 글자체는 평범한 바탕체 또는 보통체로 작성한다. 둘째, 빈칸을 남기지 않는다. 예를 들어 취미/특기, 종교, 군 면제사유 등은 자신에게 해당되지 않는다고 작성하지 않는 경우가 종종 있다. 그러나 작성하라는 항목은 모두 이유가 있으므로 해당 없으면 '해당 없음', 군 면제자이면 '면제사유'를 작성하는 것이 좋다.

회사의 규정된 양식이 없거나 온라인으로 지원하지 않을 경우에는 별도의 이력서를 작성해야 한다. 본 장에서는 블라인드 채용 이력서와 역량중심 자유형 이력서를 소개하고자 한다.

1) 블라인드 채용 이력서

블라인드 채용 이력서란 블라인드 방식으로 채용하는 곳에 지원할 때 작성하는 이력서 양식이며, 직무관련 교육사항과 직무관련 기술사항 및 직무관련 경험 등의 내용을 최우선적으로 기재하여 작성하는 이력서를 의미한다. 블라인드 채용 시 구인자는 구직자에 대해 그 직무의 수행에 필요하지 아니한 구직자 본인의 용모, 키, 체중 등의 신체적 조건, 구직자 본인의 출신지역, 혼인여부, 재산, 구직자 본인의 직계 존비속 및 형제자매의 학력, 직업, 재산에 관한 정보를 요구하거나 졸업증명서, 자격증과 같은 입증자료를 수집해서는 안 된다. 또한 서류로 물어봐서는 안 되는 정보는 면접에서도 역시 물어볼 수 없다.

〈표 6-1〉 기존 채용 이력서와 블라인드 채용 이력서 내용의 차이점

구분	기존 채용 이력서	블라인드 채용 이력서
서류전형	• 직무와 무관한 항목 기재 - 가족, 학력, 취미/특기 등 • 직무와 무관한 스펙 요구 - 토익, 해외봉사 등	• 서류전형 미실시 • 직무와 무관한 기재사항 배제 • 직무관련 항목 요구 - 교육, 자격, 경험, 경력 등

TIP 6-1 블라인드 채용 이력서 양식 샘플

1. 인적사항

지원구분	신입(　　　), 경력(　　　)	지원직무	
성　　명	(한글)		
현 주 소			
연 락 처	(본인휴대폰)	이메일	
	(비상연락망)		
최종학교 소재지	*"지역인재 우대 응시자"*	가점항목	□ 장애대상 □ 보훈대상

2. 교육사항

* 지원직무관련 과목 및 교육과정을 이수한 경우 그 내용을 기재해 주십시오.

교육구분	과목명 및 교육과정	교육시간
□학교교육 □직업훈련 □기타		

직무관련 주요내용

3. 자격사항

* 지원직무관련 국가기술/전문자격, 국가공인민간자격을 기입해 주십시오.

자격증명	발급기관	취득일자	자격증명	발급기관	취득일자

4. 경험 혹은 경력사항

* 지원직무관련 경험 혹은 경력사항을 기입해 주십시오.

구분	소속조직	역할	활동기간	활동내용
□경험 □경력				

*직무활동 동아리/동호회, 팀프로젝트 연구회, 재능기부 등이 주요 직무경험을 서술하여 주십시오

직무관련 주요내용

위 사실은 사실과 다름이 없음

지원날짜 :

지 원 자 :　　　　　　(인)

블라인드 채용 이력서의 구성은 인적사항, 교육사항, 자격사항, 경험 및 경력사항 등으로 구성된다.

〈표 6-2〉 블라인드 채용 입력서 구성항목

구성항목	내용
인적사항	지원구분, 성명, 현주소, 연락처, 이메일 등 지원자를 식별, 관리하기 위한 최소한의 정보로 구성함
교육사항	학교와 학교 이외의 기관에서 직무와 관련하여 이수한 과목내용을 기입함
자격사항	지원한 직무와 관련 있는 자격증만을 기입함
경험 및 경력사항	지원하는 직무와 연관성이 있는 경험 및 경력사항을 기입함

경험 및 경력사항에서 경험은 금전적 보수를 받지 않고 수행한 연구회, 온라인 커뮤니티 등 활동이 포함되며, 경력은 금전적 보수를 받고 일정 기간 동안 수행한 활동을 의미한다. 위 블라인드 채용 이력서를 살펴볼 때 자기분석을 통해 자신에게 적합한 직무를 가능한 빨리 결정한 후 그 직무에 연관성이 있는 교육사항, 자격증, 직무관련 과목, 직무관련 경험과 경력을 쌓아 놓는 것이 취업에 성공할 수 있는 지름길이다. 취업에 임박하여 준비가 제대로 되지 않았더라도 직무에 적합한 경험과 경력을 찾아서 입사서류를 작성하는 것이 매우 중요하다.

2) 역량중심 자유형 이력서

(1) 경력중심 이력서

경력중심의 이력서는 자신이 지원 분야의 경력이 있는 경우에 경력사항을 이력서의 윗부분, 주로 인적사항 다음에 작성하여 인사담당자의 눈에 잘 띄게 한다. 또한, 별도로 경력기술서나 포트폴리오를 작성하여 별도 첨부자료로 제출하는 것도 좋다.

(2) 업적중심 이력서

업적중심의 이력서는 지원 분야의 경력은 없지만 어떤 일을 성공적으로 수행한 업적이 많을 때 작성하는 것이 좋다. 업적은 지원분야와 관련이 없더라도 업적에 대한 능력으로 자신이 지원한 분야에서도 잘할 수 있을 것이라는 믿음을 줄 수 있다.

이와 같이 역량중심 자유형 이력서는 직무역량에 적합한 자신의 강점을 잘 드러낼 수 있는 항목부터 작성한다. 블라인드 채용과 NCS 채용을 적용하지 않는 기업에서는 다양한 역량중심 자유형 이력서를 작성하여 자신의 능력을 보여줄 필요가 있다.

역량중심 자유형 이력서의 기본 구성항목은 인적사항, 학력사항, 경력사항, 자격증 및 보유능력사항, 기타 활동사항 등 크게 5개 항목으로 구분된다. 이력서에 표기되어 있는 내용은 객관적인 사실에 입각해야 하며, 언제든지 기재된 사실을 증명할 수 있는 자료가 준비되어 있는 것이 좋다. 단, 이력서를 작성할 때의 주의할 점은 첫째, 시중에서 구입하는 양식을 사용하는 것은 좋은 평가를 받지 못한다. 둘째, 인터넷에서 다운받아 그대로 작성하는 것은 금물이다. 셋째, 이력서상에 자신에게 불필요한 사항들을 작성하거나 빈칸을 그대로 방치하는 것은 좋은 결과를 기대하기 어렵다.

TIP 6-2 이력서 사진 샘플

〈표 6-3〉 역량중심 자유형 이력서 구성항목별 작성방법

구성항목	내용	유의할 점
인적사항	성명(한글, 한자, 영문), 생년월일, 주소, 전화번호, 휴대폰 번호, 긴급연락번호, e-mail 주소	• e-mail 주소는 가능한 간결하거나 지원한 직무를 연상시킬 수 있는 것으로 만든다. • 주소는 회사와 통근이 가능한 주소가 좋으나 주민등록상 주소가 지원회사와의 거리가 있는 경우 입사 후 거주예정인 회사와 가까운 지인의 주소를 적고 '(현주소)'라고 표기하는 것이 좋다. • 긴급연락번호는 가족이나 친구 무방하나 구직 중임을 감안해서 기업의 전화를 응대할 수 있게 이야기를 해두어야 한다.
학력사항	최종학력부터 작성하되 고등학교는 졸업연도만 작성한다.	• 대학교는 졸업년도, 입학년도, 고등학교는 졸업년도만 작성하되 연월일 모두 작성하는 것이 좋다. • 대학명과 전공명, 본교 및 분교, 재학기간(년/월 단위) 등을 정확히 쓴다. • 편입학의 경우에는 전 학교 및 현재의 학교명을 기재하고, 학점을 기재해야 할 경우 만점의 기준이 다를 수 있으니 정확히 기재한다.
경력사항	지원 분야와 관련된 경력을 작성하되 최근 경력 순으로 작성한다.	• 경력직은 경력사항을 상세하게 작성하고, 신입의 경우 지원 분야와 관련된 사회 활동 경험, 인턴경험 등을 작성한다. • 경력자의 경우 경력기술서를 별도로 작성한다. 자신이 근무한 회사명과 주요사업, 소속부서, 최종직급, 근무기간, 주요업무 및 성과 등을 표기한다. • 직무와 관련된 주요업무를 기술하고 이를 통해 자신이 만들어낸 성과를 수치를 활용해서 어필하는 것이 좋다.
자격증 사항	직무와 관련된 자격증을 최근 취득한 순으로 기록하고 자격증명, 취득일자, 발행처를 정확하게 기록한다. 단, 컴퓨터 관련 자격증은 기본적으로 작성한다.	컴퓨터능력은 자격증이 없더라도 보유능력이라는 항목을 추가해서 컴퓨터활용능력을 기록하는 것이 유리하다.
기타활동 사항	해당 기업의 인재상에 적합한 내용, 글로벌 인재, 업적, 봉사 등의 활동을 기록한다.	도전정신, 봉사활동, 장학금, 표창장등 업적내용, 해외연수, 직무관련 교육훈련, 각종 공모전 등 경험의 장소·기간·시간 등을 상세하게 기록하는 것이 좋다.

구성항목	내용	유의할 점
서명 날인	'위 기재사항은 사실과 상이 없음'을 쓰고 지원 일자와 이름을 쓰고 도장을 찍는다.	서명란에 사인이나 막도장보다는 동그란 인감도장으로 바르게 찍는 것이 좋다.
기타사항	• 자사양식 및 온라인 지원의 경우에는 정해진 양식에 맞춰 작성해야 하고 임의 수정은 불가능하다. • 자유양식의 경우 직무역량이 돋보이게 자신만의 형식을 구축하는 것이 가능하며 교육 이수사항을 추가하거나 자신의 직무능력을 부각시킬 수 있도록 작성하는 것이 좋다.	

〈표 6-4〉 **입사지원서 기본 준수사항과 제출방법**

구분	내용	비고
이력서 작성 시 기본 준수사항	• 이력서의 길이는 1~2쪽이 적당하다. • 용지는 흰색 또는 아이보리색 계열 A4용지를 사용한다. • 서체는 개성이 강하거나 화려한 서체는 자제하고 가독성이 높고 많이 사용되는 보통체나 바탕체 등을 사용한다. • 내용은 반드시 객관적인 사실을 바탕으로 정직하고 정확하게 작성한다. • 문법과 절차상의 오류가 없도록 검토하여 교정하고 완성한다. • 상황에 따라 인쇄하여 제출 또는 이메일로 보내거나 시스템을 통해 업로드한다. • 우편으로 보낼 때는 대봉투를 사용하여 이력서가 접히지 않게 하며 안전하고 신속하게 보내질 수 있도록 빠른 등기로 보낸다.	• 신입은 1쪽, 경력직은 1~2쪽이 적당하다. • 작성된 내용을 확인할 수 있는 서류를 미리 준비를 해두는 것이 좋다.
E-mail 서류 제출 시 유의 사항	• 이메일 제목에 지원분야, 이름을 반드시 기재한다. • 증빙서류는 PDF 파일로 스캔하여 첨부하고, 한 번 클릭하여 모두 볼 수 있고, 출력 가능하게 한다. 압축 파일은 피하는 것이 좋다. • 메일 본문은 간결하게 편지를 쓰면 좋다.	

TIP 6-3 이력서 샘플(자유형) 1

이 력 서

지원 분야: 청소년지도사

사진 (3×4cm)	성 명	【한글】 박 ○ ○ 【한자】 朴 ○ ○				
	생년월일	년도. 월. 일	연령	만 ○세	성별	
	현 주 소	(151-834) 서울시 관악구 봉천로 ○○○○				
	연 락 처	자택		휴대폰		
	E-MAIL			긴급연락		

학력사항	기간	학교명	비고
	년도. 월. 일	○○대학(교) 사회복지학부 청소년학과 졸업예정	3.8 / 4.5
	년도. 월. 일	○○대학(교) 사회복지학부 입학	-
	년도. 월. 일	○○고등학교 졸업	-

자격사항	취득일	자격명	발행처
	년도. 월. 일	청소년지도사 2급	국가청소년위원회
	년도. 월. 일	전문상담교사(2급 정교사)	교육인적자원부
	년도. 월. 일	워드프로세서 1급	대한상공회의소
	년도. 월. 일	레크리에이션 2급	사단법인 한국무예체육여가선용연맹

실습 및 연수	기간	활동내용	기관명
	년도. 월. 일~년도. 월. 일	전문상담교사 교육실습	서울 대영중학교
	년도. 월. 일~년도. 월. 일	상담실습(사이버 상담)	미디어중독예방센터
	년도. 월. 일~년도. 월. 일	청소년상담활동가 연수 (학교폭력과 인터넷중독)	미디어중독예방센터
	년도. 월. 일~년도. 월. 일	학교폭력전문상담 청소년학 전공실습(180시간)	서울시립 청소년정보문화센터

기타 활동사항	
	년도. 월. 일~년도. 월. 일 : 다문화캠프 진행(○○시 청소년수련관, 총 35시간)
	년도. 월. 일~년도. 월. 일 : ○○희망공부방 학습지원(○○민들레 지역아동센터, 주 1회/4h, 총 40시간)
	년도. 월. 일~년도. 월. 일 : 보호관찰소 멘토링(○○기독교사회복지관, 주 3회, 1회/4h, 총 96시간)
	년도. 월. 일~년도. 월. 일 : 소아청소년 학습지도(○○정신병원, 주 1회/4h, 총 48시간)
	년도. 월. 일~년도. 월. 일 : 성적 장학금 5회, 전공능력 장학금 1회, 교수 추천 장학금 1회, 대회 장학금 1회, 자격증 장학금 1회

위의 내용은 사실과 틀림없습니다.

년도. 월. 일

지원자 : 박 ○ ○ (인)

TIP 6-4

이력서 샘플(자유형) 2

○○과 함께 세계와 친구 되고 싶습니다.
International Service Learning

지원 분야: 국제협력 2팀

개인정보

사진 (3×4cm)	성 명	김 ○ ○ (金 ○ ○), Kim ○ ○				
	생 년 월 일	년도. 월. 일			연령	만 ○세
	주 소	경기도 ○○시 분당구 ○○동 200지 ○○마을 ○○동 ○○호				
	집 전 화	000-0000-0000			휴대전화	010-0000-0000
	긴 급 연 락	010-0000-0000			e-mail	000@hanmail.net
	건 강 상 태	상	특수 알레르기	무	주요 병력	무

학력사항

기간	학교명	전공	평균학점
년도. 월. 일	○○대학교 졸업예정	어문학부 ○○과	3.94 / 4.5
년도. 월. 일	○○대학교 입학	어문학부 ○○과	-
년도. 월. 일	○○여자고등학교 졸업		-

봉사경력사항

기 간	봉사내역
년도. 월. 일~년도. 월. 일	○○사회봉사단 단원 활동(주 2회, 1일/4h, 총 104시간)
년도. 월. 일~년도. 월. 일	아동생활 지도교사(주 1회, 6h, 156시간)
년도. 월. 일~년도. 월. 일	○○농촌봉사활동 노력, 교육봉사(1일 8h, 총 32시간)
년도. 월. 일~년도. 월. 일	지역 어르신 초청 잔치 안내봉사(12h)
년도. 월. 일~년도. 월. 일	○○제일요양원 추석특별봉사(8h)
년도. 월. 일~년도. 월. 일	○○하계 단기 해외봉사(쿤밍, 12일간)

자격증 및 능력

취득일자	자격증명	발급기관
년도. 월. 일	ITQ 아래한글 A등급	한국생산성본부
년도. 월. 일	자동차운전면허 1종 보통	경기지방경찰청
년도. 월. 일	워드프로세서 1급	대한상공회의소
년도. 월. 일	ITQ 한글파워포인트 C등급	한국생산성본부
년도. 월. 일	태권도 2단	대한태권도협회
기타	인터넷, Excel, Power-point 능숙. 타수 500타 이상	

기타 활동사항

- 년도. 월. 일~년도. 월. 일 : ○○지역아동센터 봉사활동
  (프로그램 진행 및 돌봄 서비스, 주 1회, 5시간, 총 80시간)
- 년도. 월. 일~년도. 월. 일: 성적우수 장학금 2회 수상
- 년도. 월. 일~년도. 월. 일: ○○공식 ○○사회봉사단, 주 1회, 8h, 총 64시간)
  (매주 지역아동센터에서 교육봉사, 매달 다양한 기획봉사 실시)

위의 내용은 사실과 틀림없습니다.

년도. 월. 일

김 ○ ○ (인)

TIP 6-5 이력서 샘플(자유형) 3

비전과 열정을 공유할 수 있는 준비된 인재

1. 인적사항

사진 (3×4cm)	성 명	임 ○ ○		지원분야	시각디자인
	생년월일	년도. 월. 일		연 령	만 ○세
	주 소	○○광역시 ○○구 ○○동 ○○아파트 ○○동 ○○호			
	연 락 처	집	000-000-0000	핸 드 폰	000-0000-0000
	e-mail	0000@hanmail.net		긴급연락	000-0000-0000

2. 학력사항

기간	학교명	전공	평균 학점
년도. 월. 일	○○대학교 졸업예정	○○학부 ○○전공	4.0 / 4.5
년도. 월. 일	○○대학교 입학	○○학부	-
년도. 월. 일	○○고등학교 졸업	인문계	-

3. 수상내역

기간	공모전 내용	수상내역
년도. 월. 일	흡연예방 및 금연수기 공모대회 참가	우수상
년도. 월. 일	인천광역시 청소년 기계과학탐구대회 참가	동상
년도. 월. 일	에너지 절약 작품 공모 포스터 부문	장려상
년도. 월. 일	교통안전 포스터대회 참가	최우수상
년도. 월. 일	호국보훈 포스터대회 참가	최우수상
년도. 월. 일	호국보훈 포스터대회 참가	우수상
년도. 월. 일	인천광역시 청소년 기계과학탐구대회 참가	동상

4. 기타 활동사항

년도. 월. 일~년도. 월. 일 : 성적우수 장학금 2회 수혜
년도. 월. 일~년도. 월. 일 : ○○대학교 일본어 애니메이션 동아리 활동
년도. 월. 일 : 금연 청소년 마라톤대회 참가
년도. 월. 일 : ○○마라톤대회 참가 11.4km 완주
년도. 월. 일~년도. 월. 일 : ○○교회 유치부 보조교사 봉사활동(주 1회/8h, 총 160시간)

위의 모든 내용은 사실과 다름없음을 확인합니다.

년도. 월. 일

작성자 : 임 ○ ○ (인)

TIP 6-6 공공기관 블라인드 채용 이력서 샘플

* 입사지원서 및 자기소개서 작성 시 개인의 신상 및 출신 학교 명 등이 들어가지 않도록 주의하시기 바랍니다.

1. 인적사항

* 인적사항은 필수항목으로 반드시 모든 항목을 기입해 주십시오.

지원기관			
성 명	(한글)		
현 주 소			
연 락 처	(본인휴대폰)	전자우편	
	(비상연락처)		
지역인재 해당여부		가점항목	□ 장애대상 □ 보훈대상(% 가점대상)

2. 교육사항

* 학교교육이나 직업교육 혹은 기타교육 등 직무와 관련된 교육사항 내용을 최대 5개까지 기입해 주십시오.

교육구분	교육명칭	교육시간	교육 주요내용
학교교육			
학교 외 교육			

3. 직무능력관련 자격사항

* 자격은 직무와 관련된 자격으로 해당 자격증을 정확히 기입해 주십시오.(행 추가 가능)

* 국가기술자격, 개별법에 의한 전문자격, 국가공인 민간자격, 기타자격이 포함됩니다.

자격증명	발급기관	취득일자	자격증명	발급기관	취득일자

4. 경력 혹은 경험사항

* 4-1) 경력은 금전적 보수를 받고 일정 기간 동안 일했던 이력을 의미합니다.(행 추가 가능)

근무기간	기관명	직위/역할	담당업무

* 자세한 경력 사항은 경력 및 경험기술서에 작성해 주시기 바랍니다.

* 4-2) 경험은 직접 외적인(금전적 보수를 받지 않고 수행한) 활동을 의미하며, 교육과정 내 수행평가, 과제수행경험, 산학, 팀 프로젝트, 연구회, 동아리/동호회, 온라인 커뮤니티, 재능기부 활동 등이 포함될 수 있습니다.(행 추가 가능)

활동명칭	활동기간	활동내용

* 자세한 경력사항은 경력 및 경험기술서에 작성해 주시기 바랍니다.

위 사실은 사실과 다름이 없음

지원날짜 :

지 원 자 : (인)

worksheet 6-1 나의 역량중심 자유형 이력서를 작성해 보자.

( )

▸ 인적사항

사진 (3×4cm)	성 명		한 문		지원분야	
	영 문		생년월일		성 별	
	주 소					
	e-mail					
	집 전 화			휴대폰		
	긴급연락					

▸ ( )

기간		

▸ ( )

기간	내용

▸ ( )

취득일자	자격증명	주관

▸ ( )

위의 모든 기재사항은 사실과 다름이 없음을 확인합니다.

년도 월 일

지원날짜:

지원자: (인)

2. 이력서 클리닉

이력서를 작성할 때는 회사의 입장에서 자신이 지원한 분야에 적합한 사람인가를 염두에 두고 직무역량 이력서로 만들어야 한다. 따라서 이력서를 작성하기 전에 선행되어야 하는 조건이 있다. 자기분석, 직무분석, 기업분석 등 세 가지는 필수적으로 실시하는 것이 필요하다.

이력서 초안이 만들어졌다면 친구들이나 동료들에게 자신의 이력서를 점검하도록 한 후 스스로 세 번 이상은 정밀하게 살펴보고 수정해야 한다. 또한, 가능하다면 전문가의 조언을 구하는 것이 좋다. 이력서를 가볍게 생각하고 성급하게 작성하여 지원하는 경우 실패할 가능성은 그만큼 커진다. 그러므로 자신의 이력서가 입사과정의 1차 관문을 통과하여 면접으로 가고자 한다면, 자신이 지원하는 분야에 잘 준비된 적합한 인재임을 강조한 직무역량중심의 이력서를 만드는 것이 매우 중요하다. 여기서는 역량중심 자유형 이력서에 대한 클리닉을 언급하고자 한다.

1) 인적사항

○ 클리닉 전

<table>
<tr><td rowspan="4"></td><td colspan="4">이 력 서</td></tr>
<tr><td>성　명</td><td>이 ○ ○</td><td colspan="2">E-MAIL: zamzazaco@paran.com</td></tr>
<tr><td>생년월일</td><td colspan="3">○○○○년 ○○월 ○○일생 (만 ○○세)</td></tr>
<tr><td>호주성명</td><td>이 ○ ○</td><td>호주와의 관계</td><td>부</td></tr>
<tr><td>주소</td><td colspan="2">경기도 수원시 ○○구 ○○동 ○○ 10단지 1005동 903호</td><td>전화번호</td><td>(031) 000-0000</td></tr>
</table>

KeyPoint

☞ 이력서 상단 : 지원분야 및 직무, 휴대전화 번호와 긴급연락처 명시
☞ 성 명 : 이름은 가능하면 한글, 한자, 영문자도 함께 작성
☞ 연 령 : 현재 나이가 아니라 생일을 기준으로 한 '만 나이'로 표기함
☞ e-mail 주소 : 간단하고, 자신의 이미지를 잘 표현할 수 있는 주소로 작성
☞ 연락처 : 지역번호 표기하기

○ 클리닉 후

이 력 서

인적사항

지원 분야: 영업

사진 (3×4cm)	성 명	이 ○ ○(李 ○ ○)	영 문	
	생년월일	○○○○. ○○. ○○	나 이	만 ○○세
	주 소	경기도 ○○시 ○○구 ○○동 ○○단지 ○○동 ○○호		
	집 전 화	02) 000-0000	휴대폰	000-0000-0000
	e-mail	000@hanmail.net	긴급연락	000-0000-0000
	호주성명	이 △ △	호주와의 관계	장남

인적사항 클리닉

1. 사진은 자신의 첫인상을 결정짓는 중요한 포인트이다. 이마는 가능한 2/3 정도, 귀는 모두 드러날 수 있도록 머리를 다듬어 찍는 것이 좋다. 계절에 맞지 않는 의상과 지나친 포토샵이나 셀프카메라 사진은 금물이다. 사진 규격에 맞게 찍고 사진의 바탕색은 가능한 무색의 밝은 색으로 하고 재킷은 진한 색을 선택하는 것이 좋다.
2. 이름은 한글, 한문(또는 영문)을 모두 적는 것이 좋다.
3. 주소는 주민등록상의 주소를 의미하나 주소와 지원한 회사의 거리가 멀면 통근이 가능한 지인의 주소를 적고, '(현주소)'라고 표기한다. 기숙사가 있는 공장일 경우 주소를 적고 '(기숙사 가능)'이라고 표기한다.
4. 전화번호는 가능한 집전화, 휴대전화, 긴급연락전화번호를 모두 기입하는 것이 좋다.
5. 대부분의 기업이 온라인 입사채용을 하므로 e-mail 주소는 반드시 쓰되, 간단하면서도 자신을 잘 드러낼 수 있는 e-mail 주소를 만든다.
   예 zamzaza-co@hanmail.net은 '게으르다'라는 인상을 줄 수 있기 때문에 e-mail 주소는 신중하게 작성해야 한다.
6. 호주와의 관계는 호주가 부모이면 호주 입장에서 바라본 자신이므로 장남, 장녀, 차남, 차녀 등으로 작성하지만 별도 요구사항이 아니면 작성하지 않아도 무방하다. 만약, 호주와의 관계가 아니고 본인과의 관계라고 하면 부(父), 모(母)가 된다.
7. 지원 분야는 반드시 눈에 잘 보이는 곳에 기입해야 한다. 지원 분야가 명시되지 않을 경우 직무 적합성 여부를 판단하기 어렵게 만들 수 있어 불리하다.
8. 이력서라는 제목은 상황에 따라 직무에 적합한 자신의 '성격특성', '능력 또는 소질', '열정' 등으로 표현할 수 있다.
   예 '나를 한마디로 표현한다면 어떻게 말할 수 있을까?'

2) 학력사항

○ 클리닉 전

입학연도	졸업연도	학교명(전공학과)	비고
년 월	년 월	○○고등학교	
년 월	년 월 예정	○○대학교(경영학과)	

KeyPoint
☞ 학력은 최종학년부터 고등학교 졸업 순으로 작성하는 것이 좋다.
☞ 대학졸업연도란에 학점이 좋은 경우 표기하는 것도 좋다.

○ 클리닉 후

학력사항

기간	학교명 및 전공	학점
년 월 일	○○대학교 ○○학부 ○○학과 졸업예정	3.89 / 4.5
년 월 일	○○대학교 ○○학부 입학	-
년 월 일	○○고등학교 졸업	-

학력사항 (병역사항을 학력에 포함한 사례)

기간	학교명 및 전공	학점
년 월 일	○○대학교 ○○학부 ○○학과 졸업예정	3.89 / 4.5
년 월 일	육군 병장 만기 전역	-
년 월 일	육군 입대	-
년 월 일	○○대학교 ○○학과 입학	-
년 월 일	○○고등학교 졸업	-

학력사항 클리닉

1. 학력사항은 최종 학력부터 고등학교 순으로 기입한다. 남자의 경우에는 군 입대일, 제대일, 군별 사항(육군, 해군, 공군 등)을 학력에 포함시킬 수 있다.
2. 최근 학력부터 작성하되 졸업(예정)과 입학은 각각의 항목으로 기입하고, 고등학교는 졸업연도만 기재한다.
3. 기간은 년/월/일까지 자세하게 적는 것이 좋다.

3) 경력사항

○ 클리닉 전

입사연도	퇴사연도	근무처	직위
년 월	년 월	엘노핌 피자	매니저
년 월	년 월	CJ FOOD	STAFF
년 월	년 월	JLS 정상 어학원	사무보조

KeyPoint

☞ 신입의 경우 직위를 작성하는 것보다 직무내용을 구체적으로 작성하는 것이 좋다.

☞ 경력사항은 직무와 관련 있는 경력을 의미한다. 단, 신입의 경우 인턴경험, 직무관련 아르바이트 등의 경력도 기입할 수 있다.

○ 클리닉 후

경력사항

기간	내용	직무내용
년 월 일~년 월 일	JLS 정상 어학원	수강생 모집 및 홍보
년 월 일~년 월 일	CJ FOOD	제품홍보 및 판매
년 월 일~년 월 일	엘노핌 피자	고객유치를 위한 친절교육훈련

경력사항 클리닉

1. 경력사항은 지원 분야와 관련 있는 사항을 최근 경험한 순으로 작성한다.
2. 지원 분야와 전혀 관련 없는 경력사항은 기입하지 않는 것이 좋지만 직무내용과 관련 있으면 구체적으로 작성하면 좋다.
3. 인턴경험, 직무관련 아르바이트 등은 경력사항으로 기입해 주는 것도 좋다.

4) 자격증 및 보유능력사항

○ 클리닉 전

자격명	취득일자	발급기관
컴퓨터활용능력 1급	년 월	-
국내여행안내원	년 월	한국관광협회

KeyPoint

☞ 발급기관은 국가자격증, 민간자격증을 구분하는 척도가 되므로 기재하는 것이 좋다.

☞ 학력, 경력 등에서 작성한 순서와 일관성을 유지하기 위해 년도(취득일자)를 앞에 쓰고, 자격증명칭, 발급기관 순으로 작성하는 것이 좋다.

○ 클리닉 후

자격증 및 보유능력

취득일자	자격증명	발행기관
년 월 일	국내여행안내원	한국관광협회
년 월 일	컴퓨터 활용능력1급	대한상공회의소
컴퓨터활용능력	MS Office, 파워포인트, Adobe Photoshop 활용 가능	

자격증 및 보유능력 클리닉

1. 자격증은 지원 분야와 관련 있는 자격증을 쓰되 최근에 취득한 순으로 적는다.
2. 발급기관은 국가자격증과 민간자격증을 구분하는 척도가 되므로 반드시 기재한다.
3. 자격증을 취득하지 않았지만 직무를 수행하기 위해 필요한 자격증 관련 스킬을 가지고 있다면 따로 기재하여 어필한다.
4. 자격증 취득일자, 자격증명, 발급기관을 명확히 기입한다.
5. 컴퓨터활용능력은 실제 활용능력이 중요할 수 있으므로 컴퓨터활용능력이 있음을 보여 주기 위해 자격증이 없어도 컴퓨터활용능력을 별도로 작성하는 것도 좋다.

5) 기타 활동사항

○ 클리닉 전

기타 활동사항

- 평화기획단 주최 태국 치앙마이 메타오 고등학교 방문 봉사
- ○○청소년 평화기획단으로 활동
- 해외어학연수
- 성적 장학금 3회 수상
- ○○마라톤 하프 완주

KeyPoint

☞ 기타 활동사항에는 이력서에 언급하지 않은 사항 중 기업에서 필요로 하는 인재상을 파악하고 부합한 경험들을 구체적으로 작성한다. 단, 사실을 입증할 수 있어야 한다.

☞ 기타 활동사항은 최근 순으로 쓰되, 직무와 인성에 관련된 활동을 우선적으로 작성하는 것이 좋다.

○ 클리닉 후

기타 활동사항

- 태국 치앙마이 메타오 고등학교 방문 봉사(평화기획단, 년 월 일~월 일, 2주)
- ○○청소년 평화기획단으로 활동(년 월 일~년 월 일, 15개월)
- 호주 ○○대학 / 영어회화 및 토익 공부(년 월 일~년 월 일, 6개월)
- 성적 장학금 3회 수상(년 월 일~년 월 일)
- ○○마라톤 하프 완주(년 월 일)

기타 활동사항 클리닉

1. 인성에 관련된 항목(국내외 봉사활동 등)
2. 글로벌 인재가 되기 위한 노력(해외연수, 교환학생 등)
3. 도전정신(국토대행진, 국외 배낭여행, 마라톤, 자전거 여행 등)
4. 창의성(논문공모전, 아이디어를 발휘하여 성과를 낸 프로젝트나 활동 등)과 관련된 사항
5. 업적(장학금, 대외기관 표창장 등) 등 자신을 드러낼 수 있는 사항 기입
6. 기타 활동사항도 최근에 경험한 순으로 작성하는 것이 좋다.

6) 이력서의 마무리

모든 사항이 완성되었으면 한두 줄 아래에 '위와 같이 틀림없음.', '위의 기재내용은 사실과 상이 없습니다.' 등을 쓴 후 지원한 날짜를 명기하고, 날짜 밑에 지원자 이름을 쓰고 서명한다. 단, 서명 시에는 사인이나 막도장보다는 동그란 인감도장을 사용하는 것이 좋다.

〈표 6-5〉 이력서 체크포인트

구분	이력서 평가사항	체크
구성	독창적이며 전체적으로 균형 있고 짜임새 있게 구성되어 있는가?	
사진	사진은 규격과 이미지 면에서 알맞게 부착되어 있는가?	
연락처	집 전화번호와 휴대전화 및 긴급연락번호는 명기가 되어 있는가?	
지원분야	지원 분야는 잘 보이는 곳에 명기되어 있는가?	
학력 및 경력	학력 및 경력사항이 간결하게 기록되었으며, 중요한 순서대로 최근 학력 및 경력부터 기입되었는가? ※ (전략적 선택) 군필자의 경우 군복무 사항이 학력 사이의 해당 기간에 기입되어 있는가?	
자격증 및 능력	자격증은 전공이나 지원 분야와 관련된 최근에 취득한 자격증부터 기입했는가? 컴퓨터에 관련된 내용은 기입되어 있는가?	
기타사항	인성, 글로벌 인재, 도전정신, 창의성, 교육훈련, 능력에 관련된 사항들이 최근 연도 순부터 기록되어 있는지? 특히 지원 회사의 인재상에 관련된 사항이 기록되어 있는지?	
지원사항	지원 회사의 작성 지침에 맞게 작성되었는가?	
이력서 제목	이력서라는 용어 대신에 자신을 한 구절로 드러낼 수 있는 문장을 잘 기입했는가?	
공통사항	내용이 오탈자 없이 정성들여 작성되었는가?	
	서류가 성의 있게 깨끗이 제출되었는가?	
	구겨지거나 임의 작성(A4 외)되지는 않았는가?	
	이력서 용지의 질은 좋은가?(약간 두꺼운 흰색 계통의 종이가 좋음)	
마무리	위 기재사항은 사실과 틀림없음과 지원날짜, 날인 부분에 도장이 빠지지 않고 찍혀 있는가?	

3. 영문 이력서

국내외 많은 기업들은 어학능력에 경쟁력 있는 인재를 선발하기 위해 지원자의 영문 이력서를 요구하고 있다. 영문 이력서는 미국에서 Resume이라고 한다. 영문 이력서의 특징은 정해진 서식이 따로 없으며, 보통 직무능력을 강조한 이력서(Functional Resume)와 경력중심 이력서(Chronological Resume)로 구별할 수 있다.

영문 이력서는 규격화된 서식이 없고 Job Description을 명확하게 제시하는 편이다. 직무에 대한 이해도를 강조하며 자신의 경험과 자격이 얼마나 해당 기업에 적절한지 효과적으로 어필하는 것이 중요하다.

영문 이력서에는 기업이 요구하는 인재가 어떤 것인가를 정확하게 파악하여 적합한 학력 · 경력 · 자격 등을 중점적으로 적는다. 이 회사에 입사하기 전에 지원자가 어떠한 학업을 하여, 무슨 학위를 받았고, 어떤 일에 종사하여 어떠한 실적을 올렸는가를 적는다. 자신이 얼마나 우수한 인재이며, 얼마만큼 회사에 공헌할 수 있겠는가에 대해 강한 인상을 심어 주는 것이 큰 핵심이다. 영문 이력서 작성 시 무엇보다 중요한 것은 자신의 장점을 얼마나 독특하고 흥미롭게 표현하는가이다. 지원하는 회사의 특성을 잘 파악하고 전략을 세워 이력서와 커버레터를 작성해야 한다.

커버레터(cover letter)는 영문 이력서와 한 세트의 서류이다. 영문 이력서 위에는 항상 깔끔하고 매력적인 커버레터가 있어야 한다. 커버레터는 지금까지 자신이 살아온 삶을 정리해 상대에게 보여 주는 것이다. 실제로 외국 기업에서는 이력서보다 커버레터를 먼저 읽기 때문에 이력서를 보게 만들 것인가의 여부는 커버레터에 있다고 해도 과언이 아니다. 영문 이력서는 인터뷰 면접 전에 상대방에게 자신의 경력을 알리고, 자신을 PR하는 세일즈 포인트를 선전하는 것이다. 특히, 외국계 기업에서 중요시하는 자기표현능력을 어필할 수 있으며 중요한 포인트를 정리하여 면접에서 응답에 대비할 수 있다. 커버레터에는 개인적인 이야기나 가족구성원, 자라 온 환경보다는 자신의 능력과 일에 대한 관심, 동기, 자격 등을 언급하는 것이 좋다. 면접관들은 다량의 커버레터를 읽기 때문에 영어 자기소개서의 첫 출발부터 다른 사람과는 차별화되면서 이목을 집중시키는 것이 중요하다.

TIP 6-7 커버레터 작성 샘플

Cover Letter

Campus Box 9991
Perperdine University
Malibu, CA90263
(310)506-9999
acjohns@aol.com

→ 본인의 연락 가능 정보

Edwina Johnson

→ 이름

Date
Name
Title
Company
Street Address
City, State, Zip

→ 보내는 담당자의 관련 정보

Dear Mr. or Ms. Blank

→ 존칭

Paragraph 1: 지원하고자 하는 포지션

This letter and accompany materials are intended to make you aware of my interest in and qualifications for the position of Sales Associate. We discussed this position at the Career Fair at Pepperdine University on September 9th.
My aried sales experience and my bachelor's degree in Business Administration are my strongest qualifications for this position.

As you can see from my enclosed resume, I have sold a variety of products through my extracurricular activities and have worked in many banking environments through my cooperative education and internship positions. My marketing, computer research, and customer relations experiences, as well as my oral and written communication skills, I should prove valuable in increasing the sales volume at XYZ company. I am enthusiastic about pursing a career in sales with XYZ because of its diverse product line and international scope.

Paragraph 2: 교육과 경력사항 설명으로 자신의 적절성(Proper) 언급

I would welcome the opportunity to meet with you and can be reached at 310-506-9999 from noon to five daily

→ Paragraph 3: 마무리

Sincerely,

→ 인사

Edwina Johnson
enclosures

TIP 6-8 영문 이력서 작성방법

① Lil-Dong Hong
9-3, Woosin Bldg, 4F, Galwol-Dong, Yongsan-Gu
Phone: (02) xxx-xxxx
e-mail: hong@kbsjob.

> ① 개인신상
> 이름, 주소, 전화번호, 휴대폰번호, 이메일주소 등을 기록한다. 외국에서는 취업의 기회를 누구에게나 균등하게 주기 위해 나이와 성별 표기를 의무화하지 않으므로 생년월일은 따로 쓰기도 하고 생략하기도 한다.

② JOB OBJECTIVE
Senior accountant for a growing multinational

> ② 지망 분야
> 지원하는 회사의 어떤 부서와 직책에 T.O가 있는지 미리 알아보고 자신의 전공이나 경력과 관련 있는 업무 분야를 기재한다. 광고에 모집 분야가 명확하게 제시된 경우에는 그 position을 적도록 한다.

③ SUMMARY OF QUALIFICATIONS
* Excellent mathematical aptitude with strong
* Outstanding analytical and interpretation skill problem identification/diagnosis skills

> ③ 자격사항
> 내세울 만한 자격사항이나 특기사항이 있을 경우 반드시 기재한다. 직무와 관련된 공인된 자격증인 경우 주관처를 밝히고 학원에서 익힌 사항이라면 학원명과 소재지를 구체적으로 적는다.

④ PROFESSIONAL EXPERIENCE
Financial Analyst XYZ Co., Seoul, Korea, 1990
* Prepared budget packages, actual results, Interpreted financial results.
* Presented packages to manager, president of United States, Followed up on corrective action
* Negotiated and successfully entered into contra

> ④ 경력사항
> 원칙적으로 최근 것부터 과거로 거슬러 올라가면서 적는다. 졸업예정자의 경우 업무와 관련된 활동사항, 아르바이트경험 및 인턴십 등을 적으면 좋다.

⑤ EDUCATION
B.S., Accounting, College of Qeen, San Francisco, CA
Graduation anticipated: December 1998.
GPA: 3.32. GPA in major: 3.52.

> ⑤ 학력
> 최종 학력부터 적되 입학, 졸업연도와 학교, 학위명을 표기한다. 전공과 부전공을 표기할 때 졸업예정란 뒤에 괄호를 사용하여 쓰면 된다.

TIP 6-9 영문 커버레터 샘플 1

Cover Letter

April 27, 2022

Last Name: Lee
First Name: ○○○-○○○
Phone No.: +82-10-000-0000
Current Address: #804-0000, Hyundai Apt., Yatap-Dong, Bundang-Gu, Sungnam-Si, Kyungkido, South Korea

To whom it may concern;

I am writing this letter to apply for the internship program in 000 Resort. Let me briefly introduce myself. When I was in a junior high school. I was crazy about j-pop and took up Japanese language classes in order to understand lyrics. This experience led me to have more interests in Japanese language and culture. So I went to Japan and stayed there for 2 years. Now I am very confident in communicating with others in Japanese. Besides, I like learning different languages. I used to study Spanish. These days I have been trying to learn more about English. Especially, English is a very popular language, and I think this internship program in 000 Resort will be a very good chance for me to feel it in a native country.

Currently I am enrolled in the Department of Hotel Management in 0000 University. I have learned basic knowledge and skills in the areas such as providing services and managing hotel business and so on.

Living and working in a foreign country will be very hard at first, but I have strength and willpower which are needed to overcome the hardship, and believe this experience will enrich my life down to road.

I like meeting people and travelling. I want to know more about tourism and world tourist industry. Also I like to learn more about hotel business. This is why the internship in 0000 Resort fits my interest perfectly.

Thank you for considering my application, and I look forward to hearing from you soon.

Respectfully yours,
○○○-○○○ Lee

TIP 6-10 영문 커버레터 샘플 2

Cover Letter

First Name: ○○○-○○○○ CHOI
Date of Birth: ○○.November.2022
E-Mail: 119@lycos.co.kr
Phone No.: 010-000-0000
Current Address: Daewoo, Dujeong-dong, Cheonan-si, Chungcheongnam-do, Korea

Thank you for giving me an opportunity to apply for the position of here.

I'm twenty-five years old and expect to graduate from 000 University next year. I'm interested in applying for major of International Internship. The reason is that I would like to get the opportunity to make global experience, meet another people from different cultures, and broaden my eyes. I also want to improve my English skills and get confidence in language and job. Stand in the future my goal is freelancer. I'm sure that internship provides me an ideal opportunity to achieve my great dream in America, the center of the world culture.

My university education has provided me with a lot of hotel management knowledge including English, Japanese, Global manner, Global etiquette, computer as well as general education. Moreover, I'm scheduled to graduate on February in 2012. I have a certification which is the CRS Programing.

I have worked at Coffee Shop, HOLLYS COFFEE since the last September and my job is to serve customer and make some beverage or make all kind of coffee.

I worked in Bailey House in Seoul , as a bartender, my job was to make cocktail and various beverages and food serving and assistanted at front desk department.

Personally, I am very outgoing, hard working, and passionate in working. I love meeting another people. Meeting people makes me happy and I always think positively on work. I love to make beverage and give people what I made. I think I would be a suitable person of the Internship job position. I also can speak Japanese a little as a beginner. If you give me a chance to work for your company, I'll be able to learn many things from you and make a lot of experience. I hope we will have a good relationship.

Thank you for your interest and time.

Sincerely yours.
○○○-○○○○ CHOI

TIP 6-11 영문 이력서 샘플

RESUME

○ ○ Kim

Address:	Suwon Kyonggido Korea
Contact:	(Home) 031-000-0000
	(H.P) 010-000-0000
Available:	Immediately
Education:	
Feb 2009	Graduate from Suwon High School
Feb 2016	Graduate from University
	B.A. Degree of Business Administration
Jan 2013-Mar 2015	Miutary Service(ARMY)
May 2015-Nov 2015	Study English in Australia(for 6 months)
Qualification:	Good at English(Toeic 860)
	Good at operating computer
	(Hangul, MS-Office, Internet, etc.)
Job Experience:	
1999	World Conference as a directing staff
2000	Performance in Korea of Ballet Corps as a directing staff
2001	Forum as a directing staff
Personal:	Born in NOV ○○, '74, Unmarried Male, Good health

1. 자기소개서 작성요령
2. 자기소개서 클리닉
3. 영문 자기소개서

자기소개서 작성하기

CHAPTER

07

1. 자기소개서 작성요령

일반적으로 자기소개서는 지원한 회사에서 내용이 주어지지만 이 장에서는 일반적인 자기소개서를 소개하고자 한다. 일반적인 자기소개서는 주로 성장과정, 성격의 장단점, 경력사항/학창시절, 지원동기 및 입사 후 포부 등으로 구성된다. 자기소개서 작성 시 주의해야 할 사항들을 간단하게 요약하면 첫째, 직무에 적합한 나의 경험을 찾는다. 둘째, 두괄식으로 쓴다. 셋째, 목표와 비전을 제시하여 주의를 끈다. 넷째, 제시한 목표와 비전에 대한 근거와 이유를 자신의 경험을 바탕으로 재해석하여 STAR기법을 활용하여 스토리를 만들고 회사에 대한 기여도를 제시한다. 다섯째, 각 항목에서 표현하고자 하는 내용의 핵심을 간략하게 요약한다.

1) 성장과정

지원한 회사에서 작성해야 하는 내용이 구체적으로 주어지지 않는다면 일반적으로 자신의 신념을 작성하는 것이 좋다. 신념은 어릴 적(초 · 중 · 고 시절)에 마음속에 새긴 좌우명, 생활신조, 가치관 등을 의미한다. 이러한 신념을 가지게 된 경험을 작성한 후 마음속에 느낀 점을 작성한다. 그리고 현재에도 그러한 신념을 실천하고 있다는 사례나 경험을 적고, 앞으로도 자신의 신념을 발전시키겠다는 다짐을 적는다. 또는 그 신념이 회사에 끼칠 기여도에 대해서 작성하는 것이 좋다. 이때 경험에 대한 이야기를 작성하는 데 활용할 수 있는 기법이 STAR을 활용한 스토리텔링 기법이다. 성장과정의 작성요령은 자기분석에서 가치관을 활용해서 작성한 내용을 참고하면 도움이 된다.

자신의 신념을 느끼게 해 준 어릴 적 경험(초·중·고 시절) + 어릴 적 경험으로 만들어진 신념 + 신념의 현재 경험 + 미래의 다짐 또는 회사에 대한 기여도

성장과정 사례 1

중학교 시절 획일화된 공교육을 벗어나 다른 경험을 하고 싶었던 저는 대안학교(Yeil christian international school)에 진학하였습니다. 흑인이었던 한 친구는 다른 친구들의 편견과 문화적 부적응에 우울해 하였습니다. 흑인 친구를 돕기 위하여 멕시코계, 아랍계 등 학교 내 소수 학생을 위한 문화교류 동아리를 만들어 'Melting Pot'이라는 동아리를 만들게 되었습니다. 일주일에 한 번씩 모여 기아대책과 내전 등 각 국가의 이슈에 관해 이야기를 나누거나 문화·예술 활동 등 다양한 활동을 한 결과 따돌림을 받았던 흑인 친구는 외국인 친구들과 함께 학교생활을 즐겁게 보낼 수 있었습니다. 이러한 경험을 통해 작은 관심이 필요한 사람에게 좋은 변화를 줄 수 있음을 느끼고 세계 속의 청소년들에게 관심을 갖게 되었습니다. 앞으로도 저는 세계 곳곳에서 아픔과 차별이 있는 여러 국가의 청소년을 만나 작지만 큰 변화를 만들어 줄 수 있는 세계 속의 청소년지도사로 살아갈 것입니다.

성장과정 사례 2

고등학교 때 요양원과 보육원으로 꾸준히 봉사활동을 하였습니다. 사회적 취약계층을 돕는다는 것은 너무 뿌듯하고 즐거운 일이였습니다. 이렇게 사람들을 돕는 경험에서 도움이 필요한 사람들에게 도움을 주자는 삶의 가치를 갖게 되었습니다. 그래서 응급구조사의 꿈을 갖고 응급구조 전공으로 대학에 입학을 하고 다른 사람들의 도움이 절실하고 그 도움으로 생사가 오가는 상황까지 갈 수 있는 현장의 환자들을 위해 현장 실습 및 지식역량들을 열심히 쌓았습니다. 앞으로도 많은 노력을 기울여 어떤 상황에서도 책임을 질 수 있고 생명이 위급한 사람들에게 도움이 될 수 있는 사람이 되겠습니다.

성장과정 사례 3

고등학교 3년 동안 매달 1회씩 ○○아동 재활원으로 봉사활동을 나갔습니다. 재활원에 방문하여 아이들과 함께 그림 그리기와 물총놀이 등을 함께하고 아이들이 먹는 간식을 만드는 것을 도와주었습니다. 처음에는 저를 낯설어 하는 아이들이 나중에는 제게 마음의 문을 열고 먼저 다가와 주어서 아이들과 교감하게 되었습니다. 또한 받는 것보다 주는 것에 대한 보람과 행복을 느끼게 되었습니다. 아이들의 밝은 미소 속에서 내가 부모님께 받은 큰 사랑을 누군가에게 나눌 수 있는 사람이 되어야겠다는 생각을 하게 되었습니다.
그러한 신념을 가지고 대학교 2학년 김장철에 ○○요양원 김장봉사활동에 참여하였습니다. 저의 할아버지, 할머니라는 생각으로 땀 흘리며 했던 활동이었습니다. 앞으로도 도움이 필요한 사람들을 돕고 다른 사람에게 행복을 주는 사람이 되겠습니다.

2) 성격의 장단점

성격의 장점은 직무에 도움이 될 수 있는 장점을 언급하고, 그러한 장점을 입증할 수 있는 구체적인 사례를 간략하게 작성한다. 단점은 작성하되 지원한 직무에 나쁜 영향을 미칠 수 있는 것은 좋지 않다. 예를 들어, 대인관계가 중요한 마케팅 분야에 '내성적'이라고 한다면 마케팅 업무를 수행하는 데 적합하지 않음을 보여 줄 수 있다. 따라서 단점은 직무와 무관하거나 도움이 될 수 있는 것으로 작성하는 것이 좋다.

성격의 장단점은 자기분석에서 MBTI 또는 다중지능검사를 활용한 내용을 참고하면 도움이 된다.

남들이 평가하는 직무와 관련된 성격의 장점 + 입증 사례(STAR 스토리텔링 기법) + 직무나 대인관계에 나쁜 영향을 끼치지 않는 성격의 단점 + 단점 극복 노력

성격 장단점 사례 1

사람들을 잘 챙기고 타인에게 편안함을 준다는 이야기를 자주 듣습니다. 대학교 2학년 여름방학 때 ○○노인 복지관에 목욕봉사를 간 적이 있습니다. 웃음을 잃은 채 앉아 계셨던 노인 한 분에게 목욕봉사를 하였습니다. 저는 재미있는 이야기를 하면서 제 몸처럼 닦아 준 적이 있습니다. 그 노인 분은 환하게 웃으면서 오랜만에 즐거웠다고 하시면서 제 손을 잡고 고맙다고 말씀해 주셨습니다. 그러나 저는 때로 인정이 많아 다른 사람의 사적인 부탁도 거절하지 못할 때가 종종 있습니다. 이러한 단점을 보완하기 위해 인간관계에 지장을 초래하지 않도록 공과 사를 구별하려고 노력하고 있으며, 사적인 부탁은 정중하게 거절하는 법을 배우고 있습니다.

성격 장단점 사례 2

목표가 정해지면 최선을 다해 수행해냅니다. 중학교 2학년 때 혼자 중국어를 공부하여 HSK 3급이라는 중국어 자격증을 취득하였고, 대학교 1학년 때 6개월 동안 중국 상해로 떠나 중국의 문화와 언어를 깊이 있게 공부할 수 있는 기회를 얻게 되었습니다. 작은 호기심으로부터 시작한 중국어는 이제 유창하게 구사할 수 있을 정도로 발전하였습니다.

하지만 저는 모든 일을 혼자서 완벽히 해내고자 하는 마음에 조급해 하는 경우가 많습니다. 대학교에서 진행했던 많은 프로젝트들과 팀플이라는 협동 학습들을 통해 나 혼자서 조급하게 일을 해내는 것보다는 자신만의 색깔을 가진 여러 사람들이 모여 힘을 합칠 때 의미 있는 결과물이 나온다는 것을 깨닫게 되었습니다. 이를 통해 어떤 일을 수행하고자 할 때 혼자 조급해 하지 않게 되었고 오히려 화목하고 열정적인 팀 분위기로 이끌어 갈 수 있었습니다.

3) 경력사항/업적사항

경력사항은 자신이 지원한 분야와 관련 있는 경험을 쌓은 경우 작성할 수 있다. 업적사항은 학창시절 동안 자신의 중요한 업적을 중심으로 작성한다. 경력사항은 지원한 직무와 있는 인턴십이나 아르바이트 경험을 작성한다. 신입사원에게 경력사항은 아르바이트에 불과하지만 자신이 지원한 분야와 관련된 일에 대한 경험을 작성한다는 것은 그만큼 지원한 직무에 대한 열정을 표현할 수 있다는 측면에서 회사의 관심을 얻을 수 있다. 단, 작성할 때는 자신의 어떤 역량으로 어떤 성과를 이루어 냈는지를 기술하고 그러한 자신의 역량으로 지원 회사에 어떻게 기여할 수 있는가에 대한 내용이 포함되어 있는 것이 좋다.

> 핵심 직무경험 또는 대학생활에서의 업적 + 자신의 경험 사례(스토리텔링 기법) + 느낀 점 또는 지원한 회사에 대한 기여도

경력사항 사례

> 대학교 1학년 2학기 여름 방학부터 1년 동안 프랜차이즈 카페 "○○"에서 아르바이트를 한 경험이 있습니다. 케이크 맛집으로 부릴 만큼 케이크의 종류가 많아 손님께서는 "이 케이크는 무슨 맛이에요?, 어린이가 좋아하는 케이크는 뭐예요?" 등 케이크의 맛을 여쭤 보실 때가 많았습니다. 그럴 때면 항상 손님의 말을 끝까지 경청하고 가장 이해하기 쉽게 각각 케이크의 특징을 잡아 설명해 드렸습니다. 또한 추천을 원하시는 손님에게는 고객님의 연령대와 입맛을 고려해 가장 마음에 드실 수 있는 케이크를 골라 말해 드렸습니다. 어느 날 저희 매장 리뷰에 '어제 저녁에 케이크를 사러 갔는데 직원 분께서 너무 친절하게 설명을 해주셔서 기분 좋게 케이크를 구매할 수 있었어요. 케이크도 너무 잘 먹었습니다!'라는 평가가 올라왔습니다. 이 일로 저는 점장님께 크게 칭찬을 받았고 서비스에 진심과 정성을 담는 것이 서비스의 질을 변화시킨다는 것을 알게 되었습니다. 승무원이 되어서도 이런 경험을 바탕으로 승객 분들께 만족할 만한 서비스를 제공할 수 있으리라 확신합니다.

업적사항 사례

중등학교 방과 후 프로그램 중 하나로 ○○중학교 대학생 멘토 프로그램을 기획 · 운영한 후 다른 대학생들에게 전파한 경험이 있습니다. 대학 2학년 때 대학교 사회봉사단 대표로 ○○중학교 대학생 멘토링을 기획하고, 팀장으로서 해당 중학교에서 매주 1회 90분 동안 1개월 간 멘토 프로그램을 진행한 적이 있습니다. 저소득층 가정, 차상위층 가정, 한 부모 가정 등 다양한 내 · 외적 문제를 가지고 있는 청소년들과의 소통을 위해 멘티-멘토 활동과 미술심리치료, 요리치료 활동을 주로 진행하였습니다. 저는 부족한 예산을 절감하기 위해 직접 재료를 구하기 위해 도매 상가를 직접 찾아다녔고, 재능기부형식으로 강사를 섭외하는 등 제한된 예산 내에서 질 높은 멘토링 수업을 위해 발로 뛰며 노력하였습니다. 그 결과 2014년도 하반기 최우수 대학생 멘토링 팀으로 선정되었고 청소년들의 높은 만족도를 도출하였습니다. 이러한 경험을 바탕으로 2015년도 대학생 멘토링 단원들에게 프로그램 기획안 작성, 다양한 청소년들의 수요와 욕구를 바탕으로 프로그램 구성, 예산안 작성과 후원 물품 및 서류 작성, 멘토링 홍보방법을 주제로 총 2회에 걸친 사전교육을 진행하였습니다. 실제 경험과 일화로 무겁지 않게 진행하여 차기 단원들의 만족도 또한 높은 결과를 얻게 되었습니다. 이러한 경험은 앞으로 제가 지원하게 되는 업무를 성공적으로 수행할 수 있는 자신감을 얻을 수 있었습니다.

4) 지원동기 및 입사 후 포부

지원동기는 회사에 대한 관심과 열정이 나타나 있고, 자신과 어떤 공통점이 있는가를 구체적으로 표현하는 것이 중요하다. 따라서 지원동기는 지원자의 관심 분야, 관련 경험과 지원 회사와의 연계가 자연스럽게 이루어질 수 있도록 작성하는 것이 중요하다. 지원동기를 작성하기 위해서는 지원 회사의 홈페이지나 기업분석을 통해 회사의 목표, 비전, 인재상, 핵심가치 등을 분석하여 자신과 공통점이 있는 것을 찾아내는 것이 중요하다. 입사 후 포부는 지원한 분야의 최고의 전문가가 되어 입사한 회사에 어떻게 기여할 것인가를 구체적인 계획과 함께 작성하는 것이 좋다. 지원한 분야에 적합한 목표와 꿈을 가지고 구체적인 경력계획을 통해 회사에 어떻게 기여할 수 있을지에 대해 작성하는 것이 좋다. '뽑아만 주신다면 최선을 다하겠다', '회사에 충성하겠다' 등의 막연하고 회사에 대한 무조건적인 충성심을 나타내는 것은 좋은 점수를 기대하기 어렵다. 자신의 입사 후 포부를 단계적이고 구체적인 계획으로 표현해 주는 것이 더 신뢰감을 줄 수 있다. 기업분석을 활용한 내용을 참고하여 작성하면 도움이 된다.

지원 회사의 목표, 비전, 핵심가치, 인재상 등과 부합한 자신의 특성(신념, 가치관, 직무능력 등)+ 구체적인 계획 + 지원 회사에 대한 기여도

지원동기 및 입사 후 포부 사례

최고의 적응력과 도전정신으로 전문성을 가지고 일을 하고 싶습니다. 그 일은 바로 제가 가장 잘 할 수 있고 즐겁게 할 수 있는 일입니다. 저에게 있어서 승무원은 그 두 가지를 모두 이룰 수 있는 직업입니다. 제가 원하는 승무원이 되기 위한 자질을 갖추기 위해 항공서비스학과 입학을 하였고, 평창 올림픽 인턴, 학교 홍보대사 활동, 중국인 교환학생 튜터링 등 크고 작은 경험을 통해 다양한 사람들을 만나고 새로운 일과 환경에 적응하는 저의 모습을 발견하고는 생각보다 도전하는 것을 즐기는 진취적인 사람이라는 것을 깨달았습니다. ○○항공은 이미 최고의 항공사임에도 불구하고 진취적이고 끊임없이 성장하는 항공사입니다. 저와 닮은 이런 이유를 토대로 전문성을 가지고 열정을 쏟아 일할 수 있는 승무원이 꼭 되고 싶습니다. 저의 도전정신을 바탕으로 글로벌 항공사인 ○○항공의 일원의 되어 저의 역량을 보여드리고 싶습니다.

TIP 7-1 자기소개서 샘플 1

Optimistic and Hardworking Translator

성장과정

캐나다의 어덜트 스쿨에서 공부하고 있을 때 한국의 대학교 친구에게서 메일이 왔습니다. 영어 본문을 해석하여 발표해야 하는 과제가 있는데 시간은 촉박하고 해석은 잘 안 된다는 다급한 메일이었습니다. 그 친구의 초조함을 알기에 저는 새벽까지 친구가 보내 준 본문을 해석하고 답장을 보내 주었습니다. 그 친구는 제 메일을 받고 발표를 잘 끝냈다고 고마워했습니다. 제가 필요로 해서 연락이 왔고, 제가 할 수 있는 일로 남을 돕는다는 것이 매우 행복했습니다. 그 때부터 저는 '남에게 힘이 되어 주는 사람이 되자'라는 신념을 가지게 되었습니다. 그 후 한 지인이 캐나다로 유학을 갔는데 대사관에서 서류가 부족하여 체류하는 데 문제가 생겼다고 했습니다. 저는 서류를 확인하고 필요한 서류를 보완하게 하고 그에 따른 문제들을 해결해 주었습니다. 어떤 급한 상황에서도 침착하게 행동하며 문제를 해결해 줄 수 있는 것 중에 하나는 영어입니다. 저는 언제나 영어를 활용할 수 있는 일을 하고 싶고, 소통하며 영어를 필요로 하는 사람들의 용기와 희망의 메신저가 되고 싶습니다.

성격의 장단점

주변 사람들은 저에게 외유내강이라는 말을 많이 하는데, 겉으로 보이는 이미지와는 달리 목표가 정해져 있다면 강인함을 발휘한다는 이유입니다. 대학교 4학년 때, 고급영어청취라는 과목을 수강한 적이 있었습니다. 수업내용 중엔 CNN 청취도 포함되어 있었습니다. 처음에는 연음과 익숙하지 않은 어휘들 때문에 힘들었지만, 하면 된다는 생각에 20번씩 반복해서 듣고 꾸준히 받아 적기도 해 보니 귀가 조금씩 열려 A+라는 좋은 성적을 거둘 수 있었습니다. 그러나 한 가지 목표를 정해 놓고 그곳만 바라보며 일을 하다 보면, 목표가 달성하기까지에는 다른 사소한 일들은 소홀해지는 경향이 있습니다. 그러한 단점을 보완하기 위해서 일의 우선순위를 정해 놓고 중요한 목표를 완성한 다음 하나씩 처리해 나가는 노력을 하고 있습니다.

학창시절

대학교 2학년 때 휴학하고 2년 동안 캐나다의 어덜트 스쿨에서 고등학교 과정을 이수할 기회가 있었습니다. 처음 그곳에서 영어를 배우면서 문법과 독해 위주인 우리나라 교육체계와 확연히 다른 그곳의 교육체계를 실감하였습니다. 토론과 비판, 그리고 에세이 쓰기 과정을 통한, 교사보다는 학생이 주축이 된 그곳 영어수업은 저로 하여금 융통성 있고 실질적인 사고를 하는 데 많은 도움을 주었습니다. 영어수업을 들으면서 전 영어로 된 위인전을 읽고 비평하며 발표도 하고 그 나라의 이슈에 대해 찬반론도 펼쳐보며 '모의 법정'에도 서 보았습니다. 그 결과, 처음에는 엄두도 못 냈던 에세이 쓰기도 부담감이 줄어들고 자신감이 생겼습니다. 또한, 어학원에서 파트타임으로 근무했었는데 학원생들의 원어민 인터뷰 안내, 신상자료 입력, 시험감독, 원장선생님의 책 교정작업 등 여러 가지 사무업무를 지원하면서 학생들을 가르치는 일을 하였습니다. 이를 통해 영어 출판물 교정에 대한 기술을 익힐 수 있었습니다. 그리고 4학년 2학기 때 학교수업을 병행하면서 학습지 관리교사를 경험하였습니다. 한 달이라는 짧은 기간 동안이었지만 본사의 유아영어교육에 대한 강의 수강, 체험수업교재관리 시연, 영업 등 다양한 경험을 해 보면서 목표를 달성하기 위한 적절한 목표 설정방법을 알 수 있는 계기가 되었습니다. 이러한 저의 영어에 대한 다양한 경험과 열정은 ○○회사 영어 번역과 출판에 도움이 될 것으로 확신합니다.

지원동기 및 입사 후 포부

○○회사의 '번역은 품질이다'라는 모티브처럼 단어 하나, 문장 하나하나에 신경을 써서 작품의 재미와 감동이 원작 그대로 때로는 원작보다 더 많이 전해지도록 노력하는 것을 지켜보았습니다. 저 역시 시대에 맞고 사실적인 번역은 나라와 나라 간의 문화적인 차이를 좁히고 이해시키며 정서를 공유하고 싶은 저의 목표와 일치한다고 생각합니다. 이러한 이유로 영상 번역 작가에 지원하게 되었습니다. 저는 나라와 나라를 문학으로 연결시키는 스토리 전문 영상번역가가 되고 싶습니다. ○○회사에 부합하는 목표를 달성하기 위해 저는 첫째, 풀타임 신입작가로서 업무시간의 전부를 번역하는 일에 집중하고 싶습니다. 둘째, 방송아카데미과정을 수료하여 좀 더 성숙하고 전문가에 가까운 영상 번역 작가가 되기 위한 발판을 마련하겠습니다. 셋째, 동호회 모임에 꾸준히 참석하여 인맥을 다지고, 정보를 공유하면서 번역의 폭을 넓혀 가겠습니다. 이러한 과정을 통해 좀 더 창의적이고 다양한 영상물을 개발하여 나라와 나라를 연결해 주고, 문화를 서로 교류하는 국제적 영상물의 전문회사로 우뚝 세우고 싶습니다.

TIP 7-2

자기소개서 샘플 2

1. 본인의 특성과 성장배경에 대해 기술하여 주십시오.

보이지 않는 사랑의 실천자 ○○○

전 세계의 고객에게 진심된 마음으로 보이지 않는 사랑의 실천을 하는 역할, 제가 하고 싶습니다. 중학교 시절 평소 알고 있었던 한 할머니께서 다가와 저를 칭찬하면서 건네 준 간식 잘 먹었다며 고마움의 인사를 하셨습니다. 알고 보니 어머니가 제 이름으로도 선행을 실천해 오셨던 것이었습니다. 저는 어머님의 보이지 않는 사랑의 가르침에 크게 감동을 받았습니다. 그 후부터 지역 복지관에서 독거노인분들에게 주말마다 도시락 배달을 하고, 장애인교육기관에서 식사보조를 하는 봉사를 하였습니다. 이러한 서비스 마인드는 스스로 마음속에 심어질 수 있었고, 자연스럽게 실천할 수 있게 되었습니다. 이로 인해 저는 어떠한 상황에서도 자연스럽게 사랑의 마음을 표현하고 사람들과 소통하는 능력을 갖추게 되었습니다. 앞으로 저는 ○○항공에서 보이지 않는 사랑의 손을 통해 서비스 기업 문화를 발전시키고 싶습니다.

2. 국제선 캐빈 승무원에 지원하게 된 동기에 대해 기술하여 주십시오.

진정으로 고객이 감동하는 서비스를 실천하겠습니다.

저는 ○○항공을 '전 세계 서비스 감동의 집'으로 만들겠습니다. ○○항공이 최고 기내 서비스 및 승무원 상을 받은 이유를 몸소 느꼈던 경험이 있습니다. ○○항공의 기내에서 유아와 동반한 여성 승객이 모유수유를 하려 할 때 옆자리 남성 승객에게 혹시나 피해가 갈까 우려하여 난처한 상황을 승무원에게 알리는 것을 보았습니다. 승무원은 곧바로 옆자리가 비어 있는 저에게 양해를 구하고 여성 승객을 제 옆자리에 앉게 하여 모유수유를 하게 하였고, 지속적으로 저와 여성 승객에게 신경을 써 주면서 저에게 감사의 의미로 기념품을 챙겨 주었습니다. 이에 감동한 저는 '○○항공의 서비스를 말로만 들었지만 직접 경험해 보니 최고다.'라는 생각을 지인들에게 알렸던 적이 있습니다. 공항 근처에 거주하고 있는 저는 공항 안내요원으로 2년 동안 아르바이트를 하면서 글로벌시대에 걸맞은 외국어능력 및 국제적 감각과 서비스 매너를 익혔고, 대학시절 학교 홍보대사로서 대인관계와 소통의 능력을 키울 수 있었습니다. 이러한 저의 역량을 적극 활용하여 ○○항공에서 전 세계의 고객에게 감동을 주는 최고의 서비스 승무원이 되겠습니다.

3. 본인이 살면서 '열정'을 가지고 목표를 달성한 경험이 있으면 기술하여 주십시오.

<u>긴급한 상황에서도 맡은 바 책임을 다하겠습니다.</u>

목표와 열정, 집념을 가진 사람이라면 어떠한 어려움이 있어도 반드시 일을 해낼 수 있다는 것을 몸소 느낀 경험이 있습니다. '마케팅 조사론'이라는 한 학기 동안 팀 과제로 이루어진 과목을 이수할 때의 일입니다. 개인의 끈기와 전문성은 물론 팀원 간의 책임감과 신뢰가 무척 중요한 과목이었기 때문에 저와 함께 세 명의 팀원이 개인 시간의 대부분을 할애하면서까지 열정적으로 과제에 임했습니다. 그러나 마지막 수업을 앞두고 최종 발표를 믿고 맡긴 팀원이 사적인 문제 때문에 연락두절이 된 상황이 일어났습니다. 그럼에도 저는 차분히 문제상황을 파악하고 팀원들과 과제를 분담하여 끝까지 서로의 리더십과 추진력을 발휘하여 최종 발표를 성공적으로 끝마칠 수 있었습니다. 또한, 저는 다시 이러한 일이 반복되지 않도록 팀원 간 비상연락망이나 팀원 간의 합리적인 평가를 할 수 있는 간단한 매뉴얼을 교수님에게 건의하였습니다. 사정을 전해 들으신 교수님은 어떠한 악조건에도 흔들리지 않고 끝까지 열정적이었던 모습을 높이 평가하셨고, 저희 팀원 모두 높은 성적을 거두게 되었습니다. 이 경험을 바탕으로 일을 할 때 예측 가능한 위험요소에 벗어난 문제가 발생한다고 할지라도 판단력을 잃지 않고 열정과 집념을 가지고 끝까지 일을 완수하는 모습을 보여 드릴 것입니다.

4. 입사 후 목표 및 인생관에 대하여 서술하여 주십시오.

<u>모든 사람들에게 100% 플러스가 되겠습니다.</u>

모든 사람들의 삶에 플러스가 되는 사랑의 나눔을 실천하며 기업과 사회에 플러스가 배가 되는 승무원이 될 것입니다. 그러한 승무원이 되기 위해 첫째, 업무 성과에 플러스할 것입니다. 그동안 서비스정신을 깨닫게 해 준 봉사활동, 국제적 마인드를 쌓게 해 준 공항안내원, 글로벌 인재가 될 수 있었던 꾸준한 어학학습 등은 업무능력을 극대화할 것입니다. 둘째, 고객 만족에도 플러스하겠습니다. 고객을 향한 진심에서 우러나오는 서비스 마인드로 고객이 감동하는 OO항공으로 만들겠습니다. 셋째, 팀원들 간의 관계에도 플러스하겠습니다. 후배들에게는 고객 나눔의 실천에 모범을 보이는 선배로서 영향력을 발휘하고, 동료들에게는 협업할 수 있도록 신뢰받고, 선배님들에게는 OO항공의 바람직한 정신을 이어받고 항상 자기개발에 힘쓰는 사람이 될 것입니다. 저의 세 가지 약속과 노력을 바탕으로 OO항공에 플러스가 되는 소중한 인재로 성장할 것을 약속드립니다.

TIP 7-3 자기소개서 샘플 3

1. 당사에 지원한 이유와 입사를 위해 어떤 노력을 하였는지 구체적으로 기술하시오.

입사 후 3년 안에 영업 부문 매출액 1위를 달성하겠습니다.

저는 탁월한 서비스 마인드를 발휘하여 입사 후 3년 안에 매출액 1위를 달성하고 5년 안에 영업 부문 매장관리 실장으로 승진하여 동 업계 최고의 영업 이익을 달성할 것입니다. 대학시절 4년 간 ○○백화점 ○○매장에서 근무한 경험이 있습니다. 아르바이트 사원 중에서 우수사원으로 인정받아 최초로 장기 사원증을 받게 되었습니다. 오픈 준비 전 매장에서 항상 제 자신과 제가 약속했던 말이 있습니다. '오픈 마인드'. 그 후 저는 변화하게 되었습니다. 고객님에게 먼저 다가가서 "어서 오십시오! 고객님 필요하신 것 있으세요?"라고 물어보았습니다. 저는 아동복 매장에서 근무하면서 연령대별로 아이들이 선호하는 옷과 색상 그리고 필요한 옷 등 고객이 원하는 것을 빨리 알아차리는 능력이 있음을 알게 되었고, 저의 감각을 믿고 판매에 임하였습니다. 그 결과 매출에도 큰 영향을 미쳤습니다. 제가 일하기 전의 전년도 9월 매출이 평균 1,200만 원이었습니다. 그러나 제가 근무한 이후 월 매출이 평균 1,600만 원으로 올랐고 고객이 매장을 방문하는 비율도 월 평균 약 50% 정도 많아졌습니다. 저의 이러한 역량을 ○○회사에서 활용한다면 최고의 서비스 마인드와 고객의 마음을 읽는 판매전략으로 회사의 판매액 증가는 물론 영업 이익을 최고의 수준으로 올려놓을 것입니다.

2. 지원한 직군에서 구체적으로 하고 싶은 일과 본인이 그 일을 남들보다 잘할 수 있는 차별화된 능력과 경험을 기술하시오.

회사의 긍정적 이미지 제고와 판매능력입니다.

저는 밝고 적응력이 뛰어납니다. ○○백화점 ○○매장에서 4년 동안 일하면서 '내가 먼저 다가가지 않으면 나를 알릴 수 없다'는 마인드가 생겼습니다. 어느 날 손주를 두신 50~60대 고객분들이 매장에 방문한 적이 있었습니다. 저는 좋아하실 만한 디자인과 색상을 추천해 주고 그분들께 더욱더 밝게 웃으면서 응대를 해 주었습니다. 그 결과 그분들이 웃으면서 "아가씨 참 싹싹해서 하나 살 거 두 개 사는구만."이라고 말씀하셨습니다. 그리고 연령대별로 아이들이 좋아하는 디자인, 색상 그리고 그 연령대별로 좋아하는 캐릭터 등을 연구하고 탐구하면서 분석력과 관찰력이 더욱 발전하게 됐습니다. 그래서 4년이 지난 지금 아이들이 좋아하는 옷을 저만의 감각적인 노하우로 스타일링해 줄 수 있게 되었습니다. 그 결과, 그 매장에 저를 보고 오는 고객이 계속 늘어났습니다. 많은 고객분께서 쇼윈도에 비친 디스플레이된 옷을 보시고 그 옷을 사러 오시는 분들이 하루 평균 2~3명 이상으로 늘어났고, 그 결과 단골 고객이 하루 평균 2.5명 증가했습니다. 이러한 저만의 고객맞춤형 스타일링과 디스프레이를 연령대별, 계절별로 코디할 수 있게 되었고, 한 번 오신 고객을 매장 단골고객으로 만드는 능력이 제가 남들보다 잘할 수 있는 능력이라고 생각합니다. 이러한 능력을 좀 더 훈련시키고 다듬어서 고객지향적 판매전략으로 ○○백화점에 대한 긍정적인 이미지를 심어 주면서 최고의 매출을 올릴 수 있는 판매능력을 발휘할 것입니다.

3. 학업 외 가장 열정적이고 도전적으로 몰입하여 성과를 창출했거나 목표를 달성한 경험을 기술하시오.

도전하는 삶은 아름답다는 것을 알게 되었습니다.

저희 학교를 대표하는 '백석 인증제'라는 프로그램이 있습니다. 이 프로그램은 참된 인성을 바탕으로 리더십을 키우는 프로그램입니다. 처음에 너무 힘들어서 중간에 그만둘까 하는 마음을 가졌습니다. 그러나 교수님께서 저에게 "너는 충분히 해낼 수 있어!"라고 말씀해 주셨습니다. 그래서 저는 그 말에 힘을 얻어 ○○년 3월부터 8월까지 프로그램에 참여하게 되었습니다. 6개월 동안 프로그램을 기획하는 부서에 들어갔습니다. 그곳에서 처음 아이들과 만남을 가질 때 프로그램을 소개하는 시간이 있습니다. 프로그램을 소개할 때 무대에서 춤을 추어야 하는 내용이 있었습니다. 그러나 저는 워낙 춤에는 소질이 없어서 많은 고민을 하게 되었지만 할 수 있다는 스스로의 믿음을 가지고 아이들을 위해서 이틀 전부터 밤늦게까지 계속 춤을 추며 노력했습니다. 그 결과 성공적으로 무대를 마치게 되었고, 그 후 제가 맡은 기획부서에서 '얼굴 표정으로 말해요.'라는 프로그램에서 총책임자를 맡게 되었고 10명의 부원들에게 지시를 내리고 아이들을 가르치게 하는 것이었습니다. 그 결과 성공적으로 그 프로그램을 마치고 잘했다는 칭찬과 함께 '백석 인증제 봉사상'을 수상했습니다. 이러한 경험을 통해 도전하면 무엇이든지 이룰 수 있다는 자신감을 가지게 되었습니다.

2. 자기소개서 클리닉

1) 성장과정

원문 사례

저는 1993년 5월 25일 경기도 파주에서 엄격하신 아버지와 언제나 따뜻하게 대해 주시는 어머니 사이에서 1남 2녀 중 막내로 태어났습니다. 부모님은 언제나 모든 일에 최선을 다하라는 말씀을 많이 해주었습니다. 모든 일에 최선을 다하면 결코 그 노력의 결과에 대한 후회나 자신을 자책하는 일이 없을 거라는 가르침에 자라 왔습니다. 또한 형제간의 우애를 중시하여 남을 배려할 줄 아는 마음을 가져야 된다는 것을 항상 강조하셨습니다.

KeyPoint

☞ 구태의연한 표현은 쓰지 마라.(예 저는 … 태어났다).
☞ 항목별로 주요 내용을 요약하라.(또는 굵은 글씨로 표시하라)
☞ 인사담당자는 부모, 형제에 대한 이야기는 관심이 없다.
☞ 당연한 이야기는 쓰지 마라.(엄격하신 아버지 …)

수정문

'부지런하면 세상에 어려울 것이 없다'는 신념을 가지고 있습니다. 중학생 때부터 베르나르 베르베르의 서적을 무척 좋아해서 도서관을 찾는 습관이 있었습니다. 고등학생 때는 점심시간을 활용하여 학교도서관에 들러 책을 빌려오면서 은은하고 따뜻한 느낌이 드는 파울로 코엘료의 감성과 함께 햇살을 즐겼습니다. 바쁜 시간에도 틈틈이 시간을 할애하여 독서를 통해 신비로운 세계를 여행하였습니다. 저는 꽉 짜여진 인생의 시간을 부지런하게 나누고 활용하면 새로운 지식을 배우고 삶의 목표를 달성할 수 있다는 진리를 배울 수 있었습니다. 이와 같은 꾸준한 탐구정신으로 중학교 시절에는 독서감상 그리기대회와 글짓기대회 등에서 입상하였고, 고등학교 시절에는 도서대출 독서활동 우수자로서 은상을 받았고, 대학교에서는 '○○년도 제1회 서평공모전 및 다독경진대회'에서 다독 부문 장려상을 받았습니다. 앞으로도 효율적인 시간활용을 통해 부지런하고, 끊임없이 연구하여 새로운 것을 창조하는 사람이 될 것입니다.

2) 성격의 장단점

원문 사례

저의 성격의 장점은 성실하고 차분하며 대인관계 역시 원만한 대인관계를 유지하고 있습니다. 성실한 모습으로 타인에게 해를 주지 않아 대인관계에서 역시 많은 장점을 가지고 있습니다. 차분한 성격으로 일을 서두르다 그르치는 실수를 많이 범하지 않습니다. 반면 단점으로는 많이 활발한 성격이 아니어서 적극적으로 먼저 앞서서 나서지 않는다는 점입니다.

KeyPoint

☞ 직무에 적합한 자신의 가장 특징을 장점으로 적는다.

☞ 성격 장점을 증명할 수 있는 사례를 적는다.

☞ 직무나 대인관계에 나쁜 영향을 미칠 수 있는 단점은 적지 않는다.

☞ 단점 극복 노력을 적는다.

수정문

사람들로부터 대인관계 능력이 있다는 말을 자주 듣습니다. ○○년에 미래창조과학부 주관인 '캠퍼스 CEO 비즈니스 점프업 캠프'에 참여한 적이 있었습니다. 다른 학교 학생과 같은 조가 되었습니다. 서로 처음 만났고 학교도 달랐지만 마치 오래전부터 손을 맞춘 것처럼 밝은 분위기를 만들고 꼼꼼하게 필요한 부분을 체크하면서 제 역할을 다한 결과 2박 3일의 캠프 최종 1등의 명예를 얻을 수 있었습니다. 저의 이러한 성격은 회사 조직의 팀워크를 활성화시키는 데 도움이 될 것이라고 생각합니다. 그러나 꼼꼼한 성격으로 중요한 의사결정을 내릴 때 결정이 다소 늦어지는 경우가 있습니다. 이를 극복하기 위해서 일의 우선 순위를 정하고 밤을 새워서라도 시일에 늦지 않게 결정하고 있습니다.

3) 경력사항

원문 사례

○○년에 농촌관광활성화 사업 프로그램에 인턴으로 참여한 적이 있습니다. 농촌관광마을에 들어가 마을의 실상을 파악하고 어떻게 하면 마을에 긍정적이고 새로운 가치를 만들기 위해 노력하였습니다. 인턴 생활을 하면서 많은 부분을 얻었고 자신을 돌아볼 수 있는 계기가 되었습니다. 먼저, 패기와 열정만 넘쳤던 제가 좀 더 현실적이고 실현가능성에 대해 눈을 돌릴 수 있게 되었습니다.

KeyPoint

☞ 직무에 관련된 핵심 경력사항을 선택하여 작성한다.
☞ 업무수행에 대한 경험을 구체적으로 작성하고, 성과부분을 강조한다.
☞ 회사에 기여할 수 있는 부분을 작성한다.

수정문

팀워크와 원활한 의사소통으로 창의적 프로그램을 개발한 적이 있습니다.
○○농촌관광활성화 사업 프로그램에 3개월 간 인턴으로서 농촌관광마을에 들어가 마을의 실상을 파악하고 마을에 긍정적이고 새로운 가치를 만들기 위한 구상을 하는 프로젝트에 참여하였습니다. 처음에는 열정 하나로 프로그램을 개발하려고 노력하였으나, 그로 인한 팀원과의 소통의 부재, 생각의 차이, 우선순위의 차이, 화법의 차이 등 여러 문제점이 나타났습니다. 이러한 문제점들을 해결하기 위해서 열정보다는 회사와 지역주민들을 고려한 지역 활성화 프로그램에 대한 논의를 시작하였습니다. 서로 양보하고, 생각의 차이를 좁히고 팀워크를 강화한 결과 농촌관광활성화 사업에 주민들도 적극 동참하였고, 주민들의 적극적인 협조를 이끌어 내어 하나의 프로그램으로 완성되었습니다. 인턴생활을 하면서 개인보다는 팀워크의 중요성을 알았고, 열정과 독단보다는 주변상황들을 고려한 의사결정이 좀 더 실현 가능하고, 성공의 가능성이 높다는 것을 알게 되었습니다. 이번 인턴경험은 ○○회사에 팀워크의 강화와 새로운 관광활성화 프로그램 개발에 도움이 될 것입니다.

4) 지원동기

원문 사례

관광학도로서 4년 동안 관광학과 여행업에 대한 이론과 실무 관련 강의를 들어오면서 저는 저와 잘 맞고 제가 가야 할 길이 여행업이라는 데 확신이 들었습니다. 그동안 제가 가장 열정적이고 좋아할 수 있는 일을 해야겠다고 생각했는데 이번 ○○의 모집을 보고 지원하게 되었습니다. 이곳이야말로 그동안 쌓아 왔던 이론과 실무를 바탕으로 저의 역량을 발휘할 수 있는 곳이라는 생각이 들었습니다. 저는 저의 가능성을 비롯한 모든 것을 ○○회사와 함께 하고자 지원하게 되었습니다.

KeyPoint

☞ 평소 관심 분야에 대한 동기 파악

☞ 관심 분야에 관련된 경험이나 노력에 대한 동기 파악

☞ 자신의 관심 분야에서 노력한 경험과 지원 회사와의 연결고리 파악

수정문

국내외 최고의 여행상품을 개발하는 것은 가슴 뛰는 일이었습니다. '가슴 뛰는 일을 하라'는 한비야의 비전을 보고 어떻게 하면 삶의 질을 높일 수 있는 여행상품을 개발할 수 있을까라는 질문을 스스로 자주 하게 되었습니다. 그 때문에 대학도 관광학과를 선택하게 되었고, 관광학과 여행업에 대한 이론과 실무 관련 강의를 들으면서 제가 가야 할 길이 여행업이라는 확신을 가지게 되었습니다. 학교에서 배운 이론을 실무에 적용하기 위해 대학시절 동안 국내외 할 것 없이 많은 곳으로 여행을 다녔습니다. 해외여행경험 중에 친척들과 일본여행을 갔을 때 피피티로 여행계획표를 만들었는데 그 덕분에 수월하게 여행할 수 있었고 일본여행을 갈 때 그 여행계획표를 참고하겠다며 보여 달라는 친구들이 많이 있었습니다. 국내외 많은 여행을 스스로 기획하고, 사람들을 만나고 그들이 기뻐하는 모습을 볼 때 가장 행복하다는 것을 알게 되었습니다. 저는 이 ○○회사가 소비자에게 저렴하면서도 최고의 여행상품을 만들기 위해 많은 노력을 하는 회사라고 알고 있습니다. 저의 역량이 최고의 다양한 여행상품을 개발하려는 ○○회사의 노력에 적합하다고 생각합니다. 저의 역량과 회사의 노력이 합쳐진다면 최고의 여행상품 개발을 통해 고객 유치에 기여할 것으로 확신합니다.

5) 입사 후 포부

원문 사례

저는 먼저 입사 후 많은 실전 경험을 통해 제가 하는 일에서 최고가 되기 위해 노력할 것입니다. 저의 성실성과 서비스 정신을 바탕으로 회사에서 없어서는 안 되는 사람이 될 것입니다. 관광업계는 무엇보다 이미지가 가장 중요한 기업이기 때문에 이러한 저의 목표는 훗날 기업에 큰 자원이 될 것이라고 생각합니다. 저는 이러한 목표를 가지고 긍정적이고 밝은 저의 서비스 마인드를 잘 활용해 기업의 이미지를 더 긍정적으로 만드는 일에 큰 기여를 할 것을 약속합니다. 또한 저를 한 번 만난 고객님들이 계속해서 저를 찾을 수 있도록 좋은 이미지를 심을 수 있는, 보기만 해도 행복하고 항상 최선을 다하는 사람이 되겠습니다.

KeyPoint

☞ 입사 후에 어떤 전문가로 성장할 것인가에 대한 목표 또는 비전 설정
☞ 자신의 목표 달성을 위한 구체적인 계획 작성
☞ 자신의 역량으로 회사에 어떻게 기여할 것인가를 작성

수정문

저는 최고의 여행상품 개발전문가가 될 것입니다. 소비자의 욕구에 맞는 다양한 여행상품의 개발은 관광산업의 경쟁력을 높일 수 있기 때문입니다. 이를 달성하기 위해 저는 첫째, 입사 후 많은 국내외 여행의 실전 경험을 쌓겠습니다. 국내외 교통, 지리, 숙박, 문화 등을 구체적으로 파악하고 가장 적은 금액으로 최고의 질을 자랑하는 경제적인 여행상품을 개발할 것입니다. 둘째, 회사의 이미지 경영에 힘쓰겠습니다. 전문적인 서비스교육을 지속적으로 받을 것이며, 이를 통해 CS전문가가 되어 후배들의 서비스 마인드를 고취시키는 데 일익을 담당하겠습니다. 셋째, 후배나 다른 직원들에게 모범이 되는 회사의 롤 모델이 되겠습니다. 최고 품질의 경제적인 여행상품 개발, 최고의 CS전문가, 회사의 롤 모델을 통해 ○○회사를 국내 관광업계의 1위로 만들겠습니다.

TIP 7-4 자기소개서 체크포인트

구분	자기소개서 평가사항	체크
성장과정	• 지원자의 삶에 영향을 주고 있는 가치관, 신념 등이 주요 항목으로 나타나 있고, 실천했던 사례와 느낀 점 등이 잘 기술되어 있는가?	
성격의 장단점	• 자신의 지원 분야와 적합한 장점과 사례가 기술되어 있는가? • 단점이 기술되고 극복 노력이 포함되어 있는가? 단, 단점은 지원 분야의 직무에 나쁜 영향을 미치거나 대인관계에 문제가 있는 내용인가?	
경력사항 또는 학창시절	• 지원 분야와 관련 있는 경력사항을 성과와 기여도가 포함되어 있는 스토리로 구성되어 있는가?(STAR 기법 참고) • 직무와는 관련이 없지만 학창시절의 업적이 성과중심 스토리로 구성되어 있는가?(STAR 기법 참고) • 경력사항 또는 학창시절의 업적에 대한 성과와 지원 회사의 목표, 비전, 핵심가치, 인재상 등과 연계가 되고 있는가?	
지원동기	• 자신의 직무 또는 특성(가치관, 좌우명, 소질 등)과 지원 회사의 인재상, 핵심가치 등과 관련성이 있는가? • 지원 회사에 대한 관심과 열정이 구체적으로 기술되어 있는가?	
입사 후 포부	• 입사 후 목표지향적인 구체적인 계획이나 각오가 구체적으로 기술되었는가?	
기타 사항	• 내용이 참신하고, 독창적으로 구체적이면서 간단명료하게 기술되었는가?	
공통사항	• 내용이 오・탈자가 없이 정성들여 작성되었는가?	
	• 서류가 성의 있고 깨끗하게 출력되었는가?	
	• 지원 회사의 상황에 맞는 내용으로 구성되었는가?	
	• '저는 ~으로'로 시작하는 구태의연한 표현 등을 사용하지 않았는가?	
	• 지나치게 과장된 표현을 사용하지 않고 솔직하게 작성하였는가?	
	• 한자를 사용했을 경우 맞게 썼는가?	
	• 표현에 일관성이 유지되었는가?	
	• 두괄식으로 작성되었는가?	
	• 부정어나 지나친 수식어가 포함되지 않았는가?	

worksheet 7-1 희망기업과 직무역량에 관련된 경험을 작성해 보자.

	직무 경험	인턴 경험	팀 프로젝트	공모전	동아리 활동	블로그 등 운영	봉사 활동	기타
활동기관								
주요 역할 및 업무								
주요 활동								
성과								

worksheet **7-2** 희망기업의 자기소개서 내용을 찾아 작성해 보자.(희망기업의 자기소개서 내용을 찾아서 작성 또는 일반적 내용의 자기소개서 작성)

▶

▶

▶

▶

worksheet 7-3 공공기관 블라인드 자기소개서를 작성해 보자.

1 (지원동기) 아래 두 개의 문항 중 한 가지를 택하여 답해 주십시오.

☐ 희망 기관에 지원하게 된 동기와 희망 직무를 선택한 이유를 입사 후 목표 및 포부를 포함하여 기술하여 주십시오.

☐ 다른 사람과 차별화된 본인의 역량을 희망 기관의 인재상 및 지원동기와 연계하여 작성해 주십시오.

2 (의사소통능력) 아래 네 개의 문항 중 한 가지를 택하여 답해 주십시오.

☐ 본인이 의도한 바를 상대방이 오해하지 않도록 신중하게 의사를 전달했던 사례를 기술해 주십시오. (신중하게 했던 이유는 무엇이었는지 기술, 해당 내용을 전달하기 위해 사용한 방법과 그 방법을 선택한 이유에 대해 기술)

☐ 소속된 조직/팀에서 공동의 목표를 달성하기 위해 했던 노력들과 그 과정에서 자신과 다른 의견을 가진 사람을 논리적인 근거로 설득했던 경험을 간단히 기술하고 상대방을 설득하기 위해 취했던 행동을 구체적으로 기술해 주십시오.

□ 학창시절(동아리, 발표과제 팀 등) 또는 직장생활에서 자신에게 도움이 되지 않거나 오히려 불이익이 발생될 수 있음에도 불구하고 다른 구성원들을 위해 본인이 자발적으로 양보한 경험이 있다면 이야기해 주십시오. 상시 상황을 간략하게 기술하고, 본인이 양보한 이유와 그 결과를 구체적으로 기술해 주십시오.

□ 자신과 이견을 가진 상대방과 협상하여 모두에게 유리한 최종안을 도출했던 경험을 기술해 주십시오. (자신과 상대방의 입장 차이 및 합의한 도출 프로세스에 대해 기술, 모두에게 이익이 되는 합의안과 도출 이유에 대해 기술)

3	(문제해결능력) 아래 세 개의 문항 중 한 가지를 택하여 답해 주십시오.

□ 소속집단의 공동과업을 달성하는 과정에서 어려움이나 문제로 인해 난관에 부딪혔을 때 갈등을 극복하기 위해 구성원들과 적극적으로 협력했거나 이전과는 다른 방식으로 문제를 해결하고자 했던 경험에 대해 기술하여 주십시오.

□ 앞으로 발생할 문제 상황을 예측하고 미리 대비했던 경험을 이야기해 주십시오. 당시 상황을 간략하게 기술하고, 발생할 문제 상황을 예측한 이유와 문제해결방안에 대해 구체적으로 기술해 주십시오.

□ 최근 3년 이내에 본인의 부족한 부분을 발견하고 이를 극복하고 해결했던 경험을 구체적으로 그 과정과 결과를 기술하여 주십시오.

4	(기타) 아래 다섯 개의 문항 중 한 가지를 택하여 답해 주십시오.

□ (자원관리능력) 중요한 일을 처리할 때, 어떠한 방식으로 계획을 세워서 일을 처리하는지에 대해 개인적 경험을 기반으로 구체적으로 서술해 주십시오.

□ (직업윤리) 직장인으로서 직업윤리가 왜 중요한지 본인의 가치관을 중심으로 서술해 주십시오.

□ (자기개발능력) 입사 후, 10년 내에 직무와 관련하여 이루고 싶은 것과 개인적으로 이루고 싶은 것을 기술하고, 그 이유와 계획을 설명하여 주십시오. (직무관련 목표 / 개인적 목표 / 목표 수립 이유 / 목표 달성을 위한 계획을 구체적으로 기술)

□ (직무수행능력) 지원분야의 직무기술서를 참고하여 관련된 경험이나 경력에 대해 기술해 주십시오. 해당 경험 / 경력이 귀하가 지원한 업무를 수행하는 데 어떻게 활용(또는 도움)될 수 있는지 기술해 주십시오.

□ (조직이해능력) 최근 희망기관의 주요 이슈에 대해 한 가지를 언급(선택)하고, 그것에 대한 본인의 의견을 기술하여 주십시오.

위 사항은 사실과 다름이 없음을 확인합니다.

지원날짜 :

지 원 자 : (인)

3. 영문 자기소개서

영어 자기소개는 한국어 자기소개처럼 은유적인 표현을 사용하기보다는 객관적 사실을 바탕으로 경험한 것과 생각한 것 그리고 그런 것들을 통해 자신이 어떤 사람이라는 설명형식을 가지는 것이 가장 좋다. 자기소개를 바로 시작하기보다는 면접관에게 긍정적인 이미지를 심어 주기 위해 인사와 자기 이름을 다시 각인시키며 함께 인터뷰 기회를 가지게 된 것에 기쁨을 표현한다.

예시 1

Thank you for giving me the opportunity to introduce myself.
I'm very pleasure meet you. My name is In Gi Kim.
I am very happy to be here for an interview.

저에게 소개할 기회를 주셔서 감사합니다.
만나서 반갑습니다. 저는 김인기입니다.
인터뷰 때문에 이곳에 있어 행복합니다.

그런 후 본 내용에 내세울 만한 자신만의 성격, 장점, 경험, 스토리 등을 이야기하고 그것으로 해당 직무와의 연관성이나 업무능력을 어필한다.

예시 2

I have very out-going personality. I love to talk to people and I am good at being a friend, which is not just a conventional friend, but a qualitative friend. My biggest strength is to think everything positively all the time. With this in mind, I can produce better results at work. Also, I can develop myself through the experiences. I smile all the time. I am a person with the positive and bright attitudes with a good sense of humor and an intellectual curiosity.

저는 매우 외향적인 성격을 가지고 있습니다. 사람들과 이야기하는 것을 좋아하며, 형식상의 친구가 아니라 절친한 친구를 잘 만듭니다. 저의 가장 큰 장점은 항상 긍정적으로 생각하는 것이며, 이런 저의 성격 때문에 일을 함에 있어서 더 나은 결과를 얻을 수 있습니다. 또한 저는 그 경험을 통해서 제 자신을 발전시킬 수 있습니다. 저는 항상 웃습니다. 저는 유머감각과 지적인 호기심을 가지고 있는 적극적이고 명랑한 사람입니다.

마무리는 그 스토리로 회사와의 연결성을 설명하거나 그 회사에 적합한 인재상을 피력하거나 입사 포부를 다지는 등으로 정리한다.

예시 3

I will try to be a valuable employee at your company, satisfying customers whatever the situations is.

어떤 상황에서라도 고객을 만족시키는 귀 회사의 소중한 재원이 되도록 노력하겠습니다.

예시 4

I know Arab Emirate Airline is one of the fastest growing airlines in the world, and your professional, multilingual cabin crews are drawn from more than 90 nationalities. I would like to serve the customers from a various countries with my international service skills at your airline. Thank you.

아랍 에미레이트 항공사는 세계에서 가장 빠르게 성장하는 회사들 중의 하나이며, 귀 회사의 전문가와 승무원은 90개국에서 선발했다는 것을 알고 있습니다. 저도 귀 항공사에서 국제적인 서비스 기술로 다양한 나라에서 온 고객들에게 서비스를 하고 싶습니다. 감사합니다.

TIP 7-5 영어 자기소개서 샘플 1(서비스 관련 인턴 경험 지원자)

I'm very pleased to meet you. My name is SeokDae Baek. You can call me Baek. I majored in hotel management at Korea University. I have been keenly interested in the service field since I was young and decided to study in this field. I had an internship at Hilton Hotel for six months. Even though some aspects of hotel service and airline service are different, I acguired the basic skills and the international manner to deal with customers from all over the world, which are needed in both industries. I am a good team player who always cooperates with each other and arrives at the workplace on time. My hard work was recognized by my boss and I was thankful that he offered me a full-time job. However, I have always wanted to be part of a cabin crew because I want to have a more active and exciting job. The internship experience showed me that I'm fit for a service job and I am convinced that working in the air is where I should be. That's why I'm here to day. A job with your company is the ticket to my dream.

TIP 7-6 영어 자기소개서 샘플 2(다른 분야 경험 지원자)

First of all, it is a great pleasure to be here today. My name is SeokDae Baek. Currently, I am working at ○○, a pretty big international clothing company. I majored in fashion design and I've been working there for five years as a designer. Well, anyone would think it's strange that I'm applying for this job and willing to give up my present job. However, I have a clear reason for that. I've had a lot of chances to go abroad to do market research. That evoked my dream and made me realize what I can do best and what I truly want to do. Basically, I am adventurous person who enjoys meeting a lot of people. While working as a designer, I discovered that I am better at meeting customers in-person than working behind a desk. I strongly believe that I should make the opportunity, not just wait for it to come to me. So I decided to stop worrying about things like my career and age, and just go for my dream. Of course, I know I have to take a big risk and it is not easy to get into this field. However, I also know my confidence, potential, and passion for this job. Today will be the turning point of my life and career. I hope I can have the opportunity to show you what I can do for this company.

PART

05

NCS 기반 취업 준비

chapter

Chapter 08 NCS 기반 채용 기초

Chapter 09 NCS 기반 채용 준비하기

1. NCS 기반 채용

2. NCS 기반 직업기초능력 이해

CHAPTER

08

NCS 기반 채용 기초

1. NCS 기반 채용

1) NCS의 이해

국가직무능력표준(NCS; National Competency Standards)은 산업현장에서 직무를 수행하기 위해 요구되는 지식 · 기술 · 소양 등의 내용을 국가가 산업 부문별 · 수준별로 체계화한 것으로, 산업현장의 직무를 성공적으로 수행하기 위해 필요한 능력(지식·기술·태도)을 국가적 차원에서 표준화한 것이다. 따라서 NCS는 직업(직무)에 필요한 직무능력을 담고 있는 산업현장의 실무 지침서라고 할 수 있으며, 정부는 NCS를 공공기관의 채용을 시작으로 기업, 국가자격시험, 교육훈련과정 개발에 활용하고 있다.

[그림 8-1] 국가직무능력표준

NCS의 분류체계는 대분류, 중분류, 소분류, 세분류, 능력단위, 능력단위요소로 구분된다. 대분류는 산업에 대한 분류로 24개로 제시되고 있다. 중분류와 소분류는 각각의 산업에 존재하는 직업의 종류이다. 세분류는 어떤 직업을 구성하는 직무분야를 의미한다. 취업을 준비하는 과정에서는 능력단위가 매우 중요하다. 능력단위는 NCS의 세분류를 구성하는 기본단위로 능력단위분류번호, 능력단위정의, 능력단위요소(수행 준거, 지식·기술·태도), 적용범위 및 작업상황, 평가지침, 직업기초능력으로 구성된다.

〈표 8-1〉 NCS 분류체계

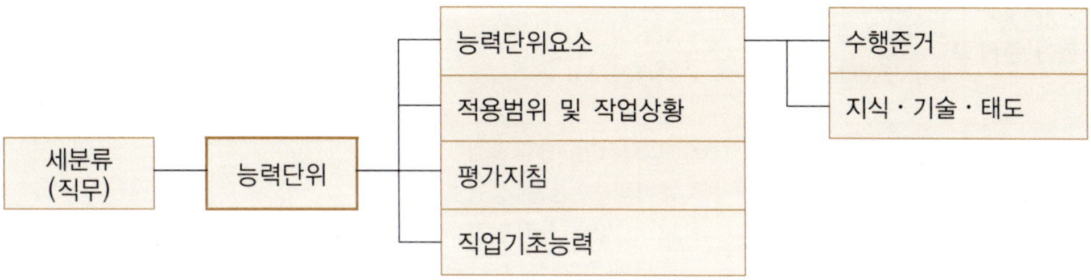

2) NCS 기반 채용과정

NCS 기반 능력중심 채용을 위한 단계별 준비과정을 살펴보면 〈표 8-2〉와 같이 첫째, 진로설정 둘째, NCS 기반 직무별 능력 확인 셋째, NCS 기반 입사서류 준비 넷째, NCS 기반 평가 준비 다섯째, NCS 기반 면접 준비로 분류될 수 있다.

〈표 8-2〉 NCS 기반 단계별 채용 준비과정

구분	주요 내용	준비사항	비고
1단계 진로 설정	• 흥미, 적성, 성격, 가치관, 능력 등 탐색 • 직업(직무)탐색 • 채용기관(희망기업) 탐색	• 채용기관의 직무설명자료 • 채용기관의 직무체계 확인(조직도, 사업영역, 업무분장표 보도자료 등) • 희망직무 정보탐색 → 직무의 자격요건, 직무특성 • 지원 회사 정보탐색 → 연혁, 인재상 등	• 타 회사 또는 일반적인 직무분석 참고 • 공기업 → 경영정보 공개시스템 (www.alio.go.kr) • NCS 홈페이지 (www.ncs.go.kr)
2단계 직무별 능력 확인	• 직무에서 요구하는 능력 확인	• 기업의 채용공고를 통해 직무별 필요능력(지식 · 기술 · 태도 등)을 확인	• 직무능력 → NCS (능력단위) • 직무능력 자가진단 →경력개발지원코너

구분	주요 내용	준비사항	비고
3단계 입사서류 준비	• 이력서 • 자기소개서	• 직무와 관련된 경험 및 경력 확인 • NCS 기반 이력서, 자기소개서 확인	NCS 홈페이지
4단계 평가 준비	• 기초수행능력 • 직무수행능력 • 인성역량	• NCS의 열 개의 기초능력 • NCS의 직무수행능력 • 인성검사	• NCS 홈페이지 • 직무기술서 • 한국인성직무평가원 (https://sid.or.kr)
5단계 면접 준비	• 경험면접 • 상황면접	• NCS 기반 경험면접 → 직무능력과 관련된 경험 • NCS 기반 상황면접 → 직무의 특성과 현장환경 등을 고려하여 기업상황에 맞는 평가요소 및 면접도구 확인	NCS 홈페이지

3) NCS 기반 채용절차

NCS 기반 채용절차는 채용 희망직무의 핵심능력을 토대로 채용공고를 사전에 공개하여 취업 준비생들이 미리 준비할 수 있게 하는 방식이다.

NCS 기반 직무능력평가 채용 과정은 NCS기반 채용공고 → NCS기반 서류전형 → NCS 기반 필기평가 → NCS 기반 면접평가 → 종합 평가 등 5단계로 이루어지는데 최종 결정은 서류부터 면접까지 점수의 총점으로 합격 여부를 결정한다.

NCS 기반 필기평가는 NCS의 능력단위, 수행준거 등을 활용하여 직업기초능력 및 직무수행능력의 핵심요소를 평가할 수 있는 문항을 개발하여 적용하고, NCS 기반 면접은 직업기초능력과 직무수행능력을 다양한 면접도구를 활용하여 평가하되 각 기관의 특성을 반영한다. 또한, 특정 직무관련 주제에 대한 의견을 알아보는 발표면접, 토론면접 등도 이루어질 수 있다.

〈표 8-3〉 NCS 기반 채용절차

구분		주요 내용	비고
1단계	채용 공고	• 직무기술서 도출(능력단위, 직무수행능력, 필요 지식, 기술, 태도, 직업기초능력, 전공관련 과목, 관련 자격증 등) • 직무기술서 기반 모집 공고문 게재	• NCS 기반 직무기술서 • NCS 기반 채용공고문
2단계	서류 전형	• 직무능력 기반 입사지원서 구성 및 배포 • 입사지원서 정량적 평가	• NCS 기반 입사지원서 • NCS 기반 입사지원서 평가방법
3단계	필기 평가	• NCS 직업기초능력 기반 필기평가 • NCS 직무수행능력 기반 필기평가	• 직무기초능력 필기검사 • 직무수행능력 필기검사
4단계	면접 평가	• NCS 직업기초능력 기반 면접평가 • NCS 직무수행능력 기반 면접평가	• 면접주제 및 문항 - 경험면접 - 상황면접 - 발표면접 - 토론면접
5단계	종합 평가	각 단계별 결과를 수합하여 객관화된 최종 결과 산출 및 채용 의사결정	

2. NCS 기반 직업기초능력 이해

국가직무능력표준의 직업기초능력에는 의사소통능력, 자원관리능력, 문제해결능력, 정보능력, 조직이해능력, 수리능력, 자기개발능력, 대인관계능력, 기술능력, 직업윤리 등 10개의 능력과 각 34개의 하위능력으로 구성되어 있다. 직업기초능력의 각 영역별 정의와 하위능력에 대한 내용은 〈표 8-4〉 직업기초능력의 종류와 〈표 8-5〉 직업기초의 하위능력으로 간단히 설명하고자 한다. 〈표 8-4〉와 〈표 8-5〉에 제시되지 않은 자세한 내용은 국가직무능력표준 홈페이지에서 자세하게 살펴볼 수 있다. 자신의 희망직무에서 적합한 직업기초능력의 영역을 찾아 살펴보는 것이 필요하다.

〈표 8-4〉 직업기초능력의 종류

종류	정의
의사소통능력	업무를 수행함에 있어 글과 말을 읽고 들음으로써 다른 사람이 뜻한 바를 파악하고, 자신이 뜻한 바를 글과 말을 통해 정확하게 쓰거나 말하는 능력이다.
자원관리능력	업무를 수행하는 데 시간, 자본, 재료 및 시설, 인적자원 등의 자원 가운데 무엇이 얼마나 필요한지를 확인하고, 이용 가능한 자원을 최대한 수집하여 실제 업무에 어떻게 활용할 것인지를 계획하고, 계획대로 업무수행에 이를 할당하는 능력이다.
문제해결능력	업무를 수행함에 있어 문제상황이 발생했을 경우, 창조적이고 논리적인 사고를 통해 이를 올바르게 인식하고 적절히 해결하는 능력이다.
정보능력	업무와 관련된 정보를 수집하고 이를 분석하여 의미 있는 정보를 찾아내며, 의미 있는 정보를 업무수행에 적절하게 조직하고 조직한 정보를 관리하며, 업무수행에 이러한 정보를 활용하고 이러한 제 과정에 컴퓨터를 사용하는 능력이다.
조직이해능력	업무를 원활하게 수행하기 위해 국제적인 추세를 포함하여 조직의 체제와 경영에 대해 이해하는 능력이다.
수리능력	업무를 수행함에 있어 사칙연산, 통계, 확률의 의미를 정확하게 이해하고, 이를 업무에 적용하는 능력이다.
자기개발능력	업무를 추진하는 데 스스로를 관리하고 개발하는 능력이다.
대인관계능력	업무를 수행함에 있어 접촉하게 되는 사람들과 문제를 일으키지 않고 원만하게 지내는 능력이다.
기술능력	업무를 수행함에 있어 도구·장치 등을 포함하여 필요한 기술에는 어떠한 것들이 있는지 이해하고, 실제로 업무를 수행함에 있어 적절한 기술을 선택하여 적용하는 능력이다.
직업윤리	업무를 수행함에 있어 원만한 직업생활을 위해 필요한 태도, 매너, 올바른 직업관이다.

〈표 8-5〉 직업기초의 하위능력

기초능력	하위능력	내용	세부요소
의사소통능력	문서이해능력	직업현장에서 자신의 업무와 관련된 인쇄물이나 기호화된 정보 등 필요한 문서를 확인하여 문서를 읽고, 내용을 이해하고 요점을 파악하는 능력	• 문서정보 확인 및 획득 • 문서정보 이해 및 수집 • 문서정보 평가
	문서작성능력	조직의 비전을 실현시키기 위해 개인의 의사표현이나 의사소통을 위한 과정	• 작성 문서의 정보 확인 및 조직 • 목적과 상황에 맞는 문서작성 • 작성한 문서 교정 및 평가
	경청능력	다른 사람의 말을 주의 깊게 들으며, 공감하는 능력	• 음성정보와 매체정보 듣기 • 음성정보와 매체정보의 내용 이해 • 음성정보와 매체정보에 대한 반응과 평가
	의사표현능력	말하는 이가 자신의 생각과 감정을 듣는 이에게 음성언어나 신체언어로 표현하는 행위	• 목적과 상황에 맞는 정보 조직 • 목적과 상황에 맞게 전달 • 대화에 대한 피드백과 평가
	기초외국어능력	직장생활에 있어서 외국어로 된 간단한 자료를 이해하거나 간단한 외국인과의 의사표현을 이해하는 능력	• 외국어 듣기 • 일상생활의 회화활용
자원관리능력	시간자원관리능력	시간자원이 얼마나 필요한지 확인하고, 이용 가능한 시간자원을 최대한 수집하여 실제 업무에 어떻게 활용할 것인지 계획하고, 할당하는 능력	• 시간자원의 확인 및 확보 • 시간자원 활용계획 수립 • 시간자원 할당
	예산관리능력	필요한 예산을 파악하고, 사용할 수 있는 예산을 최대한 확보하여 예산계획을 수립하고, 이에 따른 예산을 효율적으로 집행·관리하는 능력	• 예산 확인 및 할당
	물적자원관리능력	직장생활에서 필요한 물적자원을 확인·활용하는 능력	• 물적자원 확인 및 할당
	인적자원관리능력	인적자원관리능력은 직장생활에 있어서 인적자원의 품성·능력·지식을 파악·관리·활용하는 능력	• 핵심인맥, 파생인맥 • 인적자원 확인 및 할당

기초능력	하위능력	내용	세부요소
문제해결능력	사고력	아이디어가 많고, 다양하고, 독특한 것을 의미하며 기존의 정보(지식·상상·개념 등)들을 특정한 요구조건에 맞거나 유용하도록 새롭게 조합시킬 수 있는 능력	• 창의적 사고 • 논리적 사고 • 비판적 사고
	문제처리능력	목표와 현상을 분석하고 이를 토대로 문제를 도출하여 최적의 해결책을 찾아 실행·평가·처리해 나가는 능력	• 대안 선택과 적용 • 대안평가
정보능력	컴퓨터활용능력	업무수행에 필요한 정보를 수집·분석·조직·관리·활용하는 데 있어 컴퓨터를 활용하는 능력	• 전자우편서비스, 인터넷디스크, 웹하드, 메신저, 클라우드 컴퓨팅, SNS, 전자상거래 • 데이터베이스 구축
	정보처리능력	필요한 정보를 수집하고, 분석하여 의미 있는 정보를 찾아내어 업무수행에 적절하도록 조직·관리, 활용하는 능력	• 효과적인 정보 수집, 정보분석 및 가공 • 효율적인 정보관리 • 효율적인 정보활용
조직이해능력	국제감각능력	다양한 세계와 교류하고 다른 나라에서 생산되는 제화나 서비스를 이용할 수 있는 능력	• 국제적인 동향 이해 • 국제적 시각의 업무 추진 • 국제적 상황 변화 대처
	조직체제이해능력	공통된 목표를 달성하기 위해 모인 집합체가 조직의 사명과 사명을 달성하기 위한 세부목표를 이해하는 능력	• 조직의 구조 이해 • 조직의 규칙과 절차 파악 • 조직 간의 관계 이해
	경영이해능력	조직의 목적을 달성하기 위한 전략, 관리, 운영활동을 위한 경영원리를 이해하고 경영상의 문제점을 개선하는 능력	• 조직의 방향성 예측 • 경영 조정 • 생산성 향상 방법
	업무이해능력	직업인이 자신에게 주어진 업무의 성격과 내용을 알고 그에 필요한 지식·기술·행동을 확인하는 능력	• 업무의 우선순위 파악 • 업무활동 조직 및 계획 • 업무수행 결과평가

기초능력	하위능력	내용	세부요소
수리능력	기초연산능력	직장생활에서 필요한 기초적인 사칙연산과 계산방법을 이해하고 활용하는 능력	• 사칙연산, 연산수행 방법 • 기초단위 환산
	기초통계능력	직장생활에서 평균 · 합계 · 빈도와 같은 기초적인통계 기법을 활용하여 자료의 특성과 경향성을 파악하는 능력	• 빈도, 평균, 백분율, 분산, 표준편차
	도표분석능력	직장생활에서 도표(그림, 표, 그래프 등)의 의미를 파악하고, 필요한 정보를 해석하는 능력	• 선(절선) 그래프, 막대그래프, 원그래프, 점그래프, 방사형그래프, 층별그래프, 띠그래프 등
	도표작성능력	직장생활에서 도표(그림, 표, 그래프 등)를 이용하여 결과를 효과적으로 제시하는 능력	• 도표 작성 순서 • 도표 작성 시 유의점
자기개발능력	자아인식능력	자신의 흥미 · 적성 · 특성 등을 이해하고 자기정체감을 확고히 하는 능력	• 자기이해 및 자기의 능력 표현 • 자신의 능력 발휘방법
	자기관리능력	자신을 이해하고, 목표를 성취하기 위해 자신의 행동 및 업무수행을 관리하고 조정할 수 있는 능력	• 개인의 목표 정립과 자기통제 • 자기관리 규칙의 주도적 실천
	경력개발능력	개인이 경력목표와 전략을 수립하고 실행하며 피드백하는 과정	• 삶과 직업세계에 대한 이해 • 경력 개발계획 수립 • 경력전략의 개발 및 실행
대인관계능력	팀워크능력	직장생활에서 다른 구성원들과 목표를 공유하고 원만한 관계를 유지하며, 자신의 역할을 이해하고 책임감 있게 업무를 수행하는 능력	• 적극적 참여 및 업무 공유 • 팀구성원으로서의 책임감
	리더십능력	조직의 목표 달성을 위해 개인이 조직원들에게 영향을 미치는 행위 또는 어떤 주어진 상황 내에서 목표 달성을 위해 개인 또는 집단에 영향력을 행사할 수 있는 능력	• 동기화시키기 • 논리적인 의견 표현 • 신뢰감 구축
	갈등관리능력	조직을 구성하는 개인과 집단, 조직 간에 대립하고 마찰하는 사회적 · 심리적 상태를 해결하는 능력	• 타인의 생각과 감정 이해 • 타인에 대한 배려 • 피드백 제공 및 반기

기초능력	하위능력	내용	세부요소
대인관계능력	협상능력	갈등 상태에 있는 이해당사자들이 대화와 논쟁을 통해 서로를 설득하여 문제를 해결하는 능력	• 다양한 의견 수립 • 협상 가능한 실질적 목표 구축 • 최선의 타협방법 찾기
	고객서비스능력	다양한 고객의 요구를 파악하고, 대응법을 마련하여 고객에게 양질의 서비스를 제공하는 능력	• 고객의 불만과 요구 이해 • 매너 있고 신뢰감 있는 대화법 • 고객 불만에 대한 해결책 제공
기술능력	기술이해능력	기본적인 업무수행에 필요한 기술의 원리 및 절차를 이해하는 능력	• 기술 시스템
	기술선택능력	기본적인 직장생활에 필요한 기술을 선택하는 능력	• 기술 선택을 위한 의사결정, 벤처마킹, 메뉴얼
	기술적용능력	직장생활에 필요한 기본적인 기술을 실제로 적용하고 결과를 확인하는 능력	• 직책별 기술능력, 네트워크 혁명
직업윤리	근로윤리	직업윤리 중에서 업무에 대한 존중을 바탕으로 근면하고 성실하고 정직하게 업무에 임하는 자세	• 근면성, 정직성, 성실성
	공동체윤리	직업윤리 중에서 인간존중을 바탕으로 봉사하며, 책임 있고 규칙을 준수하고, 예의 바른 태도로 업무에 임하는 자세	• 봉사, 책임감, 준법성, 직장예절

출처: 국가직무능력표준(https://www.ncs.go.kr)

worksheet 8-1 자신의 직무영역과 관련된 직업기초능력을 쓰고, 그중 성취했거나 경험한 직무능력을 작성해 보자.(NCS→직무기술서 참고)

☞ 직무영역과 관련된 직업기초능력:

☞ 자신이 경험한 직업기초능력:

☞ 관련된 직업기초능력 중 자신이 경험한 직무능력을 스토리텔링(STAR) 기법으로 작성해 보자.

예 직업기초능력 중 문제처리능력을 발휘한 경험이 있다면 문제해결력의 하위영역 중 '문제처리능력'을 발휘한 경험을 구체적으로 작성

1. NCS 기반 채용공고
2. NCS 기반 입사지원서
3. NCS 기반 필기평가 개요

NCS 기반 채용 준비하기

CHAPTER

09

1. NCS 기반 채용공고

NCS 기반 채용과정은 기본적으로 채용공고에서 시작하여 서류전형, 필기시험, 면접시험, 합격 발표의 5단계를 거친다. 그러나 회사의 사정에 따라 필기시험 등의 일부 전형은 생략할 수 있다. NCS 기반 채용공고는 지원 분야에 대한 직무기술서가 포함되어 있어 직무에 적합하게 취업을 준비해야 한다.

〈표 9-1〉 채용공고 예시

○ 선발 분야 및 인원　　　　입사지원서 및 직무 설명자료 다운로드

직군	직무 분야	인원	필요전공	필요자격 또는 우대사항	비고
경영관리 (행정직)	정보보안	○	정보보안 컴퓨터 관련 학과	정보보호전문가(SIS), 정보보안기사, 국제공인정보시스템감사자(CISA), 국제공인정보시스템 보안전문가(CISSP)	학사 이상

○ 자격기준

구분	자격기준
학력	• 최종 학력이 학사학위 취득자 이상 • 관련 학과 교육과정을 이수한 자
자격	관련 분야 자격증 소지자 우대(가점 반영, 가산점 참조)　별첨
연령	제한 없음
병역	병역기피 사실이 없는 자
기타	• 공단 인사규정 제9조 채용 결격사유가 없는 자 • 채용 이후 즉시 근무 가능한 자

○ 전형절차

NCS기반 서류전형 → 필기전형 인성검사 → NCS기반 1차 면접 (실무진) → 2차 면접 (임원) → 신원조회 신체검사 → 최종 합격

○ 선발배점

전형 구분	배점	선발 인원
서류전형	기본 100점 + 가점	고득점 순으로 10배수 선발
필기전형	100점 + 가점	고득점 순으로 5배수 선발
1차 면접	100점 + 가점	고득점 순으로 3배수 선발
2차 면접	100점 + 가점	고득점 순으로 최종 선발

○ 필기전형 시험과목

직무 분야	배점	비고
정보보안	직업기초(60문항) + 인성(30문항) + 정보보안개론(40문항)	객관식 4지 선다형 직업기초(60분), 인성(30분), 전공시험(60분)

○ 면접전형

직무 분야	1차 실무면접	2차 임원면접
정보보안	직업기초능력 + 직무기초능력	인 · 적성면접

※ NCS 기반 채용 공고 예시는 기관별로 상이할 수 있다.(NCS→블라인드 채용 참조)

2. NCS 기반 입사지원서

1) NCS 기반 입사지원서 요령

NCS 기반 서류전형에서는 입사지원서, 경력 및 경험기술서, 자기소개서가 있다. NCS 기반 입사서류는 내용에 있어서 직무능력이 핵심이 된다는 측면에서 기존의 일반적인 입사서류와 차이를 보이고 있다. NCS 기반 입사지원서는 보통 인적사항, 교육사항, 자격사항, 경력 및 경험사항 등으로 구성되어 있다. NCS 구성요소 중 지식이나 기술은 교육사항, NCS관련 자격증은 직무관련 자격사항, 세부직무의 능력단위는 경력이나 경험사항의 내용으로 작성될 수 있다. 따라서 NCS 기반 입사지원서를 작성하기 위해서는 먼저 자신이 지원한 직무에 대한 국가직무능력표준에 대한 철저한 분석을 통해 자신의 직무능력과 관련 있는 것은 빠짐없이 작성하는 것이 유리하다.

앞으로 취업 준비생들은 자신이 하고자 하는 직무를 가능한 빨리 결정하고 선택한 직무에 대한 국가직무능력표준에 적합한 교육훈련, 자격증, 필요한 지식, 기술, 태도 등을 파악하여 취업 준비를 해야 할 것이다. NCS 기반 인사서류도 채용 기관에 따라 조금씩 차이가 있다.

(1) 인적사항

인적사항에는 성명, (현)주소, 연락처, 지원 분야 등을 작성하며 대부분 평가점수에는 포함되지 않는 것이 일반적이다.

<table>
<tr><th colspan="6">1. 인적사항</th></tr>
<tr><td>지원구분</td><td>신입 (　) 　경력 (　)</td><td>지원분야</td><td></td><td>접수
번호</td><td></td></tr>
<tr><td>성명</td><td>(한글)</td><td>생년월일</td><td colspan="3"></td></tr>
<tr><td>현주소</td><td colspan="5"></td></tr>
<tr><td rowspan="2">연락처</td><td colspan="2">(본인휴대폰)</td><td rowspan="2">전자우편</td><td colspan="2" rowspan="2"></td></tr>
<tr><td colspan="2">(비상연락처)</td></tr>
</table>

(2) 채용 가점사항

채용 가점사항은 지원 회사마다 조금씩 차이가 있으니 세심하게 살펴보고 누락되는 일이 없도록 한다.

<table>
<tr><th colspan="4">2. 채용 가점사항</th></tr>
<tr><td rowspan="2">1. 보훈 여부</td><td>보훈번호</td><td>국가유공자 등과의 관계</td><td>가점 비율</td></tr>
<tr><td></td><td></td><td>(5%), (10%)</td></tr>
<tr><td rowspan="2">2. 장애 여부</td><td>장애등급</td><td>장애내용</td><td>가점 비율</td></tr>
<tr><td></td><td></td><td>(5%)</td></tr>
<tr><td colspan="3">3. 대학졸업 기준 출신학교가 수도권(서울, 경기, 인천) 지역 외 지방 소재 학교입니까?
※체험형 인턴은 제외되며, 체험형 인턴은 경력사항에 입력하십시오.</td><td>예(　) 아니오(　)
(3%)</td></tr>
<tr><td colspan="3">4. 공공기관 정규직 채용을 전제로 한 3개월 이상 인턴 근무경험이 있습니까?</td><td>예(　) 아니오(　)</td></tr>
<tr><td>근무기간</td><td>기관명</td><td>담당업무</td><td>가점사항</td></tr>
<tr><td>년 월 일 ~년 월 일</td><td></td><td></td><td>※서류전형 면제</td></tr>
</table>

(3) 외국어사항

외국어점수는 지원 회사, 직무의 특성에 따라 차이가 있지만 기본적으로 1~2개 정도의 외국어는 준비해 두는 것이 채용의 경쟁력을 높일 수 있다.

3. 외국어사항	※ 공고일 기준으로 최근 2년 이내 취득한 것만 인정하며, 토익 700점 이상 만점	
언어 종류	시험명	점수
영어	토익	점수 직접 입력
	토플	점수 직접 입력
	텝스	점수 직접 입력
중국어	HSK	점수 직접 입력
일본어	JPT	점수 직접 입력
러시아어	FLEX(1등급 이상만 기재)	1C, 2A, 2B, 2C 중 택일
	TORFL(1단계 이상만 기재)	1단계, 2단계, 3단계, 4단계 중 택일

(4) 자격증사항

자격증은 직무관련 자격증만 인정되며 관련 자격증은 NCS 기반으로 제시되어 있으니 참고하여 준비해 두는 것이 좋다.

4. 자격증사항(예시 1)	※ 아래 지원 분야별로 본인이 취득한 자격증을 모두 체크하세요.			
구분	가군	나군	다군	라군
IT · 보안(경력) IT · 보안(신입)	정보관리기술사 정보보안기술사 컴퓨터시스템응용기술자	정보보안기사 정보보호전문가(SI) 1급 정보통신기사 정보처리기사	정보보안산업기사 정보보호전문가(SI) 2급 정보통신산업기사 정보처리산업기사	정보통신기능사 정보처리기능사

4. 자격증사항(예시 2)	※ 자격은 직무와 관련된 국가공인 기술/전문/민간자격을 의미합니다. 해당 자격증을 기입해 주십시오.	
자격증명	발급기관	취득일자

(5) 교육훈련사항

교육훈련사항은 제도화된 학교 내에서 이루어지는 교육과정을 의미하며, 훈련은 학교 이외의 기관에서 실업교육, 기능교육, 직업훈현 등을 이수한 교육훈련과정을 의미한다.

5. 교육훈련사항(예시 1)

※ 훈련의 경우 15시간을 1학점으로 환산하여 입력하시기 바랍니다(각 훈련과정별 3학점까지만 인정).
※ 분야별 교육과정과 훈련 이수시간이 중복 시 교육과정만 인정합니다.

교육훈련	
[정보기술전략] 관련 교육 또는 훈련 과목/과정을 이수한 경험이 있습니까?	예(　) 아니오(　)
[정보기술기획] 관련 교육 또는 훈련 과목/과정을 이수한 경험이 있습니까?	예(　) 아니오(　)
[응용SW엔지니어링] 관련 교육 또는 훈련 과목/과정을 이수한 경험이 있습니까?	예(　) 아니오(　)
[IT시스템관리] 관련 교육 또는 훈련 과목/과정을 이수한 경험이 있습니까?	예(　) 아니오(　)
[IT프로젝트관리] 관련 교육 또는 훈련 과목/과정을 이수한 경험이 있습니까?	예(　) 아니오(　)
[네트워크구축] 관련 교육 또는 훈련 과목/과정을 이수한 경험이 있습니까?	예(　) 아니오(　)

[참고] 세분류별 교육훈련의 요구학습내용

정보기술전략	• IT아카데미 표준
정보기술기획	• 소프트웨어 개발방법론 • PMBOK(Project Management Body of Knowledge)
응용SW엔지니어링	• 설계 산출물의 이해 • 해당 플랫폼에 대한 지식
IT시스템관리	• SW 규모 및 대가 산정기법 • IT시스템 구성정보 수집 관련 지식 • 정보보호관리체계 범위 • 정보보호관리체계 • 시스템의 취약점 및 보안 위협에 관한 지식
IT프로젝트관리	• 프로젝트 기획방법 • 서버장비 운영 정책
네트워크구축	• 네트워크 보안지식 • 제안요청서 작성 및 검토 관련 지식

※ '예'라고 응답한 세분류에 해당되는 내용을 아래에 기입해 주십시오.

[정보기술전략]

종류 선택	교육과목 또는 훈련과정	학점	학습내용 요약(30자 이내)
교육(　) / 훈련(　)		(　　)학점	
교육(　) / 훈련(　)		(　　)학점	

[정보기술기획]

종류 선택	교육과목 또는 훈련과정	학점	학습내용 요약(30자 이내)
교육(　) / 훈련(　)		(　　)학점	
교육(　) / 훈련(　)		(　　)학점	

[응용SW엔지니어링]

종류 선택	교육과목 또는 훈련과정	학점	학습내용 요약(30자 이내)
교육(　) / 훈련(　)		(　　)학점	
교육(　) / 훈련(　)		(　　)학점	

[IT시스템관리]

종류 선택	교육과목 또는 훈련과정	학점	학습내용 요약(30자 이내)
교육(　) / 훈련(　)		(　　)학점	
교육(　) / 훈련(　)		(　　)학점	

[IT프로젝트관리]

종류 선택	교육과목 또는 훈련과정	학점	학습내용 요약(30자 이내)
교육(　) / 훈련(　)		(　　)학점	
교육(　) / 훈련(　)		(　　)학점	

[네트워크구축]

종류 선택	교육과목 또는 훈련과정	학점	학습내용 요약(30자 이내)
교육(　) / 훈련(　)		(　　)학점	
교육(　) / 훈련(　)		(　　)학점	

5. 교육훈련사항(예시 2)

※ 학교교육이나 직업교육 혹은 기타교육 등 직무와 관련된 교육사항 내용을 기입해 주십시오.

학교교육	
※ [지원분야] 관련 학교교육 과목을 이수한 경험이 있습니까?	예( ) 아니오( )
※ [지원분야] 관련 직업교육 과목을 이수한 경험이 있습니까?	예( ) 아니오( )
※ [지원분야] 관련 기타교육 과목을 이수한 경험이 있습니까?	예( ) 아니오( )

※ '예'라고 응답한 항목에 해당하는 내용을 아래에 기입해 주십시오.
(작성란이 부족한 경우 칸을 추가하여 작성)

과목명	주요내용(과목설명, 학점, 이수시간 등)

(6) 경력사항

경력사항은 금전적 보수를 받고 일정 기간 동안 수행한 이력활동이다. 해당 능력단위와 관련된 업무수행경험에 대해 '예'라고 응답한 항목에 해당하는 내용을 근무기간, 기관명, 직위/직책, 담당업무로 구분하여 작성한다. 그 외의 기타 경력사항은 하단의 표에 작성한다. 자세한 경력사항은 경력기술서에 작성한다.

6. 경력사항(지원하는 직무와 연관성 있는 경력사항을 기술하시오.)

기업 조직에 소속되어[정보기술전략] 관련 업무를 수행한 경험이 있습니까?	예( ) 아니오( )
기업 조직에 소속되어[정보기술기획] 관련 업무를 수행한 경험이 있습니까?	예( ) 아니오( )
기업 조직에 소속되어[응용SW엔지니어링] 관련 업무를 수행한 경험이 있습니까?	예( ) 아니오( )
기업 조직에 소속되어[IT시스템관리] 관련 업무를 수행한 경험이 있습니까?	예( ) 아니오( )
기업 조직에 소속되어[IT프로젝트관리] 관련 업무를 수행한 경험이 있습니까?	예( ) 아니오( )
기업 조직에 소속되어[네트워크구축] 관련 업무를 수행한 경험이 있습니까?	예( ) 아니오( )

※ '예'라고 응답한 항목에 해당되는 내용을 아래에 기입해 주십시오.

[정보기술전략]

근무기관		기관명	직위/직책	담당업무
년 월 ~ 년 월	개월			
년 월 ~ 년 월	개월			

[정보기술기획]

근무기관		기관명	직위/직책	담당업무
년 월 ~ 년 월	개월			
년 월 ~ 년 월	개월			

[응용SW엔지니어링]

근무기관		기관명	직위/직책	담당업무
년 월 ~ 년 월	개월			
년 월 ~ 년 월	개월			

[IT프로젝트관리]

근무기관		기관명	직위/직책	담당업무
년 월 ~ 년 월	개월			
년 월 ~ 년 월	개월			

[IT시스템관리]

근무기관		기관명	직위/직책	담당업무
년 월 ~ 년 월	개월			
년 월 ~ 년 월	개월			

[네트워크구축]

근무기관		기관명	직위/직책	담당업무
년 월 ~ 년 월	개월			
년 월 ~ 년 월	개월			

(7) 직무관련 기타 활동

직업 외적인(금전적 보수를 받지 않고 수행한) 활동을 의미하며 산학, 팀, 프로젝트, 연구회, 동아리/동우회, 온라인 커뮤니티, 재능기부활동 등이 포함될 수 있다. 자세한 직무관련 기타 활동사항은 경험기술서에 작성한다.

7. 직무관련 기타 활동

※ 아래의 지시에 따라 해당되는 내용을 기입해 주십시오.

[정보기술전략] 관련 활동을 수행한 경험이 있습니까?	예( ) 아니오( )
[정보기술기획] 관련 활동을 수행한 경험이 있습니까?	예( ) 아니오( )
[응용SW엔지니어링] 관련 업무를 수행한 경험이 있습니까?	예( ) 아니오( )
[IT시스템관리] 관련 업무를 수행한 경험이 있습니까?	예( ) 아니오( )
[IT프로젝트관리] 관련 업무를 수행한 경험이 있습니까?	예( ) 아니오( )
[네트워크구축] 관련 업무를 수행한 경험이 있습니까?	예( ) 아니오( )

※ '예'라고 응답한 항목에 해당되는 내용을 아래에 기입해 주십시오.

[정보기술전략]

활동기간		소속 조직	주요 활동내용	본인의 역할
년 월 ~ 년 월	개월			
년 월 ~ 년 월	개월			

[정보기술기획]

활동기간		소속 조직	주요 활동내용	본인의 역할
년 월 ~ 년 월	개월			
년 월 ~ 년 월	개월			

[응용SW엔지니어링]

활동기간		소속 조직	주요 활동내용	본인의 역할
년 월 ~ 년 월	개월			
년 월 ~ 년 월	개월			

[IT프로젝트관리]

활동기간		소속 조직	주요 활동내용	본인의 역할
년 월 ~ 년 월	개월			
년 월 ~ 년 월	개월			

[IT시스템관리]

활동기간		소속 조직	주요 활동내용	본인의 역할
년 월 ~ 년 월	개월			
년 월 ~ 년 월	개월			

[네트워크구축]

활동기간		소속 조직	주요 활동내용	본인의 역할
년 월 ~ 년 월	개월			
년 월 ~ 년 월	개월			

(8) 경력 및 직무관련 활동기술서

NCS 기반 직무능력소개서에는 지원자가 입사지원서에서 작성한 경력사항이나 직무관련 기타 활동에 대해 당시 맡았던 과제, 역할 및 주요 수행업무, 성과에 대해 자세히 기술한다.

경력은 입사지원서에서 작성한 경력사항에 대한 직무영역, 활동 · 경험 · 수행내용, 본인의 역할 및 구체적 행동, 주요 성과 등에 대해 작성한다. 경험은 입사지원서에서 작성한 직무관련 기타 활동에 대해 본인의 학습경험 또는 과제를 수행한 활동내용, 소속 조직이나 활동에서의 역할, 활동결과 등에 대해 구체적으로 작성한다. 경력이나 경험을 작성할 때는 스토리가 되도록 논리적으로 기술하고 STAR 기법으로 작성하는 것이 좋다.

8. 경력기술서 및 경험기술서

경력기술서
※ 입사지원서에 직무관련 또는 경력 기타 활동에 대해 상세하게 기술하여 주시기 바랍니다. ※ 구체적으로 직무영역, 활동/경력/수행 내용, 본인의 역할 및 구체적 행동, 주요 성과에 대해 작성해 주시기 바랍니다.(글자 수는 지원기업/기관에 따라 자유롭게 제한 가능함)

경험기술서
※ 입사지원서에 기술한 경험에 대해 상세히 기술하여 주시기 바랍니다. ※ 구체적으로 직무영역, 활동/경력/수행 내용, 본인의 역할 및 구체적 행동, 주요 성과에 대해 작성해 주시기 바랍니다.(글자 수는 지원기업/기관에 따라 자유롭게 제한 가능함)

2) NCS 기반 직무능력중심 자기소개서 작성하기

NCS 기반 능력중심 채용 자기소개서는 보통 지원자의 지원동기(조직/직무), 조직 적합성(핵심가치/인재상), 직업기초능력을 평가하기 위한 질문 문항으로 구성된다. 자기소개서는 다음 직업기초능력 문항들에 작성하되, 주로 지원분야관련 능력의 최근 사례나 경험을 중심으로 작성하도록 요구하며, 관련 능력에 대한 지원자의 행동과 결과를 중요시한다. 직업기초능력에 관한 자기소개서의 내용은 채용기관에 따라 요구하는 내용이 다를 수 있다.

조직의 이해

※ 지원한 직무 분야와 관련하여 지원자께서 우리 ○○회사에서 수행해야 할 역할과 그 중요성에 대해 기술하여 주십시오(250자 이내).

자원관리능력

※ 제한된 시간에 높은 성과를 도출하기 위해 효과적으로 시간을 관리하여 성공한 사례를 기술하여 주십시오(250자 이내).

기술능력

※ 지원하신 분야와 관련된 본인의 직무능력을 설명하고, 그 능력을 배양시키기 위해 어떠한 노력을 하였는지 기술하여 주십시오(250자 이내).

대인관계능력

※ 학교나 직장에서 팀을 이루어 성과를 내었던 경험을 기술하고, 그 과정에서 본인의 역할과 노력에 대해 서술하여 주십시오(250자 이내).

TIP 9-1 NCS 기반 입사지원서 샘플

1. 인적사항

지원구분	신입 (　) 　 경력 (　)	지원분야		접수번호	
성명	(한글)	생년월일			
현주소					
연락처	(본인휴대폰)	전자우편			
	(비상연락처)				

※ 아래의 학력사항은 지원자격 확인 및 지역인재 우대를 위한 정보사항입니다.

	구분	전공	증빙자료
학력	검정고시		첨부
	고등학교		첨부
	전문대		첨부
	대학교		첨부
	대학원(석사)		첨부
	논문명		첨부
	대학원(박사)		첨부
	논문명		첨부

[참고] 졸업 여부란에는 졸업/수료/중퇴/휴학/재학으로 구분하여 입력, 졸업증명서는 최종학교 졸업증명서만 첨부

※ 해당되는 항목을 모두 선택해 주시길 바랍니다(중복 체크 가능).

	구분	대상	증빙자료
우대사항	국가유공자	'국가유공자 등 예우 및 지원에 관한 법률'에 따른 지원자	첨부
	장애인	장애인고용촉진 및 직업재활보호법에 의한 취업 대상자	첨부
	한국사	한국사능력검정시험 3급 이상	첨부
	청년인턴경력	2개월(60일) 이상 공공기관, 공단 청년인턴으로 근무한 경력자(경력증명서 제출자)	첨부

우대 사항	계약직경력	1년(365일) 이상 공단 계약직으로 근무한 경력자 *경력증명서와 국민연금가입증명서 제출자	첨부
	경력단절여성	결혼, 출산으로 인해 경력 단절 1년 이상인 여성 *경력증명서 및 출산증명서 등 제출자	첨부
	지역인재 (강원지역 포함)	• 비수도권 지역 인재 • 학사기준 서울, 경기, 인천지역을 제외한 비수도권 지방 대학을 졸업한 자 • 이전 지역(강원) 지역 인재 • 학사기준 강원도 소재 대학을 졸업한 자	학교, 학과, 졸업년도 기재

※ 증빙자료는 개인정보보호를 위하여 주민등록번호 뒷자리를 가려서 스캔 후 첨부

2. 교육사항

※ 학교교육은 제도화된 학교 내에서 이루어지는 고등교육과정을 의미합니다. 아래의 지시에 따라 해당되는 내용을 기입해 주십시오.

학교교육		
• [보안엔지니어링] 관련 학교교육 과목을 이수한 경험이 있습니까?	예( )	아니오( )
• [IT시스템관리] 관련 학교교육 과목을 이수한 경험이 있습니까?	예( )	아니오( )
• [정보시스템운영] 관련 학교교육 과목을 이수한 경험이 있습니까?	예( )	아니오( )

※ 해당 문항에 '예'라고 응답하면 아래 제시된 양식이 활성화됨.

구분	과목명	주요내용
고등학교/대학교/석사/박사		

※ 직업교육은 학교 이외의 기관에서 실업교육, 기능교육, 직업훈련 등을 이수한 교육과정을 의미합니다. 아래의 지시에 따라 해당되는 내용을 기입해 주십시오.

직업교육		
• [보안엔지니어링] 관련 직업교육 과목을 이수한 경험이 있습니까?	예( )	아니오( )
• [IT시스템관리] 관련 직업교육 과목을 이수한 경험이 있습니까?	예( )	아니오( )
• [정보시스템운영] 관련 직업교육 과목을 이수한 경험이 있습니까?	예( )	아니오( )

※ 해당 문항에 '예'라고 응답하면 아래 제시된 양식이 활성화됨.

교육과정명	주요 내용	기관명	교육기간

[참고] 학교교육과 직업교육 관련 이수 과목은 채용공고문에 첨부된 'NCS 기반 직무 설명자료'상의 필요지식 및 기술과 관련된 교과목 기재

3. 직무능력 관련 자격사항 (채용공고문 내 자격현황 참고)

※자격은 직무와 관련된 자격을 의미합니다. 코드를 확인하여 해당 자격증을 정확히 기입해 주십시오.

직무관련 자격증 리스트

※위의 자격 목록에 제시된 자격증 중에서 보유하고 있는 자격증을 아래에 입력해 주십시오.

코드	발급기관	취득일자	증빙자료
			첨부

※그 외 [직무 혹은 직무관련 지식/기술]에 관련된 자격증은 아래에 기입해 주십시오.

자격증명	발급기관	취득일자	증빙자료
			첨부

4. 직무관련 활동 및 경력

※경력이란 금전적 보수를 받고 일정 기간 동안 근로자로 종사한 내용을 의미하며, 직무관련 활동은 일정 기간 입사지원 직무와 관련된 활동을 수행한 이력을 의미합니다.
아래의 양식에 따라 관련 내용을 입력한 후 증빙자료를 첨부해 주시기 바랍니다.

• 입사지원 직무관련 경력이나 기타 직무관련 활동을 수행한 경력이 있습니까?	예(　) 아니오(　)

※해당 문항에 '예'라고 응답하면 아래 제시된 양식이 활성화됨.

활동/ 근무기간	소속 조직/ 기관명	분야/ 직종	주요 역할/ 직위	주요 활동내용/ 담당업무	증빙자료
					첨부

※자세한 직무관련 활동이나 경력사항은 경험/경력기술서에 작성해 주시기 바랍니다.

TIP 9-2 NCS 기반 경력 및 경험기술서 샘플

- 입사지원서에 기술한 직무관련 경력 및 기타 경험 활동에 대해 상세히 기술해 주시기 바랍니다.
- 구체적으로 본인이 수행한 활동내용, 소속 조직이나 활동에서의 역할, 활동결과에 대해 작성해 주시기 바랍니다(1,000자 이내).

출처: 한국광해관리공단(https://www.mireco.or.kr)

TIP 9-3 NCS 기반 채용 직무기술서 샘플

<table>
<tr><td rowspan="4">채용 분야</td><td rowspan="4">(신입직) 정보보안</td><td rowspan="4">분류 체계</td><td>대분류</td><td colspan="3">20.정보통신</td></tr>
<tr><td>중분류</td><td colspan="2">01.정보기술</td><td>03.방송기술</td></tr>
<tr><td>소분류</td><td>02.정보기술개발</td><td>03.정보기술운영</td><td>03.방송서비스</td></tr>
<tr><td>세분류</td><td>06.보안엔지니어링</td><td>01.IT시스템관리</td><td>03.정보시스템운영</td></tr>
<tr><td>능력 단위</td><td colspan="6">○(보안엔지니어링) 01.보안계획 수립, 02.보안위험 평가, 03.보안요구사항 정의, 04.관리적 보안 구축, 05.물리적 보안 구축, 06.기술적 보안 구축, 07.보안체계 운영관리, 08.보안위협 관리통제
○(IT시스템관리) 02.IT시스템 자원획득관리, 06.HW 운영관리, 07.NW 운영관리, 08.DB 운영관리, 09.보안 운영관리
○(정보시스템운영) 11.서버/스토리지 시스템 관리, 13.정보시스템 보안관리</td></tr>
<tr><td>직무 수행 내용</td><td colspan="6">○(보안엔지니어링) 보안이론과 실무능력을 갖추고 정보자산을 보호하기 위하여 계획을 수립하고 위험을 평가하며 요구사항에 따라 보안체계를 구축 및 운영
○(IT시스템관리) 시스템을 안정적이고 효율적으로 운영하고 관리하기 위해 하드웨어 및 소프트웨어의 지속적 점검과 모니터링을 통해 제시된 제반 문제점들을 분석하여 사전 예방 또는 발생한 문제에 대해 적절한 조치를 수행
○(정보시스템운영) 국가정보보안지침이나 새로운 보안 트렌드를 습득하여 공단의 보안 정책을 수립하고, 정보 시스템 운영에 대한 지침 마련</td></tr>
<tr><td>전형 방법</td><td colspan="6">○ NCS 기반 서류전형 → 필기전형 → NCS 기반 1차 면접(실무진) → 2차 면접(임원) → 신원조회 신체검사 → 최종 합격</td></tr>
<tr><td rowspan="2">일반 요건</td><td>연령</td><td colspan="5">제한없음</td></tr>
<tr><td>성별</td><td colspan="5">무관</td></tr>
<tr><td rowspan="2">교육 요건</td><td>학력</td><td colspan="5">최종 학력 학사학위 취득자 이상</td></tr>
<tr><td>전공</td><td colspan="5">정보보안, 컴퓨터공학 관련 학과 교육과정 이수자 우대</td></tr>
<tr><td>필요 지식</td><td colspan="6">○(보안엔지니어링) 보안목표 설정 절차와 기법에 국내외 표준에 관한 지식, 보안 대책에 관한 기술적 지식, 보안사고 예방 관련 국내외 표준기술지침, 정보보호 운영지침과 절차, 정보보호 요구사항 평가기법, 정보통신망 이용촉진 및 정보보호 등에 관한 법률, 네트워크 이론, 교육계획안 작성, 보안시스템 및 보안체계에 관한 지식
○(IT시스템관리) 공급업체 평가를 위한 기술평가, 가격평가기법, 제품 구입을 위한 계약 및 이행 관련 지식 축적과 관리, 정보기술 시장 동향에 대한 개념, 정보통신 장비에 대한 기본지식, HW 운영관리를 위한 서버, 스토리지, 네트워크, 소프트웨어 관련 전문 지식, NW 운영관리를 위한 네트워크 관련 법규 · 관리 · 유지보수 · 보안 · 시험 및 분석방법에 관한 지식,</td></tr>
</table>

	네트워크 진단장비 사용방법, DB 운영관리를 위한 로그 및 데이터 분석 방법, 분석 대상이 되는 시스템 및 장비 특성, 정보서비스 백업 및 복구방법 보안 시스템 운영, 절차 및 체계, 대응 및 복구, 사후관리방법, 보안 모니터링 측정도구 사용기법, 운영관리지침, 법, 규정 및 관련 가이드라인에 관한 지식 ○ **(정보시스템운영)** 사내지침 및 보안정책 이해, 사용자 보안 및 정책관리 지식, 조직 내 서버/스토리지 시스템 구성에 대한 명확한 이해와 유사 시 복구능력, 시스템 보안(Secure 운영체제, 접근권한제어, EAM/IAM, SSH 등), 백업 시스템 운영지식, 보안 법규(정보통신기반 보호법, 개인정보보호법, 전자서명법 등) 지식, 보안사고 예방 및 대응 프로세스에 관한 지식
필요 기술	○ **(보안엔지니어링)** 기술적 보안범위 설정 기술, 네트워크 시설 도면 판독기술, 보안 IT 기술, 분석 및 통계도구 활용기술, 정보보호 관련 벤치마킹, 정보보호 요구사항 관리를 위한 문서작성 도구활용, 네트워크 장비 사용기술, 서버, 운영체제 취약점 분석, 보안시스템 로그 분석 및 연관분석능력, 네트워크 데이터 분석능력, 네트워크 트래픽 계산 기술, 네트워크시스템 운영 현황 파악 및 분석능력, 사용자 권한 관리 및 로그 관리 능력, 보안계획서 작성 ○ **(IT시스템관리)** 이해당사자 및 공급업체와의 의견 조율능력, 이슈사항에 대응하기 위한 분쟁 해결능력, 장애원인 분석방법 및 조치결과 검토능력, 정보 서비스 모니터링 및 로그 데이터 분석기술, 모니터링 이력관리 및 보고능력 ○ **(정보시스템운영)** 서버/스토리지 시스템 운영기술, 테스트 및 자료 분석기술, 각종 암호화 · 인증 · 접근 제어 등의 보안기술, 보안정책 수립, 법규/지침 등 작성기술, 내부 보안교육을 위한 각종 보안 관련 지식들의 효과적인 전달기술
직무 수행 태도	○ **(보안엔지니어링)** 보안기술 기준 및 보안 요구사항 준수, 보안사고의 근본 원인을 파악하려는 노력, 세밀한 도면 및 규격서 검토 태도, 보안 위협을 신속하게 차단하고 대응하는 자세, 신규 보안 위협에 대해 지속적인 연구 자세 ○ **(IT시스템관리)** 외부 전문가나 전문기관, 공급업체와의 지속적 협력, 공급업체 관리 시 합리적이고 객관적인 태도 견지, 새로운 환경에 대한 수용 의지, 정부 정책, 최신 기술 및 제품 동향에 관한 각종 정보를 수집하려는 태도 ○ **(정보시스템운영)** 각 시스템 장비의 운영방법에 대한 완벽한 숙지 의지, 장애 시 신속한(최소한의 시간 내) 복구 의지, 대외 네트워크(안전행정부, 국가정보원, KISA, 정보자산 유지보수 업체 등) 형성 및 유지 · 관리, 보안 수준 강화를 위한 내부/외부 인력과의 끊임없는 의사소통 의지
필요 자격	○ 정보보호전문가(SIS), 정보보안기사, 국제공인정보시스템감사자(CISA), 국제공인정보시스템보안전문가(CISSP) 중 1개 이상 보유
기초 능력	○ 의사소통능력, 문제해결능력, 정보능력, 기술능력, 조직이해능력, 직업윤리

출처: 한국광해관리공단(https://www.mireco.or.kr)

TIP 9-4 가점 배점기준 샘플

□ 단계별 반영가점

항목	점수	배점기준
국가유공자	5~10	'국가유공자 등 예우 및 지원에 관한 법률'에 따른 지원자
장애인	10	'장애인복지법 시행령'에 따른 장애인 기준 지원자 '국가유공자 등 예우 및 지원에 관한 법률 시행령'에 따른 상이 등급 기준 지원자

※단계별로 가점 부여

□ 서류전형 공통가점

항목	점수	배점기준
한국사	1	한국사능력검정시험 3급
	2	한국사능력검정시험 2급
	3	한국사능력검정시험 1급
청년인턴경력	1	2개월(60일) 이상 타 공공기관 청년인턴으로 근무한 경력자 *경력증명서 제출자
	2	2개월(60일) 이상 우리 공단 청년인턴으로 근무한 경력자 *경력증명서 제출자
계약직경력	3	1년(365일) 이상 우리 공단 계약직으로 근무한 경력자 *경력증명서와 국민연금가입증명서 제출자
경력단절여성	3	결혼, 출산으로 인해 경력 단절 1년 이상인 여성 *경력증명서 및 출산증명서 등 제출자
지역인재 (강원지역 포함)	3	비수도권 지역 인재, 학사기준 서울, 경기, 인천지역을 제외한 비수도권 지방대학을 졸업한 자, 이전 지역(강원) 지역 인재, 학사기준 강원도 소재 대학을 졸업한 자
영어능력 사업관리(해외사업)과 R&D분야만 해당	3	TOEIC 900점 이상, TOEIC-S 160점 이상, TEPS 766점 이상, TEPS-S 67점 이상, OPIc IH등급 이상

□ 서류전형 직무별 가점

직무 분야	점수	자격증	비고
정보보안	3	정보보안산업기사	인터넷진흥원 자격증정보 참조
	5	정보보안기사 정보보호전문가(SIS) 국제공인정보시스템감사자(CISA) 국제공인정보시스템보안전문가(CISSP)	

출처: 한국광해관리공단(https://www.mireco.or.kr)

worksheet 9-1 **NCS 기반 자기소개서를 작성해 보자.**

지원한 직무 분야와 관련하여 지원자께서 우리 ○○회사에서 수행해야 할 역할과 그 중요성에 대해 기술하여 주십시오(250자 이내).

제한된 시간에 높은 성과를 도출하기 위해 효과적으로 시간을 관리하여 성공한 사례를 기술하여 주십시오(250자 이내).

지원하신 분야와 관련된 본인의 직무능력을 설명하고, 그 능력을 배양시키기 위해 어떠한 노력을 하였는지 기술하여 주십시오(250자 이내).

학교나 직장에서 팀을 이루어 성과를 내었던 경험을 기술하고, 그 과정에서 본인의 역할과 노력에 대해 서술하여 주십시오(250자 이내).

3. NCS 기반 필기평가 개요

NCS 기반 필기평가는 NCS에서 정의하고 있는 열 가지 직업기초능력과 직무수행능력을 평가하는 시험을 의미한다. 채용기관에 따라 한국사, 외국어 등 추가 평가항목을 제시할 수 있다.

〈표 9-2〉 NCS 기반 필기평가의 요소

직업기초능력평가	직무수행능력평가	기타 평가
직업기초능력 열 개의 영역 중 해당 기관의 인재상, 핵심가치 등과의 연계를 통해 직원 채용에 꼭 필요한 핵심영역을 도출하여 평가한다.	직무 세분류의 능력단위의 중요도, 난이도, 활용 빈도를 파악하여 능력단위별 평가방법을 산정하여 평가한다.	채용 기관에 따라 한국사, 외국어 등 추가적인 평가요소로 평가한다.

NCS 기반 필기평가영역은 국가직무능력표준 자료실의 '직업기초능력' 내에서 주요 평가요소를 발췌하여 평가한다. 직업기초능력 필기평가 문항 개발은 일반적으로 직업상황, 직업기초능력, 행동중심의 세 가지 척도를 기준으로 한다. 직업상황은 산업현장에서 실제로 일어날 수 있는 직업적 맥락을 문항에 반영하여 제시하고, 직업기초능력은 기존 인·적성검사의 인지능력의 평가보다는 실제 개인의 직무상황에서 기본적으로 갖추어야 할 직업기초능력을 중점적으로 평가한다. 행동중심은 특정 직무를 수행하고 있는 직업인을 대상으로 관찰 가능한 행동중심의 평가를 실시한다.

직업기초능력평가 준비를 위한 고려사항은 첫째, 지식을 묻는 평가가 아니라 일을 할 때 상황·맥락·목적 등을 고려하는 능력을 평가한다. 둘째, 암기 위주의 지식이 아니라 지식을 알면 무엇을 어떻게 할 것인지에 초점을 둔다. 책이나 특정 조직의 방식에 얽매이지 않고 주어진 상황이나 절차에 따라 대처할 수 있는 능력을 평가한다. 셋째, 계약서, 기안문, 공지문, 안내방송 등 직무에서 사용하는 자료나 양식의 활용능력을 평가한다.

1) 직업기초능력 필기시험 이해

직업기초능력 필기 문항은 채용기관과 직무의 특성에 따라 예문들이 달라질 수 있지만 NCS 사이트에 제시되어 있는 직업기초능력에 기반을 둔다.

(1) 의사소통능력 필기 문항(경청)

문제

귀하는 모 전자회사의 인사지원 부서에 근무한다. 최근 전사적으로 팀장 리더십에 대한 360° 진단이 있었는데, 아무래도 귀하의 팀장은 그다지 좋은 평가를 받지 못한 것 같다. 팀장이 앞으로 팀 운영에서 기본을 중시하겠다며 아래와 같이 강조한다. 다음 중 팀장이 이야기하는 취지에 가장 부합하는 것은 무엇인가? (　　)

(※ 360° 진단은 대상자의 상사, 동료, 부하직원이 그 사람에 평소 모습을 근거로 진단항목에 응하는 방식)

Point '말하지 않아도 통하는 것이' 최고의 관계이지만, 비즈니스현장에서 필요한 것은 마음으로 아는 눈치의 미덕보다는 정확한 업무처리임을 명심해야 합니다.

① 비즈니스현장에서는 눈치를 봐서라도 정확한 업무처리를 해야 한다.

② 말하지 않아도 통하는 관계는 비즈니스현장에서 최고의 관계이다.

③ 비즈니스현장에서는 눈치 없다는 지적을 받더라도 정확히 물어야 한다.

④ 비즈니스현장에서 정말 중요한 것은 마음으로 하는 눈치의 미덕이다.

exposition 360° 진단은 기업에서 흔히 실행하는 리더십 진단방식이다. 그 결과에 따라 문제에서 주어진 자료를 통해 먼저 팀장이 이야기하는 취지를 정확히 파악하는 것이 중요하다. 정답은 ③번이다.

(2) 수리능력 필기 문항(기초연산능력 + 문제해결능력)

문제

다음은 인사팀이 취업박람회에 아르바이트생을 고용하는 업무에 관한 것이다. 고용예산을 초과하지 않는 범위에서 아르바이트생들은 초과근무를 최대 몇 시간씩 할 수 있는가? (　　　　)

Point ○○사 인사팀은 취업박람회에 보조업무를 수행할 아르바이트생 4명을 4일간 고용하기로 하였다. 4일간 4명의 아르바이트생에 할당된 전체 예산은 100만 원이고, 하루 8시간 기본 근무시간으로 시간당 6,000원으로 계산하기로 하였다. 일일 초과근무는 전체 예산범위 내에서 할 수 있고, 시간당 9,000원으로 계산하기로 하였다. 단, 아르바이트 초과근무시간은 4명이 동등하게 나누기로 한다.

① 2시간　　② 4시간　　③ 6시간　　④ 8시간

exposition 직무자는 예산범위 내에서 할당된 시간과 자본자원을 최대한 활용할 수 있어야 한다. 첫째, 1명이 하루 8시간씩 시간당 6,000원으로 1일 급여는 48,000원이다. 따라서 4명의 4일간의 총 비용은 768,000(=4×4×48,000)원이다. 둘째, 100만 원에서 768,000원을 빼면 232,000원이 남는다. 셋째, 초과근무수당 9,000원으로 나누면 약 25.8시간의 초과근무시간이 나온다. 이를 4명이 고르게 나누면 총 6시간씩 초과근무할 수 있는 시간이 나온다.

(3) 문제해결능력 필기 문항(사고력)

문제

귀하의 팀은 본부 내 다른 팀과 비교할 때 계속 실적이 떨어지는 추세를 보이고 있다. 곰곰이 따져 아래와 같이 여러 가지 팀 내 현상을 정리한 귀하는 실적 하락의 근본원인을 찾아 들어가 도식화하여 팀장에게 보고하려고 한다. 다음 중 현상 간의 인과관계를 따져볼 때 귀하가 (C) 부분에 입력할 내용으로 적절한 것은? (　　)

Point

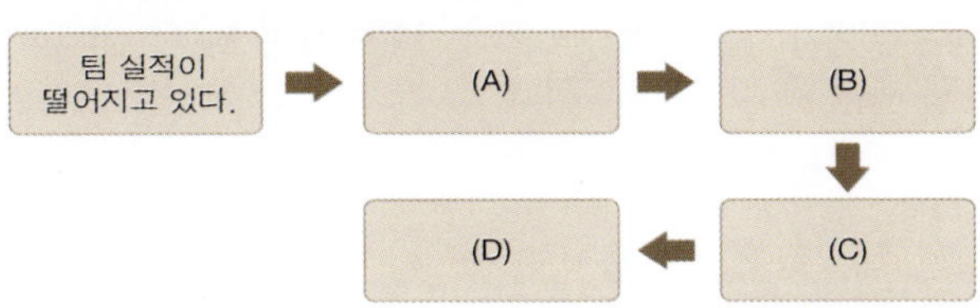

① 팀장이 너무 바쁘다.

② 팀원의 업무 숙련도가 떨어진다.

③ 팀장의 팀원 코칭이 불충분하다.

④ 팀장은 대부분의 업무를 본인이 직접 하려고 한다.

exposition 5why의 사고법에 관한 것이다. 어떤 문제 현상의 원인이 무엇인가, 즉 인과관계를 따지고 들어가기 위해 '왜 그럴까'를 (거듭 5번) 고민하는 사고법이다. 자료에 제시한 인과관계를 나열하면, 실적 하락은 업무 숙련도가 떨어지기 때문이고, 이는 코칭이 부족하기 때문이고, 이는 팀장이 너무 바쁘기 때문이고, 결국 팀장이 대부분의 업무를 직접 하려고 하기 때문이다. 정답은 ①번이다.

(4) 자기개발능력(자기관리)

문제

귀하는 미국을 중심으로 물류 배송을 주로 하는 회사에서 영업을 담당하고 있다. 최근 중국 회사들의 저가 공세로 인해 회사의 실적이 급격하게 악화되고 있다. 이러한 회사상황과 관련하여 귀하가 택할 수 있는 행동으로 부적절한 것은? (　　)

① 문제원인을 찾아본다.

② 성찰노트를 작성한다.

③ 경력계획을 수립한다.

④ 업계 세미나를 참석한다.

exposition 주어진 회사의 상황에서 선택할 수 있는 행동에 대한 질문이다. 경력계획은 자신의 경력계획을 수립하는 것이기 때문에 회사의 실적 악화에 대한 원인을 찾기에 적당하지 않다. 따라서 정답은 ③번이다.

(5) 자원관리능력 필기 문항(시간관리 능력)

문제

귀하는 중소기업의 교육훈련담당자이다. 팀장은 "조직의 효율성을 높이기 위해 전사적으로 시간관리에 대한 교육을 철저히 실시하라."고 하시지만, 현실적으로 직원들을 집합교육에 동원할 수 있는 시간은 제한적이다. 시간관리 중에서도 무엇에 중점을 두어 교육을 실시하고자 하는데, 다음 중 귀하가 최우선의 교육대상으로 삼아야 하는 것은 어느 부분인가? (　　　)

Point 시간관리 매트릭스

	긴급한 일	긴급하지 않은 일
중요한 일	제1사분면	제2사분면
중요하지 않은 일	제3사분면	제4사분면

① 제1사분면은 중요하고 긴급한 업무를 처리하는 것을 의미하는 것으로, 다급한 문제, 마감에 쫓기는 프로젝트, 회의 준비 등을 포함한다.

② 제2사분면은 긴급하지 않지만 중요한 업무를 처리하는 것을 의미하며 계획, 인간관계 구축, 장기계획 수립, 예방적 정비 등을 포함한다.

③ 제3사분면은 중요하지 않지만 긴급한 업무를 처리하는 것에 해당하며, 고객이나 지인의 불시 방문이나 전화, 당장 처리해야 할 잡일 등을 포함한다.

④ 제4사분면은 중요하지 않고 긴급하지 않은 업무를 처리하는 것을 의미하며 하찮은 일, 시간낭비거리, 지나친 TV시청 등을 포함한다.

exposition 교육훈련을 설계하는 차원에서는 중요하지만 긴급하지 않은 일에 대해 시간관리를 어떻게 할 것인가를 다루는 것이 가장 합당하다. 중요하면서도 긴급한 업무처리에 대해서는 교육훈련보다는 현장훈련(OJT)을 하는 것이 더 적절하다. 따라서 ②번이 정답이 된다.

(6) 대인관계능력 필기 문항(팀워크)

문제

귀하는 연말을 앞두고 '올해의 우수 팀' 선정 실무를 담당하게 되어 여러 팀으로부터 효과적인 팀 운용사례를 수집하였다. 다음 중 귀하가 우수 팀 사례로 선정, 시상하기에 적절하지 않은 것은 무엇인가? (　　　)

① 우리 팀은 아무런 의견의 불일치나 갈등이 없다. 팀 리더의 강력한 리더십에 의해 일사불란하게 팀원들이 행동하여 주어진 목표를 초과 달성하였다.

② 우리 팀은 팀의 사명과 목표를 모든 팀원이 참여한 토론을 통해 정하고 이를 명료하게 공유하였다.

③ 우리 팀장은 팀원 개개인을 정기적으로 면담하여 팀원의 강·약점을 이해하고 업무 배분 등에 활용하였다.

④ 필요할 때 필요한 것을 만들어 내고, 원하는 것을 언제나 달성하는 능력이 우리 팀의 장점이다.

exposition 두 명 이상의 사람이 모여서 만들어진 조직에서 의견의 불일치나 갈등이 없을 수는 없다. 정답은 ①번이다.

(7) 정보능력 필기 문항(정보처리 능력)

문제

귀하는 인사팀에 근무한다. 회사가 성장함에 따라 직원 수가 급증하기 시작하면서 직원들의 정보관리방법을 모색할 상황이다. 다음 [자료]는 글로벌 코리아에서 하고 있는 직원들의 정보 관리방법이다. 귀하는 글로벌 코리아가 하고 있는 이 방법을 도입하고자 한다. 어떤 방법일까? (　　)

Point 글로벌 코리아의 인사부서에서 근무하는 A 씨는 직원들의 개인정보를 관리하는 업무를 담당하고 있다. 글로벌 코리아에 근무하는 직원은 수천 명에 달하기 때문에 A 씨는 주요 키워드나 주제어로 직원들을 구분하여 활용함으로써 정보를 관리하고 있다. 직원은 수천 명이지만 검색어에 따라 직원들의 정보를 구분하여 관리하다 보니 찾을 때도 쉽고 내용을 수정할 때도 더 간편하게 되었다.

① 목록을 활용한 정보관리　　② 색인을 활용한 정보관리

③ 분류를 활용한 정보관리　　④ 1:1 매칭을 활용한 정보관리

exposition 주요 키워드나 주제어로 소장하고 있는 정보를 관리하는 방식이 색인을 이용한 정보관리이다. 디지털 파일에 색인을 저장할 경우 추가와 삭제, 변경이 쉽다는 점에서 정보관리에 효율적이다. 정답은 ②번이다.

(8) 기술능력평가 필기 문항(기술이해능력)

문제

엘론 머스크는 현재 가장 혁신적인 회사 중 하나인 스페이스X를 운영하고 있다. 다음의 글은 인재채용담당자가 전한 내용이다. 다음의 글에 따르면 기술경영자의 어떤 부분을 이야기하고 있는가? (　　　)

Point 그 일을 완료하는 데 1년 정도의 시간이 필요할 것처럼 보이는 일이 있다면, 엘론은 그것을 일주일 안으로 끝내길 원한다. 엘론에게 강한 밀어붙임을 경험한 사람들은 엘론에 대해 비판적인 입장을 취하곤 한다. 직원 중 일부는 그 무게를 이겨내지 못하고, 그 외 다른 직원들은 그것을 스스로 더욱더 열심히 일할 수 있는 연료로 사용한다고 말했다.

① 기술적 해결에 대한 효용성을 평가하고, 실질적 해결을 필요로 하는 문제를 인식한다.

② 인식된 문제를 위해 다양한 해결책을 개발하고 평가한다.

③ 주어진 한계 속에서 제한된 자원을 활용하지만 기술의 체계와 같은 무형의 기술에 대한 능력과는 무관하다.

④ 실제적 문제를 해결하기 위해 지식이나 기타 자원을 선택하여 최적화시키며 적용한다.

exposition 기술경영자는 기술전문인력을 운용함에 있어서 강한 리더십을 발휘하고 직원들이 듣기 싫은 내용이 포함되더라도 직원 스스로 움직일 수 있게 이끌 수 있어야 한다. 정답은 ①번이다.

(9) 조직이해능력 필기 문항(경영이해능력)

문제

귀하는 점심식사를 마치고 동료와 잠시 여유 시간을 갖고 있는데, 다음 자료와 같은 삼성의 사내 캠페인 이야기를 꺼낸다. 동료가 캠페인에 대해 지적하는 다음의 이야기 중에서 귀하가 맞장구를 치기에 적절하지 않은 것은 무엇인가? (　　)

Point '누드 커뮤니케이션' 실행하는 삼성

"문서에 부정적 용어 없애 법적 · 도덕적 비난받지 말자."

"사내에서 하는 모든 대화와 문서가 광화문 네거리에 공개되더라도 떳떳할 수 있어야 합니다." 삼성그룹이 최근 임직원에게 강조하는 '누드 커뮤니케이션' 캠페인 내용의 일부다. 사내 업무의 모든 부분을 투명하게 관리하자는 것이다. 삼성은 지난해 이런 내용의 캠페인을 마련했고 올 들어 본격 강화하고 있다.

소셜네트워크서비스(SNS)와 스마트폰이 대중화되면서 기업 내부 문서나 이메일, 메신저, 통화내용 등이 외부에 공개될 우려가 커졌으니 관리에 더 신경을 쓰자는 취지에서다. 삼성 관계자는 "그동안 사내에서 스마트폰 카메라 사용과 문서의 외부 유통 등을 금지했지만 기본적인 보안만으로는 해결할 수 없는 부분이 있다"며 "기본적으로 사내 업무 관련 콘텐츠를 깨끗하고 체계적으로 관리하는 것이 중요하다고 판단한 것"이라고 설명하였다.

삼성은 관행적으로 사용하던 부정적인 느낌의 단어는 사용하지 않는 것을 기본원칙으로 정했다. 특히 정치 · 종교적 차별, 군사문화적 용어는 내부 문서와 대화에 사용하지 말라고 강조하였다. 삼성 관계자는 "기업의 투명성과 진정성, 윤리성이 중요한 시대인 만큼 시시콜콜한 표현 하나도 다시 점검할 방침"이라며 "모든 업무를 투명하게 진행하는 문화를 확산할 것"이라고 말하였다.

① "일류 기업이라서 역시 세밀한 부분까지 투명하게 관리하려는 수준이 남달라."

② "일종의 조직문화 개선인데, 역시 제도와 규정만 가지고는 한계가 있는 부분이야."

③ "결국 IT기기 발달이나 관련 서비스의 활성화가 영향을 주고 있다고 봐야겠지."

④ "정말 대화나 문서가 다 공개되면 앞으로 직장생활에 더욱 신경을 써야 되겠어."

exposition 어떤 조직에서든 대화나 문서를 다 공개한다는 것은 있을 수 없는 것이며, 주어진 자료가 내포하고 있는 의미는 그렇게 공개된다고 해도 문제될 것 없을 정도로 세밀하게 신경 쓰자는 것이다. 또 대화나 문서가 모두 공개된다는 것을 겁내서 직장생활에 신경을 써야겠다고 발언한다는 측면에서도 적절하지 않으며, 자료의 맥락적 의미를 잘못 파악하고 있는 것이다. 정답은 ④번이다.

(10) 직업윤리능력 필기 문항(공동체 윤리)

문제

귀하의 회사는 조직 혁신 차원에서 전사적으로 모든 임직원에게 학습조직활동을 의무화시켰다. 귀하는 약간 쉬운 테마를 다루고 싶어서 비즈니스예절학습동아리에 들어갔다. 첫날 모임에 갔더니 학습 조장이 자기소개와 함께 비즈니스 예절을 최소 세 개를 말해야 한다고 압력을 넣는다. 다음 중 귀하가 이야기하기에 부적절한 것은 무엇인가? (　　　　)

① "비즈니스상 소개를 할 때는 통상 여자에게 남자를 소개합니다."

② "받은 명함은 바로 호주머니나 지갑에 넣지 않습니다."

③ "회사 임원에게 내방객을 먼저 소개합니다."

④ "업무 전화라도 퇴근시간에 임박해서는 걸지 않는 것이 좋습니다."

exposition 회사 임원이 직급상 높은 사람이라 할지라도 내방객은 손님이기 때문에 예를 들어, 손님에게 "우리 회사 담당 임원입니다."라는 식으로 먼저 소개하는 것이 적절하다. 정답은 ③번이다.

출처: https://www.ncs.go.kr

2) 직무수행능력 필기평가시험 이해

직무수행능력 필기평가는 채용기관의 모집 분야별 직무와 NCS를 비교·분석하여 지원자가 필수적으로 갖추어야 할 지식·기술·태도 등 직무능력을 객관적이고 타당성 있게 평가하기 위함이다.

직무수행능력 필기평가 출제 방향은 일반적인 지식 측정 위주의 평가가 아닌 해당 기관의 직무수행을 위해 필수적으로 갖추어야 할 직무수행능력을 실제 직무환경에서 어떻게 발현할 수 있는지를 창의적으로 평가하는 것이다. 이는 직군(직무)별 NCS의 능력단위에서 제시된 지식을 활용하여 문항을 도출한다.

(1) 직무수행능력 필기평가문항 예시(서술형)

<table>
<tr><td>직군(직무)</td><td>경영기획</td><td>총 문항 수</td><td>30문항</td><td colspan="2">총 평가시간</td><td colspan="4">1시간</td></tr>
<tr><td>관련능력 단위</td><td>연간종합 예산수립</td><td>관련 능력 단위요소</td><td>과거실적 분석하기</td><td>평가 방법</td><td>서술형</td><td>배점</td><td>5점</td><td>평가 시간</td><td>2분</td></tr>
<tr><td>문항</td><td colspan="9">- 세부 공정표 작성방법을 서술하시오.</td></tr>
<tr><td>평가 시 유의사항</td><td colspan="9">- 정답의 키워드가 답안지에 제시되어 있는지 여부를 평가한다.
- 키워드가 세 가지 이상 제시되어 있으면 3점, 두 가지가 제시되어 있으면 2점, 한 가지가 제시되어 있으면 1점을 부여하고, 키워드의 내용이 존재하지 않을 경우 0점 처리한다.</td></tr>
</table>

exposition

1. 분석된 자료를 가지고 단위공정/단위기간 산정
2. 세부 공정계획을 작업별로 세분화시켜 각 요소별 공사를 최적화하여 작성
3. 세부 공정별 work-flow 작성
4. 주요 자재의 발주계획 수립
5. 각 단위공정에 대한 소요일수 및 작업능률일수 계산

(2) 직무수행능력 필기평가문항(선택형)

<table>
<tr><td>직군(직무)</td><td>경영기획</td><td>총 문항 수</td><td>30문항</td><td colspan="2">총 평가시간</td><td colspan="4">1시간</td></tr>
<tr><td>관련 능력 단위</td><td>예산편성 지침수립</td><td>관련 능력 단위요소</td><td>사업단위별 예산 수립 지원하기</td><td>평가 방법</td><td>선택형</td><td>배점</td><td>3점</td><td>평가 시간</td><td>2분</td></tr>
<tr><td>문항</td><td colspan="9">- 작업시간에 비용을 결부시켜 MCX 공사의 비용곡선을 구하여 공사비를 절감하고, 반복적이며 경험이 있는 사업에서 주로 사용되는 공정표는 무엇인가? (　　)
① PERT기법 ② PDM기법 ③ CPM기법 ④ LOB기법</td></tr>
<tr><td>평가 시 유의사항</td><td colspan="9">- 공정표 작성 프로그램을 사전에 선택하기 위해서는 진행예정사업의 특징과 규모 및 목적을 정확히 파악하고 이에 다른 공정표 작성 프로그램을 선택할 수 있는지 여부를 파악하기 위해 출제한다.
- 평가는 모범답안에 따른다.</td></tr>
</table>

exposition 정답 ③

① PERT기법: 신규사업, 비반복적인 사업, 경험이 없는 사업에 활용
② PDM기법: 반복적이고 많은 작업이 동시에 일어날 때 활용
③ CPM기법: 반복적이고 경험이 많은 사업, MCX를 주로 사용하며, 공사비 절감을 위한 사업에 활용
④ LOB기법: 반복 작업이 많은 사업에서 기울기로 표시하여 도식화한 작업

PART

06

면접 이미지메이킹과 스피치

chapter

1. 면접 이미지메이킹
2. 면접 용모복장
3. 스피치

CHAPTER 10

면접 이미지메이킹과 스피치

1. 면접 이미지메이킹

1) 이미지메이킹의 의미

이미지메이킹은 면접에 있어서 본인의 이미지 가치를 극대화하여 합격할 수 있고, 실패할 수도 있다. 개개인이 가지고 있는 외적 이미지와 내적 이미지를 합하여 호감 가는 최상의 이미지를 만들어야 한다는 의미이다.

외적 이미지는 용모, 태도, 표정, 음성, 옷차림, 걸음걸이, 자세, 동작, 제스처 등이며, 내적 이미지는 말씨, 성격, 인성, 실력, 감정, 자신감, 분위기 등이다. 미국의 유명한 심리학자 앨버트 메리비안 실험의 연구결과를 살펴보면 그 사람을 평가하는 데 시각적인 요소가 가장 많은 비중(55%)을 차지한다고 한다. 언어적 커뮤니케이션이 이루어지기 전 이미 50% 이상이 외적 이미지를 통해서 결정된다는 것이다. 이것을 메리비안 법칙이라고 하는데 면접관들도 지원자들의 시각적인 부분, 즉 자세 · 태도 · 행동 등으로 그 지원자의 성향이나 의지를 평가하게 된다. 첫인상을 어필할 수 있는 두 번째 기회는 없다. 면접관들은 의식적으로 시각적 요소를 통해 지원자의 성격과 자질을 판단하므로 외적으로 자신 있고 당당한 모습을 어필해야 할 필요가 있다.

2) 면접 인사 자세

(1) 올바른 자세와 인사법

세련되고 절도 있는 인사는 그 사람의 품위를 좌우한다. 지원하는 회사마다 다르지만 대부분 면접장에 들어가면 인사와 자기소개가 뒤따르게 된다. 올바른 인사 자세를 위해서는 올바르게 서는 자세가 먼저 요구된다.

올바르게 서는 자세는 여성의 경우, 손은 오른손을 위로 하여 겹쳐 잡고, 배꼽 아래에 둔다. 팔꿈치는 너무 벌리지 말고 허리에 살짝 붙여 준다. 남성의 경우, 왼손을 위로 하여 잡는 것이 공수법의 바른 자세이며, 인사의 기본자세는 팔은 바지 재봉선에 두고, 손은 계란을 살짝 잡은 듯 주먹을 쥐고 선다. 그리고 허리와 어깨를 펴고 배는 집어넣고 선다. 다리는 붙이고 발은 V형을 만들어 선다.

남성과 여성의 기본자세를 갖춘 다음 목과 허리를 일직선으로 하여 30° 정도의 각도로 천천히 숙이고, 약간의 멈춤 동작 후 다시 천천히 올라오면 절도 있는 인사가 된다. 이때 시선은 너무 발밑 땅바닥을 보지 말고 멀리 2m 정도 앞쪽의 바닥면을 응시하는 것이 좋다. 목이 떨어져서 고개만 따로 떨어뜨리지 말고, 목 · 어깨 · 허리 · 등을 일직선으로 만든다는 생각으로 그대로 내려갔다가 올라오도록 한다.

또한, 인사를 하는 동안 서 있는 모습도 보기 때문에 여성은 치마를 입는 경우 종아리를 최대한 붙이는 것이 좋다. 인사 시에도 따뜻한 미소를 계속 유지하는 것을 잊지 말아야 한다.

(×)

(○)

(×)

(○)

(×) (○) (×) (○)

[그림 10-1] 올바르게 서 있는 자세

(2) 인사의 종류

인사의 종류는 목례, 보통례, 정중례가 있다. 면접 때는 주로 정중례를 사용한다. 목례는 면접실에 들어올 때 문을 닫고 고개를 15° 정도로 간단하게 숙여 인사하는 방법이다. 보통례는 고개를 30° 정도로 숙이며 인사하는 방법으로 목례보다는 좀 더 격식을 차린 인사방법이다. 정중례는 고개를 45° 정도로 숙이며 인사하는 방법으로 가장 예의를 갖춘 인사방법이다.

남성의 경우에는 양손을 바지 외부선에 달걀을 쥐듯 주먹을 가볍게 쥐고 어깨와 머리를 함께 45°로 숙여 인사한다. 인사할 때는 45°로 내린 자세에서 1초 정도 멈춘 후에 고개를 드는 것이 좀 더 정중하게 느껴진다.

여성의 경우에는 오른손으로 왼손을 가볍게 감싸고 복부와 허리 사이 자신이 가장 편안한 위치에 두 손을 놓고, 정중례로 인사한다. 인사할 때에는 먼저 면접관의 시선을 마주치면서 "안녕하십니까"라는 말을 하고 인사하는 것이 좋다.

TIP 10-1 인사의 종류

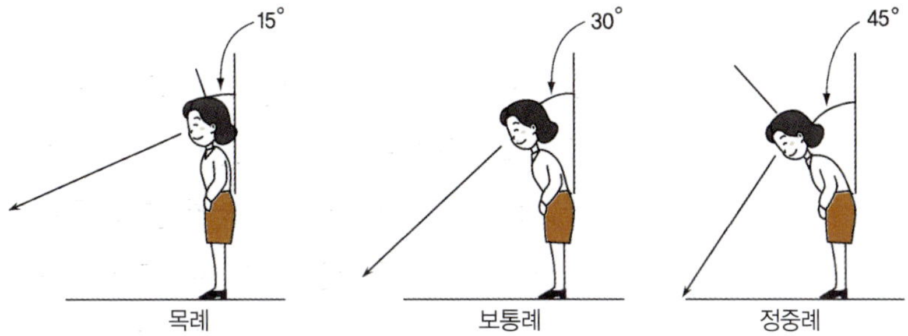

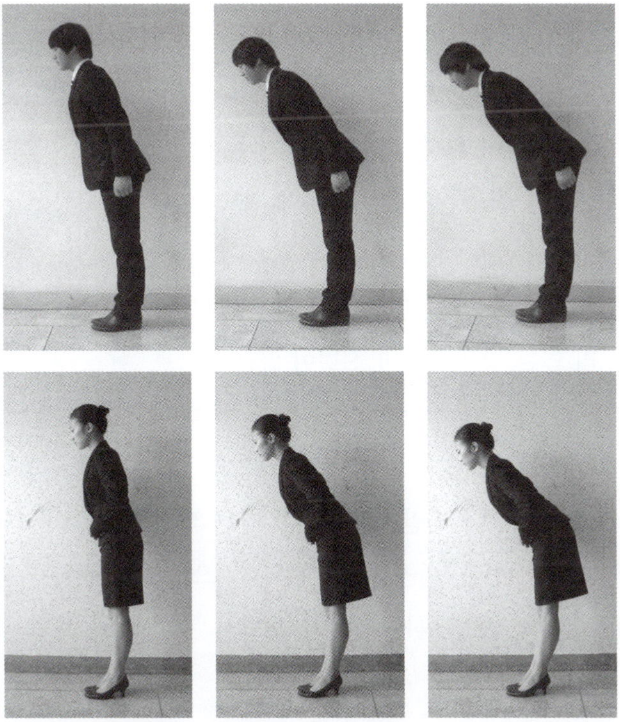

[그림 10-2] 남성과 여성의 올바른 인사 자세

3) 면접 시 전반적인 자세

(1) 자세

자세는 그 사람의 심리적인 태도를 대변한다. 자세를 통해 그 사람의 마음가짐을 읽을 수도 있다. 걸음걸이는 평소보다 넓은 보폭을 유지하면 당당한 느낌을 줄 수 있다. 면접실에 들어가면 너무 두리번거리지 말고 자신 있게 걸어가서 의자 앞에 선다. 이때 바로 그냥 앉는 것이 아니라 면접관들의 지시에 따라 착석한다. 선 자세로 면접할 경우 시간이 길어지더라도 흐트러지지 않는 바르게 선 자세를 유지하도록 한다.

올바른 앉는 자세는 남성의 경우 손은 살짝 주먹을 쥐고 다리 위에 놓고, 편한 상태를 유지할 수 있도록 위치한다. 다리는 어깨 너비만큼 벌리고, 의자 밑으로 살짝 밀어 넣는다. 면접이 끝날 때까지 이러한 자세를 유지하는 것이 좋으며, 면접 도중 자세가 점점 흐트러지는지 수시로 점검해야 한다. 여성의 경우에는 앉은 상태에서 양쪽 다리를 모아 비스듬히 옆으로 기울이면서 오른손을 왼손 위에 가볍게 올려놓고 양손을 치마 끝에 가볍게 올려놓는다.

착석할 때의 자세도 중요하다. 면접관들은 앉은 자세로도 판단한다. 예를 들어, 지원자가 구부리고 웅크려 앉는 경우 확고한 신념이 없는 것으로 본다. 의자에 앉을 때는 어깨와 허리를 펴고 엉덩이를 깊숙이 뒤로 해서 의자 등받이에 기대지 말고 주먹 하나 정도의 간격을 두고 앉는 것이 좋다. 턱은 약간 아래로 당기고, 시선은 면접관의 인중을 바라본다. 면접관이 호명을 하거나 개인별로 질의할 때는 적극적으로 보이기 위해 몸을 세우고 약간 앞으로 숙이도록 한다. 마지막으로 무의식적으로 다리나 발을 한 번씩 까닥까닥거리면 참을성이 부족한 것으로 판단하니 주의한다.

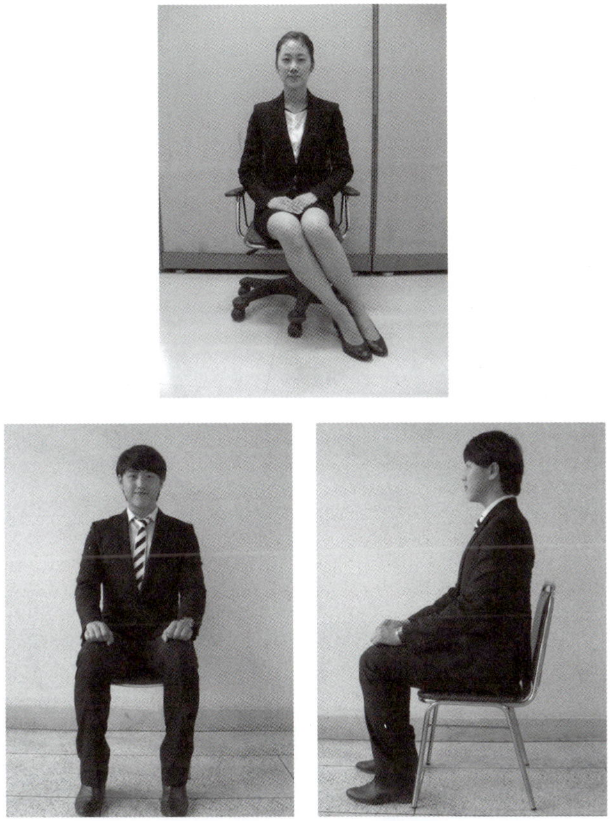

[그림 10-3] 여성과 남성의 올바른 착석 자세

(2) 표정

좋은 이미지의 첫 번째 단추는 미소이다. 실제로 면접에 들어가서 나올 때까지 시종 밝은 웃음을 잃지 않도록 하는 것이 중요하다.

면접에 들어가기 전에 안면근육 운동을 충분히 해 두는 것도 표정관리의 좋은 방법이다. 입꼬리가 한쪽만 올라가는 사람은 빈정거리는 이미지를 줄 수 있고, 평상시 입근육을 쓰지 않았던 사람은 웃으면 입가가 심하게 떨리거나 울상처럼 보이는 경우가 많다. 거울을 보고 제일 예쁜 미소를 연습하도록 한다. 평상시에도 의도적으로 웃으면서 말하거나 전화 통화하는 연습을 해 보는 것도 또 다른 방법이다. 면접의 긴장감을 감추면서 여유 있고 부드러운 이미지를 만들기 위한 표정관리가 중요하다.

TIP 10-2 밝은 표정을 위한 안면근육 운동(얼굴근육 풀기 운동)

(3) 목소리(음성)

면접에서 음성은 중요하므로 면접실에 들어가기 전에 목의 상태를 꼭 체크한다. 목소리는 크고 시원하게 들리는 목소리가 좋다. 갈라지는지, 떨림이 없는지 체크하고 어떠한 톤이 밝고 명쾌한지 확인한다. 좋지 않은 목소리는 자신감 없이 작은 목소리, 자신만 생각하는 큰 목소리, 딱따구리같이 너무 빠른 말투, 답답하게 느껴지는 느린 말투, 갈라지는 음성으로, 긍정적 이미지를 남기기 어렵다. 또한, 아성(어린아이의 목소리)이나 코맹맹이 소리도 좋지 않다. 이런 목소리는 면접관들에게 신뢰감을 주지 못하기 때문에 좋지 않은 인상을 줄 수 있다.

목소리를 직접 녹음하여 들어 보는 방법을 이용한다면 좀 더 객관적으로 자신의 목소리를 평가할 수 있어 연습하기에 아주 좋다. '솔' 음으로 보통 속도보다 약간 빠른 속도록 말하면 경쾌하고 적극적인 느낌을 준다.

(4) 제스처

딱딱하게 고정된 자세로 말하기보다는 제스처를 적절하게 사용하면 적극적으로 보인다. 그러나 지나친 제스처는 산만하게 보일 수 있으므로 강조할 부분에서 적절하게 사용하는 것이 필요하다. 예를 들어, 코를 만지작거리는 것은 부정적인 의사표시이다. 또한, 면접 중 본인이 실수했다거나 다른 사람이 면접을 볼 때 불필요한 동작을 하는 경우가 종종 있는데 주의해야 한다. 주의해야 할 제스처는 다음과 같다.

① 입 가리기, 혀 내밀기
② 얼굴 만지기(코 만지기, 눈 문지르기, 귀 만지기 등)
③ 목 긁기, 머리 긁적거리기
④ 옷의 목둘레 잡아당기기
⑤ 손가락을 펴서 만지작거리기
⑥ 시계 보기, 다른 면접자 쳐다보기
⑦ 발이나 다리를 까딱거리기, 떨기
⑧ 한숨 쉬기

(5) 올바른 시선, 머리, 턱 관리

시선관리 즉, 아이 콘택트(eye-contact)는 상대방과 공감을 불러일으키며 신뢰감을 형성하는 능력을 가지고 있다. 시선을 허공, 벽면이나 바닥에 고정시키거나 한쪽만 쳐다보는 일이 없도록 면접관 한 사람, 한 사람에게 골고루 시선을 보내고 교환하도록 한다. 면접 시 주변 환경을 향해 얼굴을 돌린다거나 물건을 신기한 듯 바라보거나 표정에 변화가 많으면 침착해 보이지 않고 믿음직스럽지 못하기 때문이다. 면접관을 볼 때는 얼굴의 한 곳을 응시하기보다 얼굴 전체를 보아야 시선이 자연스러우며 멀리 떨어져 있는 면접관을 응대할 경우, 얼굴이나 눈동자만 돌리지 말고 몸 전체가 면접관을 향하도록 약간 움직이는 것이 자연스럽다. 면접관이 여러 명일 경우, 대답할 때는 먼저 질문한 면접관과 아이 콘택트한 후 다른 면접관에게도 골고루 시선을 교환하는 것이 좋다. 또한, 질문의 답을 생각하는 과정에서 무의식적으로 눈을 치켜올리거나 아래를 쳐다보게 되는데 이 또한 좋지 않은 이미지를 주게 되므로 유의한다.

사람의 첫인상을 좋게 하기 위해서는 시선 처리뿐만 아니라 자신의 머리, 턱의 관리도 필요하다. 머리는 신체의 중심으로 삐딱하게 기울어지지 않도록 한다. 머리가 삐딱하면 매우 성의 없어 보이기 때문이다. 또한 턱의 위치도 중요하다. 턱을 너무 들고 있으면 거만하거나 불손한 이미지를 주고, 너무 숙이고 있으면 자신감이 없어 보이므로 턱은 바닥면과 평행하여 그 면과 0°의 각도로 서는 것이 좋다.

자신의 개별질문이 끝났다고 긴장을 풀면 절대 안 된다. 비록 자신에게 묻는 질문이 아니더라도 면접관들을 향한 시선을 놓으면 안 된다. 시선(눈 맞춤), 머리, 턱 모두 흐트러짐 없는 자세와 미소로 끝까지 자신에게 관심을 가지도록 해야 한다.

마지막으로 면접장에 들어가거나 나갈 때 걷는 자세도 유심히 보는 경우가 있으니 본 교재에서 배운 올바르게 서 있는 자세에서 그대로 팔만 조금씩 흔들며 당당하고 자신감이 있으며 안정적인 걸음걸이로 들어가거나 나갈 수 있도록 연습한다.

worksheet 면접 자세 연습하기(실습)

1. 다섯 명씩 문을 열고 자신 있게 걸어 들어와서 올바른 자세로 의자 앞에 선다.
(면접실에 들어가기 전 표정을 가다듬고, 문을 열기 전에 반드시 가볍게 노크한다. 목례(15° 정도)를 하고 들어가는 것이 보기 좋다.)
* 체크포인트 – 표정, 목례, 당당한 걸음걸이, 올바르게 서 있는 자세 체크

2. 올바른 자세로 서서 "안녕하십니까?"라고 복창 후 정중례(45° 정도)로 인사한다.
(밝은 표정을 유지하며 머리 · 어깨 · 등이 일직선이 되도록 하여 인사한다.)
* 체크포인트 – 표정, 정중례의 올바른 인사법, 시선

3. 면접관의 지시에 따라 자리에 착석한다.
(면접관이 앉으라는 지시에 "감사합니다"라고 하며 학습한 여성과 남성의 바른 착석자세로 앉는다. 앉을 때는 뒤의 의자를 눈으로 확인하며 소리가 나지 않게 정숙하게 착석한다. 여성은 치마 뒤를 살짝 손으로 쓸어서 앉는 것이 보기 좋다.)
* 체크포인트 – 표정, 올바른 착석자세(손, 발, 허리, 등, 의자와의 간격)

2. 면접 용모복장

1) 복장

자신에게 맞는 옷차림도 역시 중요한 경쟁력이다. 약간 보수적인 옷차림이 면접관들에게 자신의 전문성을 돋보이게 할 수 있다. 반면 지나치게 화려한 옷차림은 전문성에 대한 의구심을 갖게 한다. 모델이나 연예인을 뽑는 것이 아니라 좋은 호감을 가진 직원을 뽑는 것이기 때문에 지나친 유행을 따르거나 복잡한 스타일, 튀는 색보다는 심플하고 세련된 정장이 좋다. 성공한 CEO들이 좋아하는 정장의 색은 짙은 감색이라고 한다. 다크 블루, 감색, 진한 감색이라고도 하는데 안정감과 세련미를 주는 색이어서 여성이나 남성 모두 면접용 색으로 적합하다.

(1) 여성

의상은 단정한 투피스 스커트 정장이 좋으며 무릎 길이의 스커트가 적당하다. 슬랙스 정장도 활동적인 직장여성 이미지에 어울린다. 색상은 차분한 베이지나 회색, 검정, 감색, 브라운 색의 매치도 멋스럽다. 또한 회사의 기업 이미지, 즉 로고나 심벌의 색을 맞추어 입는 의상 센스를 보인다면 긍정적인 인상을 줄 수 있다.

핸드백, 구두, 스타킹은 모두 같은 계열로 연출하는 것이 좋다. 구두는 심플한 디자인으로 굽이 너무 높은 것은 피하고 검은색 스타킹, 긴 귀걸이 등도 피하는 것이 좋다.

(2) 남성

양복은 상하 한 벌이 바람직하고 감색 또는 진한 회색 계통이 무난하다. 업종이나 기업에 따라 나름대로의 성향이 있으므로 회사의 성향에 따라 입는 센스가 필요하다.

셔츠는 흰색이 무난하지만 푸른색 등 산뜻한 느낌을 주는 것도 좋다. 단, 양복보다 밝은 색상을 선택한다. 넥타이는 양복 및 셔츠의 색상과 조화를 이루어야 하며, 넥타이를 맬 때는 섰을 때 벨트를 살짝 가리는 정도의 길이가 좋다. 넥타이를 선별하기 어려워하는데 너무 난해한 무늬보다는 작은 무늬, 무늬가 없는 푸른 계열이나 붉은 계열도 좋으나 회사 이미지를 고려하는 것도 필요하다. 예를 들어, 증권회사의 경우 어떤 색을 선호할지 생각해 보자. 회사의 로고나 색을 알아보고 넥타이 색으로 맞추는 센스를 보인다면 작은 부분이지만 지원자가 얼마나 그 회사에 관심과 열의를 가지고 있는지 나타낼 수 있다. 구두와 양말은 검은색이 단정해 보이고 어떤 색의 양복과도 잘 어울린다. 그러나 흰색이나 발목까지만 오는 양말은 절대 피해야 한다.

2) 헤어스타일

남성의 머리는 약간 짧고 단정한 스타일이 좋다. 남성의 헤어스타일은 주로 가벼운 웨이브나 짧은 스타일로 앞머리가 흘러내리지 않도록 스타일링 제품(hair spray, gel, mousse)으로 단정히 고정시키되 너무 지나치게 사용하지 않는다. 옆머리는 귀를 덮지 않도록 하고 뒷머리는 셔츠 깃의 상단에 닿지 않도록 한다. 지나치게 스타일리시한 머리는 특별한 직종(패션, 의류, 광고 등) 외에는 좋지 않은 이미지를 준다.

여성의 머리는 커트나 단발스타일이 활동적인 커리어우먼의 이미지를 준다. 짧은 머리는 흘러내리지 않고, 눈을 가리지 않도록 하여 최대한 단정하게 한다. 짙은 염색이나 강한 웨이브는 삼가고 미용실에서 막 나온 듯한 스타일은 상대방에게 거부감을 줄 수 있다. 긴 머리는 하나로 묶는 포니 스타일이나 망으로 씌워 깔끔한 이미지를 연출하는 것이 단정하다. 머리를 망으로 씌운 경우 귀 옆 그리고 목 뒷부분의 잔머리도 남지 않도록 고정하여 단정한 인상을 주어야 한다. 긴 머리의 풀어진 상태는 인사할 때 흘러내리고, 머리에 손이 자주 가는 불필요한 행동으로 자칫 지저분해 보일 수 있으니 정리하는 것이 좋다.

3) 메이크업

메이크업(make-up)을 함으로써 상대방에게 자연스럽고 부드러우며 건강한 이미지를 보여 줄 수 있도록 한다. 따라서 진한 화장이나 어두운 화장은 거부감을 줄 수 있다.

면접 시 같이 코디할 의상과 어울리는 색상의 메이크업을 해야 한다. 전체적으로 자연스럽고 밝은 이미지를 표현하는 것이 중요하고 자신의 피부보다는 약간 밝은 톤으로 표현한다. 또한, 피부색과 목의 색이 너무 이중적으로 보이지 않도록 한다. 색조 메이크업을 할 경우 지나치게 펄이 많이 들어간 메이크업이나 스모키 메이크업은 좋지 않다. 눈썹과 눈 화장에 신경을 써서 또렷한 인상을 주는 메이크업이 좋으며 핑크 톤, 오렌지 톤은 화사함을 표현하는 데 효과적이다. 어둡고 진한 톤의 블러셔와 색감을 이용한 입체적이고 짙은 메이크업은 피해야 한다. 더불어 업종에 따라 컬러 렌즈 등을 착용하는 것을 좋아하지 않는 경우도 있으니 신경을 쓴다. 손톱은 깨끗이 정리하고 살구색이나 무난한 컬러로 칠해 주는 것이 좋다. 외국에서는 네일 케어까지도 메이크업에 속해 있다고 보기 때문에 깔끔하게 정리되지 않은 손톱은 메이크업을 하지 않은 것으로 생각한다. 특히, 서비스 업종에서는 손의 상태가 아주 중요하므로 네일뿐 아니라 핸드크림을 발라 촉촉하게 유지한다.

3. 스피치

면접 스피치 능력은 긴장되고 돌발적인 상황에서 나타날 수 있는 능력이라고 할 수 있다. 타고난 스피치능력이 있더라도 면접 스피치는 철저한 연습이 필요하다. 긴장하고 불안하여 하고자 하는 말을 명확하게 전달하지 못하는 지원자들을 많이 볼 수 있다. 성공적인 취업에 있어서 무엇보다 스피치능력이 당락을 좌우할 수 있다.

면접 스피치훈련은 선택이 아닌 필수요건이 되었다. 지원자가 면접 스피치를 철저히 준비한다면 면접관 앞에서도 당당하게 자신감 있는 표정으로 면접을 치를 수 있기 때문에 면접관의 마음에 들 수 있다. 면접에서 가장 중요한 것 중의 하나는 자신의 생각을 정확하게 전달하고, 당당하고 자신감 있는 모습을 보여주는 것이다. 면접관의 질문에 기어가는 목소리로 대답한다면 인사담당자는 '오늘 아침 드셨나요'라고 말할지 모른다. 그럼에도 계속 목소리가 작으면 면접에서 결코 좋은 결과를 낼 수가 없다. 따라서 상대방의 마음을 사로잡고 자신에 대해 설득력 있게 전달할 수 있는 스피치능력에 대한 연습과 노력이 필요하다.

1) 면접 스피치 과정

1단계		2단계		3단계		4단계
면접 예상 질문 정리	→	스토리텔링 활용 작성	→	스피치 준비	→	스피치 연습하기

(1) 면접 예상 질문 정리

면접관의 질문은 입사지원서, 자기분석, 직무분석, 기업분석, 기타 시사성 등의 내용으로 구성된다. 따라서 이 부분은 지원자 스스로 분석과 대비가 가능한 부분이다. 면접 예상 질문을 파악하기 위해서는 다음의 내용을 참고한다.

첫째, 제출한 입사지원서의 내용을 철저히 분석한다. 면접관이 입사지원서를 통해 이미 자신을 알고 있다는 생각으로 입사지원서의 모든 항목을 질문으로 전환하여 미리 답변을 구성하는 노력이 필요하다. 예를 들어, '편의점에서 아르바이트를 했다고 했는데 특별히 기억나는 경험이 있으면 말씀해 주시겠어요?' '학교행사 참여가 많은 것 같은 주로 어떤 역할을 하셨나요?' '자신의 성격이 적극적이라고 했는데 구체적인 사례를 말씀해 보세요.' 등 입사지원서의 내용으로 면접질문을 하는 것이 일반적이다.

둘째, 직업(직무)정보의 분석이다. 이 부분은 최근 면접에서 가장 집중성을 가지고 검토하는 부분이다. 제4장의 직업(직무)분석방법을 참고로 직무의 내용을 알 수 있는 사이트와 선배나 지인들을 통한 정보 수집을 통해 철저하게 대비해야 한다. 예를 들면, '이 직무를 본인이 잘 수행할 수 있다고 생각하는 이유는 무엇인가요?' '본인이 지원한 직무를 수행하기 위하여 어떤 노력을 하였나요? 등이다.

셋째, 지원한 회사정보를 분석한다. 그 많은 회사 중에 지원한 회사의 면접관의 의문에 대응해야 한다. 제5장의 기업분석방법을 토대로 회사의 홈페이지나 경제신문기사를 참고하여 철저히 준비할 필요가 있다. 예를 들어, '우리 기업이 최근 새롭게 출시한 상품 또는 주력 서비스가 무엇인지 아시나요?', '우리 기업의 전국 지점 수 또는 공장이 몇 개인지 알고 있나요?', '우리 기업에 대해 아는 대로 말해 보세요.' 등이 지원 회사의 관심도에 대한 일반적인 질문이다.

넷째, 자기분석을 통한 예상 질문을 파악한다. 자신이 좋아하는 일과 관련하여 '열정을 가지고 일한 경험을 말해보세요.' 성격분석과 관련하여 '당신의 장단점을 말해보세요.' 강점과 관련하여 '자신의 강점이 무엇이며, 그렇게 생각하는 이유를 말해보세요.' 가치관과 관련하여 '당신의 신념, 좌우명 또는 생활신조를 말해보세요.' 등이다.

넷째, 시사성 관련 질문, 전공 관련 질문, 황당 질문 등에도 대비해야 한다. 면접에 임하기 전에 면접 예상 질문을 작성하여 충분히 연습하는 것이 필요하다. 면접 예상 질문은 인사담당자가 알아보고자 하는 질문들과 지원자가 예상하는 면접질문이 크게 다르지 않다는 것을 알 수 있다.

(2) 스토리텔링 활용 작성

면접 예상 질문이 정해지면 직무와 관련된 경험을 토대로 작성하는 것이 중요하다. 스토리텔링과 스피치 기법을 활용하여 작성한 후에 몇 번이고 검토하고 자연스럽게 이야기 형태로 가능한지 살펴보고 수정해야 한다. 스피치 기법은 스토리텔링으로 작성된 내용을 두괄식 문장으로 스피치 기틀을 잡아주는 것이다. 두괄식 스피치 기법은 '결론 – 이유 – 사례(스토리) – 마무리'로 재정리하여 면접 스피치 준비를 하는 것이다.

〈표 10-1〉 스토리텔링 본문 구성하기

주제	'나의 장단점 소개'
결론	저의 장점은 이고, 단점은 입니다.
이유	왜냐하면, 입니다.
사례(스토리)	'장점의 사례(경험)와 단점(직무와 무관한 것)'
마무리	그래서 '단점 극복 노력'

성격 장단점 스토리 사례

사소한 일도 그냥 지나치지 않고 체계적인 계획을 세워서 추진하는 꼼꼼한 성격을 가지고 있습니다. ○○전자에서 연말정산 담당자로 근무할 때에 꼼꼼하게 계획서를 작성하여 엑셀 파일로 만들어서 정리한 결과, 임직원분이 제출해주신 추가서류와 시스템을 비교하는 도중 100만 원이 넘는 세금을 추가로 징수되지 않도록 시스템을 수정해드리고, 환급받으실 수 있도록 해준 경험이 있습니다. 하지만 꼼꼼하게 검토하는 습관으로 인해 의사결정에는 더 많은 시간이 걸렸습니다. 이러한 단점을 극복하기 위해 저만의 시간을 정해두고 그 시간 안에 중요한 것이 무엇인지를 파악하여, 정확하고, 빠르게 검토하며 결정을 내리기 위해 노력하고 있습니다.

↓

성격 장단점 스피치 본문 구성 사례

저의 장단점을 소개하겠습니다. 저의 장점은 사소한 일도 그냥 지나치지 않고 체계적인 계획을 세워서 추진하는 꼼꼼한 성격이며, 단점은 의사결정을 내리는 시간이 다른 사람보다 좀 시간이 걸린다는 것입니다. 왜냐하면 저의 성격이 매우 꼼꼼하고 계획성을 가지고 있기 때문입니다. 저의 장점의 경험은 ○○전자에서 연말정산 담당자로 근무할 때에 꼼꼼하게 계획서를 작성하여 엑셀 파일로 만들어서 정리한 결과, 임직원분이 제출해주신 추가서류와 시스템을 비교하는 도중 100만원이 넘는 세금을 추가로 징수되지 않도록 시스템을 수정해드리고, 환급받으실 수 있도록 해준 경험이 있습니다. 반면 저의 단점은 꼼꼼하게 검토하는 습관으로 인해 의사결정에는 더 많은 시간이 걸리는 것입니다. 이러한 단점을 극복하기 위해 저만의 시간을 정해두고 그 시간 안에 중요한 것이 무엇인지를 파악하여, 정확하고, 빠르게 검토하며 결정을 내리기 위해 노력하고 있습니다.

(3) 스피치 준비

① 스토리텔링 키워드를 찾아라. 지원자는 면접에 임하게 될 때 불안해지고 당황하면 문맥의 흐름을 잊어버리고 처음, 중간, 끝의 문장이 서로 혼동되어 바뀌기도 하고 한 마디로 앞뒤가 맞지 않게 이야기를 할 수 있다. 이것을 사고마비현상이라고 하는데 면접에서 극도의 긴장과 스트레스로 겪게 되는 현상이다. 두서없이 말하는 실수를 하지 않기 위해서는 작성한 스토리에서 주제문이 될 수 있는 키워드를 찾아서 순서대로 기억한 후 전달하고자 하는 내용의 키워드를 기억하고 누구에게 말하듯이 자연스럽게 대답할 수 있을 때까지 많은 연습이 필요하다.

팀워크 능력과 커뮤니케이션 능력으로 ○○회사의 고객지원운영사업부의 매출액 1위를 달성할 것입니다. 대학교 2학년 때 학부 학생회장을 역임하면서 팀워크의 능력을 체득하였고, 다른 학부 간부들과 학교행사를 기획하면서 어떤 특정 학과만이 아닌 모든 학과의 학생들이 즐거워하는 행사가 되는 것이 중요하다고 생각했습니다. 이에 따라 다른 학과 학회장과의 대화를 통해 서로의 기득권을 조금씩 양보하도록 설득했고, 모든 학과 학생들이 즐거워할 수 있는 프로그램을 개발하도록 하여 학교행사기획을 성공적으로 마무리한 적이 있습니다. 그 결과 서로 전공이 다른 학생들이 하나가 되어 서로 어울릴 수 있는 축제로 만들 수 있었습니다. 이러한 경험은 회사 전 부서가 서로 도우며, 회사발전이라는 하나의 목표 아래 회사 영업 이익을 극대화시키는 데 도움이 되리라 확신합니다.

☞ **키워드: 팀워크 + 커뮤니케이션 능력, 학생회장, 학교행사, 기득권, 축제, 회사 영업 이익 극대화**

② 모니터링을 통해서 발음, 음성을 교정하라. 자신의 목소리를 녹음하여 들으면 왠지 낯설게 느껴질 때가 많다. 그것은 자신의 목소리를 잘 모르는 경우가 많다. 그러므로 면접을 위해서는 자신의 발음, 언어습관(음~, 예~ 등), 음성 등을 휴대폰이나 녹음기 등을 활용하여 자신의 목소리를 모니터링 할 수 있다. 디지털 카메라 영상을 활용하여 목소리뿐 아니라 자신의 면접 스피치의 모습을 모니터링하면 긴장 상태에서의 발 떨기, 코 만지기, 시선 하늘 또는 바닥 쳐다보기, 머리가 삐뚤어지기, 손을 만지작거리기 등의 면접 시 나타날 수 있는 모습도 모니터링하면 더욱 좋다. 음성을 교정하는 방법에는 신문 사설이나 동화책을 천천히 소리 내서 읽는 연습을 하면 좋다.

③ 올바른 호흡법을 익혀라. 올바른 호흡법은 목에서 소리가 나는 흉식호흡이 아니라 배에서 소리가 나는 복식호흡이다. 복식호흡은 발음 향상에도 도움을 줄 뿐 아니라 숨겨져 있던 자신의 올바른 목소리 톤을 찾을 수 있다. 또한, 면접 당일 긴장한 마음을 가라앉히는 데 도움을 준다. 복식호흡을 처음 하는 경우 누워서 하면 훨씬 잘 느낄 수 있다. 의식적으로 숨을 마실 때 배가 나오고 내쉴 때 배가 들어가도록 한다. '아' 하고 소리를 계속 내면서 배에 힘을 줬다 뺐다를 반복한다. 매일 30분씩 배에 힘을 주고, 입을 크게 벌리면서 목소리를 뱉어 내듯이 말하는 연습을 한다. 올바른 호흡법을 기본으로 발음연습표를 붙여 두고 시간 내서 소리 내어 읽는 연습하면 좋다. 항상 자신의 호흡을 점검하며 복식호흡을 생활화하여 좋은 음성과 건강을 유지하도록 한다.

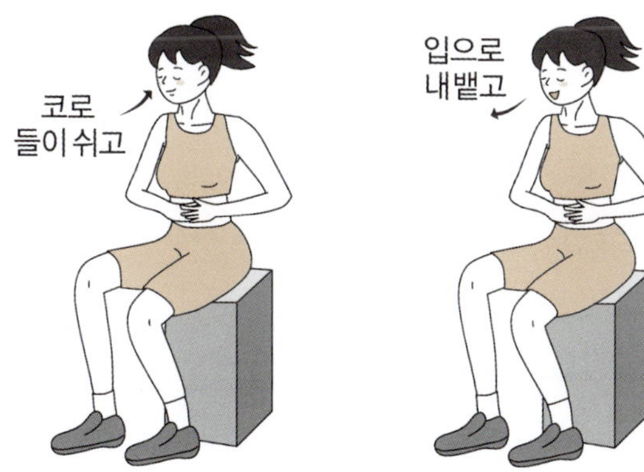

[그림 10-4] **복식호흡법**

④ 웃는 표정을 만들자. 평소에 잘 웃는 사람도 면접장소에 가게 되면 얼굴이 굳고 무표정한 얼굴로 면접을 보는 사람들이 많다. 이는 평소에 웃는 연습을 잘 하지 않기 때문이다. 평소에 웃으면서 이야기하는 습관을 가져보자. 심지어 화가 날 때도 웃으면서 화를 내보자. 웃으면서 화를 내면 목소리도 화가 난 목소리가 아니기 때문에 그 사람이 화가 났는지 잘 모른다. 웃는 얼굴에서는 화난 목소리가 나오지 않는다고 한다. 또한 면접을 보기 전에 여유 있게 스트레칭을 하여 온 몸을 풀어보자. 허리, 어깨, 팔, 목, 얼굴 스

트레칭, 그리고 아-에-이-오-우 하면서 입도 푸는 것이 중요하다.

⑤ 군더더기를 버리자. 습관적으로 '에~', '그~', '저~', '이제~', '뭐야~'처럼 쓸데없이 덧붙이는 말들이다. 군더더기는 주로 생각이 나지 않을 때 나오는데 생각이 나지 않으면 차라리 잠시 침묵하다가 이야기를 하는 것이 좋다. 따라서 말을 깔끔하게 하기 위해서는 군더더기 말 대신 침묵하고 이를 자연스럽게 받아들이는 노력이 필요하다.

⑥ 말끝까지 큰 소리로 말하자. 면접관들이 싫어하는 스피치 중 하나는 말끝을 흐리는 것이다. 예를 들어 '안녕하십니까'라고 인사할 때 '안녕' 부분은 힘이 많이 들어가지만 '십니까' 부분인 뒤로 갈수록 힘이 약해진다. 또한 면접에서 긴장하고 불안해지면 말이 빨라질 수 있다. 따라서 이를 개선하기 위해서는 글자를 점진적으로 크고 멀리 소리 내는 훈련과 또박또박 명료하게 말하는 연습이 필요하다. 그 외 강조 후 잠시 멈춤 등 음성의 고저, 강약, 완급의 변화를 주는 스피치 발성법은 매우 중요한 부분이다.

⑦ 1분 자기소개를 준비하자. 면접관에게 자신을 어필할 수 있는 자기소개는 지원자의 직무능력, 인성, 열정, 성격 등을 파악할 수 있는 첫 관문이라 할 수 있다. 내용은 1분 정도가 적당하며 면접관들이 시간관계상 30초 정도로 시간을 제한할 수 있다. 따라서 1분, 30초 분량의 자기소개를 준비하는 것이 중요하다. 면접관의 질문에 바로 대답하기 보다는 3초 정도의 여유를 가지고 결론을 먼저 말하고, 말은 간결하게 하고, 화려한 비유나 미사여구보다는 정확하고 알기 쉬운 답변이 좋다. 면접관이 궁금해 할 만한 내용을 먼저 말하는 것이 좋다.

1분 자기소개를 하는 방법은 두 가지 정도를 준비하는 것이 좋다. 첫째, 직무역량중심 자기소개서이다. 이는 직무역량을 제시한 후 자신의 사례를 STAR 기법을 적용하여 체계적이고 구체적으로 작성한다. 그리고 자신이 회사에 어떤 기여를 할 수 있는지를 작성한다. 둘째, 회사의 목표나 비전중심의 자기소개서이다. 이는 회사의 목표와 비전달성을 함께 할 수 있는 자신의 재능을 말하고 이로 인한 경험을 이야기한다. 셋째, 가치관중심 자기소개서이다. 자신의 가치관과 회사의 가치관과 일치할 때 가치관을 중심으로 자기소개를 할 수 있다. 넷째, 영어로 자기소개를 준비하는 것이 좋다. 글로벌시대에 영어는 기본이기 때문이다. 자신의 장점을 소개하는 데 시각적인 자료가 필요하다면 적극 활용하는 것을 추천한다. 때때로 자신의 포트폴리오를 준비하여 면접관에게 제시하면서 스토리를 풀어 나가는 경우도 있는데 긍정적으로 평가하는 회사도 있으므로 자신감이 있다면 도전해 보는 것도 좋다.

TIP 10-3 1분 자기소개서 만들기 요령

① **시작을 잘하기**

자신의 직무와 관련된 장점이나 능력을 한 구절로 표현하자. 거창하게 '용광로 같은 열정과 뜨거움을 가진 ○○○ 인사드립니다', '열 남자 부럽지 않은 여자 ○○○입니다'와 같은 표현이나 동물이나 사물에 비유하기, 명언 등으로 시작하는 유형 등은 사용하지 말자.

② **구체적인 경험 말하기(STAR 기법 활용하기)**

입사지원서에 작성한 내용 그대로 나열하는 것은 의미가 없다. '이것도 했고, 저것도 취득했고, 거기도 다녀왔고, 이것도 해봤다'는 식의 말은 하지 말자. 자신의 경험을 통해 얻거나 깨달은 자신의 생각을 말하라.

③ **스피치 맛 살리기**

자기소개를 할 때 강약, 고저 등 스피치의 맛을 가미해야 한다. 강조하고 싶은 포인트를 찾아 진심으로 강조할 줄 알아야 한다. 자신이 만든 1분 자기소개를 녹음하여 듣고 스스로 체크하고, 누군가에게 들려주고 가장 기억에 남는 부분을 말해 보라고 했을 때 언급되는 바로 그 부분이 심혈을 기울여 강조해야 할 부분이다.

④ **제한된 시간 잘 지키기**

시간이 길어져 자기소개를 하는 도중에 중단하는 불상사를 방지하기 위해서 '30초', '1분'을 기준으로 깔끔한 문장을 만들어라.

TIP 10-4 1분 자기소개서 예시

저를 소개하겠습니다. 저는 팀워크와 커뮤니케이션 능력이 있다고 생각합니다. 그 이유로는 대학교 3학년 때 학부 학생회장을 역임할 때 다른 학부 간부들과 학교행사를 기획하면서 어떤 특정 학과만이 아닌 모든 학과의 학생들에게 즐거운 행사가 되는 것이 중요하다고 생각했습니다. 이에 따라 다른 학과 학회장과의 대화를 통해 서로의 기득권을 조금씩 양보하도록 설득했고, 모든 학과 학생들이 즐거워할 수 있는 프로그램을 개발하도록 하여 학교행사기획을 성공적으로 마무리한 적이 있습니다. 그 결과 서로 전공이 다른 학생들이 하나가 되어 서로 어울릴 수 있는 축제로 만들 수 있었고, 팀워크의 능력을 쌓을 수 있었습니다. 저의 역량은 회사 전 일원이 서로 도우며, 회사의 발전이라는 하나의 목표 아래 회사의 영업 이익을 극대화시키는 데 도움이 되리라 확신합니다.

(4) 면접 스피치 기법

앞에서 학습한 스피치에 관한 모든 기법 이외에 면접 방식에 답변하는 세 가지 기법을 활용하는 것이 좋다. 첫째는 STAR-F 기법, WN 기법, SP 기법 등을 활용하여 설득력 있는 음성으로 당당하고 멋지게 자기소개를 해 본다.

① STAR-F 기법

STAR 기법에 F를 추가하여 좀 더 업그레이드한 기법이라 볼 수 있다.

구분	내용
활용범위	경험을 이야기할 때 활용
S(Situation)	배경 및 상황 설명
T(Task)	주어진 과제 및 문제에 대한 설명
A(Action)	주어진 과제 및 문제를 해결한 구체적인 행동 설명
R(Result)	구체적인 행동으로 인한 결과
F(Feeling)	경험을 통해 느낀 점을 직무나 회사의 기여도와 연계

TIP 10-5 STAR-F 기법 예시

구분	내 용
S: 상황 (Situation)	대학교 1학년 때 화장품에 대해 잘 알지 못하고 처음으로 화장품 판매 아르바이트를 하는 상황이었다.
T: 과제 (Task)	다른 직원 분에게 부담을 주지 않아야 하고, 고객대응을 하기 위해서 많은 화장품 이름과 성능을 빨리 외워야 하는 과제가 있었다.
A: 행동 (Action)	화장품 판매에 적응하기 위하여 일주일 동안 하루도 빠짐없이 직원이 일하는 것을 옆에서 지켜보고 메모를 하고 틈나는 대로 외웠습니다. 그러자 점점 화장품 설명도 할 수 있었고 손에 익숙해지니 고객응대를 할 수 있게 되었습니다. 그렇게 노력하는 모습을 보고 직원 분께서 화장품에 대해서 알려 주고, 독려해 주시면서 제가 잘할 수 있도록 도와 주셨습니다.
R: 결과 (Result)	그 결과 3개월 만에 매출액 20% 이상 상승하고 고객의 반응도 좋아서 회사 칭찬 게시판에 나에 대한 글이 올라와 동료 분들이 모두 축하해 주셨습니다.
F: 느낀 점 (Feeling)	직장에서는 중요한 것이 '동료들이 복지다'라는 것을 깨달았습니다. 앞으로 직장을 가지고, 사회생활을 할 때 동료들과의 협력이 개인과 회사의 발전을 가져올 수 있다는 확신을 가지게 되었습니다.

② WN 기법

어떤 현상이나 사회적 문제에 대해 지원자의 의견을 묻는 질문에 활용한다. 가치 판단을 해야 하는 상황에서 중립적인 사고를 표현하는 방법으로 활용될 수 있다.

구분	내용
활용범위	사회적 문제나 현상에 대한 의견을 제시하는 경우에 활용
S(Wide)	광의의 관점에서 포괄적이며, 객관적으로 생각할 수 있는 부분을 설명
N(Narrow)	협의의 관점에서 주의할 사항이나 우려할 사항에 대해 설명

TIP 10-6 WN 기법 예시

구분	내 용
질문	코로나19로 인한 비대면 트렌드인 원격 일상생활을 어떻게 생각하는가?
W: 광의의 관점 (Wide)	세계적으로 함께 극복해야 하는 과제이고 위기를 기회로 만들어야 한다는 생각을 가지고 있습니다.
N: 협의의 관점 (Narrow)	다만, 코로나19로 인해 어려워지고 없어지는 일자리에 대해서는 안타깝지만 이를 계기로 새로 만들어지는 직업군에 능동적으로 대처하고 도전하면 지금의 심리적, 경제적인 문제도 극복할 수 있다고 생각합니다.

③ SP 기법

면접 답변은 말하는 사람의 입장이 아닌 듣는 사람(면접관)의 입장에서 말해야 한다. 또한 듣기 좋고 상대방이 이해할 수 있도록 답변을 구성하는 것이 중요하다. 이와 같은 SP 기법으로 적용될 수 있는 질문은 '당신을 뽑아야 하는 이유를 말해보세요', '드론 산업의 미래를 전망한다면 어떨 것 같습니까? 등이 있다.

구분	내용
활용범위	광범위한 경험, 의견 등을 종합적으로 어필 할 때 활용
SP(Seperation)	① 두 가지(또는 세 가지) 측면에서 말씀드리겠습니다. ② 단기적, 장기적 측면에서 말씀드리겠습니다. ③ 경제, 사회, 문화적 측면에서 말씀드리겠습니다.

worksheet **10-2** 나의 면접 이미지를 분석해 보자.

항목	참고기준	수정할 나의 이미지는?
표정	면접에서 평상시 표정은 어떠한가? 면접 입실 시 어떤 인상을 주는가? 면접관과 눈 맞춤(시선)은 자연스러운가? 웃는 인상을 가지기 위해 노력하는가?	
인사	인사는 세련되고 절도 있게 하는가? 처음과 마지막 인사를 분명하게 하는가?	
자세	서 있는 자세는 어떠한가? 앉은 자세는 어떠한가? 걸음걸이는 당당한가? 손동작 및 태도는 어떠한가?	
용모	면접 시 옷차림은 적합한가? 정장과 구두가 잘 어울리며 자연스러운가? 헤어스타일은 신뢰감을 주는가? 얼굴과 화장은 깔끔한가?	
대화	면접관이나 다른 면접자의 이야기를 잘 듣는 편인가? 습관적으로 나오는 말이나 단어가 있는가? 말할 때 목소리, 톤, 어조, 음량, 발음은 어떠한가? 면접 대화 시 상대방의 어디를 보는가? 경어를 바르게 사용하는가?	

worksheet 10-3 자신의 이미지를 만들어 보자.

<table>
<tr><td rowspan="2"></td><td>나의 이미지에 맞는 코디를 만들어 보자(남성)</td></tr>
<tr><td></td></tr>
<tr><td rowspan="2"></td><td>나의 이미지에 맞는 코디를 만들어 보자(여성)</td></tr>
<tr><td></td></tr>
</table>

worksheet 10-4 1분 자기소개서 작성하기

작성요령	직무나 회사의 목표나 비전에 기여할 수 있는 자신의 직무능력, 인성 등 + 직무능력 또는 인성역량으로 성과를 낸 경험(스토리텔링 기법) + 미래의 다짐 또는 회사에 대한 기여도

1. NCS 기반 면접
2. 직업기초능력 면접평가
3. 직무수행능력 면접평가
4. 기타 면접 유형
5. 면접질문분석
6. 모의면접 역할연기

CHAPTER 11

면접 전략

1. NCS 기반 면접

NCS 기반 면접평가는 직업기초능력 면접평가와 직무수행능력 면접평가로 구성된다. 직업기초능력 면접평가는 해당 직무 수행 시 요구하는 직업기초능력과 채용기관의 인재상 및 핵심역량을 평가하고, 직무수행능력 면접평가는 개인의 특성을 반영하면서 NCS의 세분류별 능력단위와 채용기관의 환경 및 실제 직무수행과 관련한 지식·기술·태도를 객관적으로 평가할 수 있는 문항들로 구성된다. NCS 기반의 면접방식은 직무관련 역량에 초점을 두고 구조화 면접방식을 취한다.

구조화 면접(structured interview)은 포괄적 질문(intro)으로 시작하여 심층질문(in-depth probing)으로 들어가 구체적인 증거를 확보해 나가는 방식으로 평가한다. 구조화 면접의 특징은 첫째, 일관성이다. 이는 직무관련 역량에 초점을 둔 구체적인 질문 목록과 지원자별 동일한 질문을 적용한다. 둘째, 구조화이다. 이는 면접진행 및 평가절차를 일정한 체계를 따른다. 셋째, 표준화이다. 이는 평가타당도 제고를 위한 매트릭스 구성과 척도에 따라 항목별 채점, 개인 간 비교가 이루어진다. 넷째, 신뢰성이다. 이는 면접 진행 매뉴얼에 따라 면접위원 교육 및 실습을 통한 면접위원 간 신뢰도를 확보한다. 구조화 면접은 직무와 관련한 능력을 체계적으로 검증하기 위해 'S(상황, Situation) → T(과제, Task) → A(행동, Action) → R(결과, Result)→F(느낌, Feeling)' 단계로 접근한다. 이를 'STARF 질문기법'이라고 한다. STAR-F 질문기법은 경험면접(행동사건면접)을 통해 알게 된 지원자의 경험을 상황으로 구성해 그 상황에서 지원자가 수행한 과업이 무엇이고 이해관계자가 누구인지 등을 구체적으로 물어본 후 지원자가 어떤 행동을 취했는지, 취하지 않았는지 그리고 그 상황이 어떻게 마무리됐는지를 일목요연하게 질문함으로써 지원자에게서 진실된 답변을 이끌어내면서 역량을 확인하는 면접방법이다. 면접관의 7단계 질문법을 살펴보면 1. 이것은 어떤 경험이었는가?, 2. 왜 했는가?, 3. 구체적으로 어떤 역할에 집중하였는가?, 4. 가장 어려웠던 것은 무엇인가?, 5. 어떻게 극복하려고 노력하였는가?, 6. 결과는 어떠했는가?, 7.

이것이 앞으로 우리 기업의 업무에 어떻게 도움이 될 거라고 생각하는가?이다. 이러한 실전 면접질문단계를 참고로 하여 연습해 보자.

〈표 11-1〉 STAR-F 질문 예시

구분	질문 예시	답변요령
S: 상황 (Situation)	• 어떤 과제를 책임지고 수행해야 했던 상황을 말해 주십시오.	과거에 자신이 질문과 비슷한 상황에서 바람직한 결과를 산출했던 관련 사례를 제시한다.
T: 과제 (Task)	• 당신은 어떤 역할/과제를 담당했나요?	그 상황에서 지원자가 대처해야 했던 일이나 과제는 무엇인지 제시한다.
A: 행동 (Action)	• ○○ 씨가 취했던 행동이나 조치는 무엇인가요? • ○○ 씨의 개인이 한 행동에 초점을 맞추어 말해 주십시오.	과제나 문제를 해결하기 위해 지원자가 실제로 한 행동을 구체적이고 관찰 가능한 것을 중심으로 알기 쉽게 설명한다.
R: 결과 (Result)	• 무엇을 성취했습니까? • 그것을 통해 배운 점은 무엇입니까? • 다시 같은 상황에 처한다면 어떻게 하시겠습니까?	행동의 결과는 어떠했는지 될 수 있는 한 숫자나 비교 가능한 자료를 사용하여 말하는 것이 좋다.
F: 느낌 (Feeling)	• 무엇을 느꼈습니까?	경험을 통해 느낀 점 및 각오를 직무와 연계하여 설명한다.

NCS 기반의 면접유형에는 경험면접, 상황면접, 발표면접, 토론면접 등의 네 가지 종류가 있다. 경험면접은 과거의 경험을 기반으로 한 인터뷰 방식의 면접이고, 상황면접, 발표면접, 토론면접은 현재 시점의 행동특성을 평가하는 관찰방식의 면접이다.

〈표 11-2〉 NCS 기반 면접유형

구분	목적	평가요소
경험면접	선발하고자 하는 직무능력에 필요한 과거의 경험을 알아보고자 함	직업기초능력과 인성 및 태도적 요소평가
상황면접	특정 상황을 제시하고, 지원자의 행동을 관찰하고 평가하여 실제상황의 행동을 예측하고자 함	
토론면접	제시한 토의과제에 대한 의견수렴과정에서 지원자의 역량과 상호작용능력을 알아보고자 함	직업기초능력과 인성 및 인지적 요소평가
발표면접	특정주제와 관련된 지원자의 발표와 질의/응답을 통해 지원자의 역량을 알아보고자 함	

2. 직업기초능력 면접평가

NCS 기반 직업기초능력의 면접평가는 해당 직무를 수행할 때 필요한 기본적 자질을 평가하는 도구이다. 그러므로 제한된 시간에 지원자의 능력과 역량을 객관적이고 명확하게 평가하는 것이다. 열 개 영역의 직업기초능력과 해당 기업의 인재상 및 핵심역량을 평가한다. NCS 기반의 면접평가 질문은 기존의 직무중심의 구조화 면접평가에서 NCS 기반의 구조화된 면접전형으로 발전 · 보완된 면접형태라고 할 수 있다.

직업기초능력 면접평가는 직업기초능력에서 요구하는 직무기초능력에 대해 수행준거(수행행동과 성과 및 결과)를 중심으로 지원자의 능력과 역량을 평가하는 것이다. 따라서 직업기초능력의 수행준거 열 개를 기준으로 면접질문을 예측하고 준비하는 것이 필요하다. 직업기초능력은 현업의 직무수행을 위해 기본적으로 요구되는 자질이며, 직무수행능력에 비해 일반적인 면접문항으로 구성된다.

〈표 11-3〉 직업기초능력 면접평가 예시

<table>
<tr><th>평가영역</th><th colspan="4">직업윤리(근로윤리, 공동체윤리)</th></tr>
<tr><td>시작질문
(opening question)</td><td colspan="4">1. 남들이 신경 쓰지 않는 부분까지 고려하여 절차대로 업무(연구)를 수행하여 성과를 내신 경험에 대해 말씀해 주십시오.
2. 조직의 원칙과 절차를 철저히 준수하여 업무(연구)를 수행하여 성과를 향상시킨 경험에 대해 구체적으로 말씀해 주십시오.
3. 세부적인 절차와 규칙에 주의를 기울여 실수 없이 업무(연구)를 마무리한 경험에 대해 구체적으로 말씀해 주십시오.
4. 조직의 규칙이나 원칙을 신경 쓰면서 성실하게 일하셨던 경험에 대해 말씀해 주십시오.
5. 다른 사람의 실수를 바로잡고 원칙과 절차대로 집행하여 성공적으로 업무(연구)를 마무리한 경험에 대해 말씀해 주십시오.</td></tr>
<tr><td rowspan="8">후속질문
(follow-up question)</td><th>대구분</th><th>중구분</th><th>면접평가 예시</th><th>준비사항</th></tr>
<tr><td rowspan="5">상황(S)</td><td>상황</td><td>• 구체적으로 언제, 어디서 경험한 일입니까?
• 어떤 상황이었습니까?</td><td rowspan="4">상황 분석</td></tr>
<tr><td>조직</td><td>• 어떤 조직에 속해 있을 때 경험이었습니까?
• 그 조직의 특성은 무엇이었습니까?
• 몇 명으로 구성된 조직이었습니까?</td></tr>
<tr><td>기간</td><td>• 해당 조직에는 얼마나 일하셨습니까?
• 해당 업무는 몇 개월 동안 지속되었습니까?</td></tr>
<tr><td>규칙</td><td>• 조직의 원칙이나 규칙은 무엇이었습니까?</td></tr>
<tr><td>과제</td><td>• 과제의 목표는 무엇이었습니까?
• 과제에 적용되는 조직의 원칙은 무엇이었습니까?
• 그 규칙을 지켜야 하는 이유는 무엇이었습니까?</td><td>비전, 과제 수립</td></tr>
<tr><td rowspan="2">임무(T)</td><td>역할</td><td>• 당신이 조직에서 맡은 역할은 무엇이었습니까?</td><td rowspan="2">아이디어 탐색</td></tr>
<tr><td>문제 의식</td><td>• 규칙을 지키지 않을 경우 생기는 문제점/불편함은 무엇이었습니까?
• 해당 규칙은 왜 중요하다고 생각하셨습니까?
• 해당 규칙으로 인한 불편함이 있었습니까?
• 팀원들은 어떻게 생각하고 있었습니까?
• 해당 규칙이 어떤 영향을 주고 있었습니까?</td></tr>
</table>

<table>
<tr><td rowspan="7">후속질문
(follow-up question)</td><td rowspan="4">행동(A)</td><td>행동</td><td>• 업무과정 중 어떤 장면에서 규칙을 철저히 준수하셨습니까?
• 규정을 어떻게 적용시켜 업무를 수행하셨습니까?
• 규정을 준수하는 데 어려움은 없으셨습니까?</td><td rowspan="4">해결책 선택</td></tr>
<tr><td>노력</td><td>• 그 규칙을 지키기 위해 스스로 어떤 노력을 기울이셨습니까?
• 본인의 생각이나 태도에 어떤 변화가 있었습니까?
• 다른 사람들은 어떤 노력을 기울였습니까?</td></tr>
<tr><td>관계</td><td>• 동료들은 규칙을 철저히 준수하고 있었습니까?
• 팀원들은 해당 규칙에 대한 태도를 개선하기 위해 어떤 노력을 하였습니까?
• 팀원들의 태도는 당신에게 어떤 자극을 주었습니까?</td></tr>
<tr><td>추진</td><td>• 자신에게 주어진 업무를 추진하는데 규칙이 방해되지는 않았습니까?
• 그럼에도 규칙을 준수한 이유는 무엇입니까?
• 업무수행과정에서 규정을 어떻게 적용하셨습니까?
• 업무과정에서 규정을 준수해야 한다고 생각한 이유는 무엇입니까?</td></tr>
<tr><td rowspan="3">결과(R)</td><td>평가</td><td>• 규칙을 어느 정도나 준수하셨다고 생각합니까?
• 그렇게 준수하실 수 있었던 이유는 무엇입니까?
• 업무의 성과는 어느 정도였습니까?
• 성과에 만족하셨습니까?
• 비슷한 상황이 온다면 어떻게 하시겠습니까?</td><td rowspan="3">수용책, 계획 수립</td></tr>
<tr><td>성찰</td><td>• 주변 사람들로부터 어떤 평가를 받으셨습니까?
• 그러한 평에 대해 만족하십니까?
• 다른 사람들에게 본인의 행동이 영향을 주었다고 생각하십니까?</td></tr>
<tr><td>성취</td><td>• 업무수행과정에서 중요한 점은 무엇이라고 생각하십니까?
• 이 경험을 통해 배우신 것이 있습니까?</td></tr>
</table>

출처: https://www.ncs.go.kr

1) 경험면접

경험면접(behavioral event interview)은 과거의 경험을 통해 미래의 성과를 예측할 수 있도록 전략을 설정한다. NCS를 적용하는 경우 열 개의 직업기초능력에서 역량이 제시되어 있으므로 이를 활용해 면접문항을 구성하고, 직무수행역량과 관련된 문항도 NCS 자료를 바탕으로 구성한다. 이때 문항은 행동 위주로 구성하되 조직의 문화를 반영할 수도 있다. 이 면접방법은 지원자가 생각만이 아닌 행동으로 표출했던 경험을 구체적으로 답변할 수 있도록 기본면접문항으로 구성된다.

☐ **채용분야: 인쇄**

직무 관련도	능력 단위	능력 단위 요소	경험면접	추가 질문 (구조화된 면접질문)	평가요소	
					직무 수행능력	직업 기초능력
4 (5점 척도)	인쇄물 생산 계획 수립	작업 사전 분석 하기	인쇄 분야에 지원하신 만큼 학창시절 학보나 소식지 또는 프로젝트 진행으로 인쇄물(책자)를 제작해 봤거나 또는 주위의 사례를 접할 수 있는 경험이 있을 거라고 생각됩니다. 인쇄제작단계를 공정별로 설명하실 수 있습니까?	〈전제: 반드시 경험이 있어야만 되는 것은 아님〉 만일 경험이 없다면 어떤 절차와 공정으로 진행되어야 하는지 설명해 주시기 바랍니다.	업무 역량 (skill)	문제 해결능력

출처: https://www.ncs.go.kr

위 경험면접에 대해 좀 더 좋은 답변을 위해서는 자신의 개인적인 경험에 입각해서 구체적인 예를 제시하고, 답변범위를 벗어나지 않으며 개인적인 역량을 최대로 보여 줄 수 있는 효과적인 답변을 하는 것이 중요하다.

예를 들어, 의사소통역량의 경우 면접관은 지원자에게 성공적으로 의사소통했던 경험과 실패한 경험을 이야기하게 하고, 그 경험에 대해 누구와 언제, 어떻게 행동을 전개했는지를 연속적으로 질문함으로써 지원자의 의사소통역량의 정도를 판단한다. 경험면접의 장점은 면접관이 기본질문을 바탕으로 평가영역에 관련된 내용을 묻기 좋다는 것이다. 또한, 지원자는 추상적인 내용이 아니라 자신이 경험한 내용을 바탕으로 답변해야 하므로 면접관의 점점 깊이 있는 질문에 계속적으로 거짓 답변을 하기 어려워진다.

2) 상황면접

상황면접은 시뮬레이션(interview simulation) 또는 역할수행면접(role play interview)이라고도 한다. 상황면접은 지원자가 미래에 수행하게 될 직무상황을 바탕으로 모의상황을 구성하여 훈련된 면접관이 지원자의 답변이나 태도 등을 관찰하면서 내면의 역량을 파악하는 방법이다. 한국산업인력공단 직원채용 NCS 기반 면접시험 공개문항을 예를 보면 다음과 같다.

☐ **채용분야: 정보기술**

직무 관련도	능력 단위	능력 단위 요소	상황면접	추가질문 (구조화된 면접 질문)	평가요소	
					직무수행 능력	직업 기초능력
5 (5점 척도)	보안 운영 관리	-	최근 발생한 보안 관련 이슈를 하나 선정하여 어떤 보안상의 문제점이 있었는지 설명해 보시오.	보안담당자라면 해당 이슈에 대해 보안을 어떻게 강화할 것인지 설명해 보시오. 예 한수원, 현대카드, 농협, 보이스피싱, 스팸 등	전문 지식, 업무 역량, 수행 태도	직업윤리, 문제해결 능력

출처: https://www.ncs.go.kr

상황면접은 모의상황, 즉 시뮬레이션을 효과적으로 구성해야 하며 지원자가 상황에 대처하는 방법을 어떻게 평정할 것인지에 대한 평정의 기준도 함께 구성해야 한다. 상황면접을 실감 있게 진행하기 위해 면접관이 역할수행을 하기도 하는데 모의직무상황을 잘 구성하면 타당성이 매우 높은 결과를 얻을 수 있는 장점이 있다. 그러나 이러한 상황 구성을 위해서는 행동과학 또는 심리학 전문가가 개입되어야 할 필요가 있고 면접관은 면접 전에 상황을 충분히 숙지하고 평정기준에 익숙해져야 하므로 비용이 많이 드는 단점이 있다.

3. 직무수행능력 면접평가

NCS 기반 직무수행능력평가는 NCS에서 제시하는 직무수행능력을 평가하기 위한 평가 도구이다. 따라서 직무수행능력은 지원 직무에 대해 최소한의 요구경력과 요구지식을 가지고 있는지를 주로 평가한다. 직무수행평가는 단순히 개인의 생각이나 사고의 방향이 아니라 실제 구체적인 상황이 주어지고 직무수행에 대해 필요한 지식을 전제로 한다.

〈표 11-4〉 직무수행능력 면접평가 예시

NCS		기업특성
세분화된 각 직무의 능력단위별 수준 체계를 활용하여 객관적인 평가요소 산출	+	기업에서 채용하고자 하는 직무의 특성과 현장환경 등을 고려하여 기업상황에 맞는 평가요소 및 면접도구 적용

상황 제시	배경정보	인천공항 여객터미널 내에는 다양한 용도의 시설(사무실, 통신실, 식당, 전산실, 창고, 면세점 등)이 설치되어 있습니다. 금년도에는 소방배관의 누수가 잦아 메인(main) 배관을 교체하는 공사를 추진하고 있으며, 당신은 이번 공사의 담당자입니다.
	구체적 문제상황	주간에는 공항 운영이 이루어지는 관계로 주로 야간에만 배관 교체 공사를 수행하던 중 시공하는 기능공의 실수로 배관 연결 부위를 잘못 건드려 고압 배관의 소화수가 누출되는 사고가 발생했으며, 이로 인해 인근 시설물에는 누수에 의한 피해가 발생하였습니다.
문제 제시	기본 지식문항	1. 일반적인 소방배관의 배관 연결(이음)방식과 배관의 이탈(누수)이 발생하는 원인에 대해 설명하시오.
	추가 대응문항	2. 담당자로서 본 사고를 현장에서 긴급히 처리하는 프로세스를 제시하고, 보수 완료 후 사후적 조치가 필요한 부분 및 재발 방지방안에 대해 설명하시오.

출처: https://www.ncs.go.kr

위와 같은 면접질문은 단순히 지식을 암기하여 대답하기는 어렵다. 해당 직무수행능력의 수행준거를 만족할 수 있는 대답을 해야 한다. 해당 직무에 대한 내용은 국가직무능력표준(https://www.ncs.go.kr)에서 검색하여 자신의 지원 직무에 관련된 능력단위를 파악하여 면접평가에 대응해야 한다.

지원자의 면접에 대해 평가하는 기준은 '주어진 상황에 대해 종속적이고 소극적인 태도인가? 창의적이고 변화추구의 태도인가?'이다. 기업과 사회가 요구하는 인재상은 '창의적', '변화의 추구', '적극적인 자세'이다.

1) 토론면접

토론면접은 제한된 시간 동안 4~6명의 지원자가 문제해결 또는 의사결정을 위해 토론하는 것이다. 토론면접은 첫째, 특정 역할이 정해진(assigned) 경우이다. 이때는 모든 지원자가 공동의 목표를 향해 토론을 한다. 둘째, 역할이 부여되지 않은(non-assigned) 경우이다. 이때는 모든 지원자가 서로 다른 목표를 갖고 토론하게 되며, 이 경우에는 경쟁력도 측정의 요소가 된다. 또한, 지원자에게 조직의 정보, 문제의 배경지식에 대해 기본적인 사항을 제시한 후에도 목적에 따라 부가적인 정보를 제공하기도 한다. 두 형태 모두 협력역량을 측정하며 평가의 목적에 따라 주어지는 정보나 토론의 정도는 대략적이거나 매우 특정적일 수 있다. 토론을 하는 동안 면접관은 지원자를 관찰하고 기록하여 이를 근거로 면접점수를 부여하게 된다.

토론면접은 면접 진행 전에 토의주제 및 관련 자료를 제공하여 사전 검토시간을 준 뒤에 토의주제에 대한 찬반 입장을 조별로 3명씩 6명을 강제 배정한다. 총 40분을 할당하여 토론 25분, 질의응답 10분, 자기소개 및 안내 5분 내로 면접을 진행한다.

〈표 11-5〉 **토론면접 진행방법**

구분	진행내용
평가항목	직업기초능력과 인지적 능력을 평가(사회성, 팀워크 중심의 심사)
1단계	진행자가 면접 전에 토의주제 및 관련 자료를 제공하여 사전 검토시간 부여
2단계	토의주제에 대한 찬반 입장은 진행자가 사전에 강제 배정
3단계	조별 6명: 찬성 3명, 반대 3명
4단계	총 40분 할당 → 토론 25분, 질의응답 10분, 자기소개 및 안내 5분 내로 진행

KeyPoint 대부분 시사성이 강한 주제이거나 해당 기업이 직면해 있는 문제점에 대한 주제가 등장한다. 자신의 주장을 독단적으로 내세우기보다는 팀원들과 융화되어 토론주제를 이끌어 낼 수 있는 조직력과 리더십을 보여 준다. 타인의 발언에 끼어들지 말고 존중하며 자신의 의견을 피력한다. 일정한 톤을 유지하고 지나치게 혼자만 말하지 않도록 한다. 메모지와 필기도구를 준비하여 제목과 팀원의 이름 정도는 간단히 메모하는 모습이 보기 좋다.

2) 발표면접

관련 전공별 문제를 출제·부여하고 지원자 본인이 하나를 선택하여 변별력의 수단으로 활용한다. 발표면접은 면접 진행자가 발표할 문제 검토시간을 20분 정도 준 뒤에 1명씩 면접장에 입실하여 주어진 문제를 프레젠테이션한다. 총 30분을 할당하여 자기소개 및 안내, 문제 풀이, 질의응답으로 면접을 진행한다.

직무 분야별로 자신의 전문 분야에 관련된 주제를 선정하여 발표하게 함으로써 지원자의 보유 지식과 표현능력, 가치관, 분석능력, 논리전개방법, 전달력 등을 검토해 보는 면접방법이다. 주어진 주제에 대해 응시자가 준비한 자료에 자신의 의견, 경험, 지식 등을 발표하는 것이 좋다. 면접관은 표현력, 사고력과 논리력, 창의력, 기획력 및 문제해결 능력 등을 중점적으로 체크한다.

〈표 11-6〉 발표면접 진행방법

구분	진행내용
평가항목	직업기초능력과 인지적 능력을 평가(전공지식, 프레젠테이션 능력 심사)
1단계	진행자가 해당 전공에 대한 문제와 관련 자료를 제공하여 사전 검토시간 부여
2단계	피면접자가 주어진 문제 중 하나를 선택하여 풀이 및 사전 준비시간 20분 부여 (PT 내용 메모, 지참 가능)
3단계	한 명씩 면접장에 입실, 칠판을 활용하여 주어진 문제 풀이 프레젠테이션 실시
4단계	총 30분 할당 → 풀이 5분, 질의응답 20분, 자기소개 및 안내 5분 내로 진행

KeyPoint 깔끔한 인상과 복장이 기본이며, 시선은 면접관들을 두루 보면서 적절한 손동작과 움직임을 하며 프레젠테이션을 하는 목소리 톤에 자신감이 중요하다.

TIP 11-1 집단토론 자체평가 포인트

항목	세부 평가기준	평가점수 (1~5)	지표행동기록
토론 참여	발언을 먼저 했는가?		
	사회자역할을 스스로 맡았는가?		
	조정자역할을 잘 하였는가?		
	분석적인 사람이었는가? (원인분석, 다각적인 대안 제시)		
	토론의 활성화를 위해 팀원들의 참여유도역할을 하였는가?		
	전체 의견을 통합하는 능력이 있었는가?		
태도	상대방에 대한 경청자세를 가졌는가?		
	자신감 있고 확신 있는 목소리로 말했는가?		
종합 평가			

TIP 11-2 발표면접

1. 발표면접은 주목을 끄는 오프닝 멘트부터 요약 결론까지 면접관에게 호감을 주는 진행을 해야 한다. 단기간에 향상이 안 되므로 꾸준한 연습이 필요하다.

2. 발표진행: 오프닝 멘트 – 개요 설명 – 결론 제시 – 본론 설명 – 요약 종결

* 발표면접의 주제 샘플 예시

출제영역	해당 직무	발표자 선택(택 1개)
• 회로설계	• 회로설계(FPGA)	
• SW프로그램	• SW프로그램(PC S/W)	• SW프로그램(PC S/W)
• 기구설계	• 기구개발	
• 비즈니스	• 경영관리	

3. 프레젠테이션 면접 자체평가 포인트

세부 평가기준	평가점수 (1~5)	지표행동기록
문제의 핵심을 정확히 이해		
정보를 찾아 분석하는 능력		
대안을 제시하는 능력		
개념에 대한 정확한 이해		
순발력과 창의적인 발상		
대안의 실현 가능성		
논리적 구조화		
자신감, 목소리		
면접관과의 시선		
자세의 안정감, 태도, 용모		

worksheet 11-1 집단토론 면접 연습하기

1. 그룹별로 나누어 조원이 하나의 면접을 선택하여 설명한 후 각각의 면접방법의 사례를 하나씩 가지고 유의해야 할 점을 토론해 본다.

2. 집단토론의 롤플레이 연습하기

   * 팀 구성(팀원 소개)
     • 주제 선정(오늘의 신문을 참조하여 세 가지 안에서 선정한다.)
     • 그라운드룰 설명(지켜야 할 시간, 진행방법 협의)
     • 자체평가
   * 집단토론의 주제는 아래의 토론주제 샘플을 참고하여 주제를 정하거나 그 외 최근 이슈되는 기타 주제를 선택해도 된다.
   * 의견을 말할 때는 자신이 보유한 정보와 지식을 총동원해 다양한 예를 들어 신빙성 있는 의견을 피력해야 한다. 상대가 말하고 있을 때는 자신이 할 말만 생각하지 말고 상대의 의견을 경청하는 모습을 보인다.
   * 자신과 같은 의견이 나왔을 때는 의견에 동의하는 이유를 부연설명하며 자연스럽게 자신의 기회를 가진다.
   * 결론을 내릴 때도 핵심적인 부분을 일목요연하게 정리하면서 마무리한다.

*** 집단토론의 주제 샘플 예시**

- 코로나19에 대해 토론하시오
- 대학의 원격 수업에 대해 찬반 토론하시오.
- 청년 실업문제에 대해 토론하시오.

4. 기타 면접 유형

1) AI면접

AI면접은 처음에는 일반 기업체의 영업직 사원채용으로부터 시작하여 지금은 일반기업은 물론 은행권, 공기업, 육군 및 부사관 등의 간부 선발까지 확대되고 있다. AI면접은 'PC로 면접을 보고 AI가 뽑는구나'라고 단순하게 생각하면 좋은 성과를 얻지 못한다. 따라서 AI면접을 본격적으로 준비하지 않는다 해도 언젠가 취업 현장에서 마주칠 수 있는 면접임을 유념하면서, AI면접의 구성과 그에 따른 면접 준비를 하는 것이 필요하다.

AI면접은 크게 5단계로 구성되어 있다. 공통질문, 인성검사(탐색질문), 상황제시형 질문, 게임, 개인 맞춤형 질문(심층 구조화 질문) 등이다. AI면접 준비를 위한 준비물로는 웹카메라와 헤드셋, Window 7 이상 컴퓨터, 크롬브라우저 등이 필요하다.

① 공통질문

모든 지원자가 공통으로 받게 되는 질문으로 '자기소개, 지원동기, 성격의 장단점, 등으로 구성되어 있다. 동일한 질문이라면 대면면접에서의 답변과 AI면접에서의 답변이 달라지지 않는 것이 좋다. 공통질문에 관한 것은 자기소개서 작성 요령 시 스토리텔링과 스피치 기법을 활용하여 체계적이고 임팩트 있는 구성으로 답변을 준비하는 것이 좋다(준비시간 30초, 답변시간 90초).

② 인성검사(탐색질문)

인적성 시험 시 진행되는 인성검사와 동일하다. 정해져 있는 정답이 없으므로 정해진 시간 내에 본인의 인성과 일치하는 정도를 깊이 생각하지 않고 체크해 나가는 것이다. 특히 인성검사는 추후 심층 구조화 질문의 기초가 될 수 있으므로 일관성 있게 답하는 것이 좋다. 인성검사는 첫째, 일관성 있는 답변이 가장 중요하고, 둘째, 진실성, 셋째, 시간조율이다.

③ 상황제시형 질문

'제품의 판매전략 상사와 의견이 다른 상황'과 같이 제시된 상항 속에서 본인이 어떻게 대응할 것인지를 답변하는 유형이다. 이와 같은 AI면접에서는 본인이 어떻게 행동할지에 대한 '설명'에 초점을 맞추지 않고 실제 '액팅(Acting)'을 하면서 상대방에게 이야기하듯 답변을 하는 것이 좋다. 어떤 질문이 제시될지 알 수 없으므로 자주 출제되는 '개인일정 vs 회사업무, 사내 의견 불일치, 부정・내규위반, 완곡한 거절, 주변인 설득 등의 질문'을 상황별로 정리하여 답변을 준비하여 활용하는 것이 좋다. 실제 면접 합격자 답변을 참고하여 연습하는 과정도 AI면접에서는 필요하다(준비시간 30초, 답변시간 60초).

④ 게임

마우스와 키보드를 이용하여 푸는 문제들로 다양한 종류의 게임이 출제된다. 이를 정해진 방식에 따라 시간 내에 해결해야 한다. 게임은 일종의 인적성 시험의 새로운 유형이라고 볼 수 있다. AI면접에서의 게임의 비중이 높으며, 난이도도 높은 문제들이 있어서 면접 전 미리 게임유형을 알아보는 것도 필요하다. 게임(예를 들어, 도형 옮기기, 무게 측정하기, N-back 등)에 응시하기 전 미리 각 게임에 대한 개념을 잡고 실전문제를 접하는 것이 효과적이다. 또한 AI면접 후기나 블로그, 유튜브 등을 통해 게임에 관한 정보를 얻는 것도 좋은 방법이다.

⑤ 개인 맞춤형 질문(심층 구조화 질문)

인성검사 과정 중 본인이 선택한 항목들을 바탕으로 이와 관련된 질문을 받는다. 주로 가치관에 대해 묻는 질문이 많이 출제된다. 생각을 논리적으로 답변하는 것이 중요한 유형이며, 주로 가치관과 경험을 묻는 질문의 확률이 높다. 답변을 할 때는 STAR-F 툴을 활용하면 좋다(준비시간 30초, 답변시간 60초).

AI면접 준비과정은 본질적으로 대면면접 준비과정과 동일하다고 볼 수 있다. 논리적인 답변, 목소리, 어조, 표정 등을 잘 준비한 지원자는 좋은 성과를 얻을 수 있다.

2) 단독면접

단독면접은 면접관과 지원자의 일대일 면접방식이다. 주로 경력직을 수시 채용하는 외국계 기업이나 국내 벤처기업 및 중소기업에서 주로 이용하는 면접방법이다. 지원자의 특성을 꼼꼼하게 살필 수 있는 장점이 있는 반면, 면접관의 편견이나 주관이 개입될 수 있고 면접시간도 다소 긴 편이다. 국내 기업은 팀장직급이 실무능력을 검증하는 1차 면접을 진행하고, 2차로 인성 및 적성 위주로 진행하는 임원면접이 상례로 되어 있다.

KeyPoint 질문에 대비하여 연습하는 것이 중요하지만 외운 듯한 형식적인 멘트보다는 평소 친한 사람이라고 생각하고 일대일로 대화하듯 말한다. 논리정연하게 말하기 연습을 한다.

3) 개별면접

개별면접은 지원자 한 명과 다수의 면접관이 질문과 응답하는 형태의 면접방식이다. 다수의 면접관을 상대해야 하는 지원자로서는 다른 면접방법보다 어려움을 느낄 수 있다. 면접관이 여러 명이므로 다양한 질문을 통해 지원자의 여러 측면을 알아낼 수 있으며, 주로 인성적인 측면을 보기 위한 질의응답이 이루어진다.

KeyPoint 답변할 때는 다수의 면접관이 지켜보고 있다는 점을 고려하여 질문한 면접관뿐 아니라 모든 면접관에게 대답한다는 느낌으로 눈을 마주치면서 대답하는 것이 효과적이다.

4) 집단면접

집단면접은 여러 명의 지원자와 다수의 면접관이 동시에 면접하는 방법으로 대부분의 기업에서 이루어지고 있다. 중견기업 또는 대기업 공개채용 등 일정 규모 이상의 인원을 채용하는 경우 사용하는 면접방법이다. 이때 집단 속에 자신이 묻히지 않도록 해야 하며, 개인 경쟁력 외에도 동료들 간의 공조나 팀워크도 중요한 요소로 작용하기 때문에 좋은 점수를 받겠다는 욕심만으로 너무 튀려고 해도 안 된다. 상대방의 말을 수긍하면서 전문적인 지식으로 자신의 주장을 논리적으로 표현한다면 좋은 점수를 얻을 수 있다. 질문을 받았을 경우에는 전체 면접관에게 답변을 하는 듯한 느낌으로 시선처리를 하는 것이 좋다. 또한, 다른 사람이 답변을 할 때에도 그 대화에 참석한 것처럼 경청하는 자세도 중요하다.

KeyPoint 답변할 때에는 말하고 싶은 내용을 머릿속으로 정리하여 간단명료하게 말한다. 그러나 질문한 면접관의 의도를 파악하여 남들과 똑같은 대답보다는 면접관의 관심을 끌 수 있는 감흥이 있는 답변이 될 수 있도록 한다.

5) 압박면접

압박면접은 면접관이 화를 내거나 지원자의 약점을 집요하게 묻는 방식으로 자제력 · 인내심 · 판단력을 평가하는 면접방식이다. 고의적으로 화를 내거나 약점을 들추어내는 면접으로 어떻게 대처하는가를 보는 것이다. 당황한 표정을 짓거나 말을 더듬어서는 안 되며, 여유 있는 표정으로 말을 천천히 하면서 생각을 정리할 시간을 확보하는 것이 필요하다.

KeyPoint 일부러 불쾌감을 주어 지원자의 인성을 관찰하고 평가하는 면접이므로 평상심을 유지하고 표정관리를 한다. 공격적이고 곤란한 질문에는 오히려 더 여유 있고 유머러스하게 맞대응하는 것이 좋다.

5. 면접질문분석

1) 면접의 기본적인 질문

면접에 임했을 때 면접관이 가장 많이 질문하는 것은 "자기소개를 해 보세요."이다. 자기소개란 면접시간에 따라서 15초, 30초, 1분이라는 시간이 주어지는 경우가 있다. 자기소개는 가장 어려우면서도 중요한 면접의 첫인상이기도 하기 때문이다. 자기소개서에 작성한 내용을 함축해서 자신의 업무능력을 잘 나타내야 한다. 자기소개의 내용은 주로 자신의 업무능력과 지원동기가 주요내용이 되며, 업무능력과 지원동기는 자신이 지원한 분야에 적합하게 구성되어야 한다. 따라서 자기소개는 여러 가지 형태로 다양하게 준비해 가는 것이 필요하다.

자기소개 관련 질문

질문 1: 자신이 지원한 직무와 연계하여 자기소개를 해 보시오.
질문 2: 영어로 자기소개를 해 보시오.

Point 위 질문은 면접에서 실시하는 가장 일반적이고, 중요한 질문이다. 따라서 위의 질문 외에도 다양한 방법으로 자기 자신을 소개하는 전략을 구상해야 한다. 자기소개 시간은 자랑만을 하라고 주어지는 시간이 아니다. 지원자는 자신의 능력을 보여 주고 비전을 제시해야 한다. 솔직하고 적극적인 자세로 면접관의 뇌리에 지원자 자신을 확실히 인식시킬 수 있는 묘수를 찾아야 한다. 단점까지도 장점화하는 과감한 배짱이 필요하다. 이를 위해서는 철저한 자기분석이 선행되어야 한다. 면접 전에 3~5분 정도 거울 앞에서 자기 PR하는 연습을 여러 번 해 보고 면접에 임하는 것도 좋은 방법이다. 직무와 연결하여 자신의 능력과 장점을 부각시키는 것이 좋다.

2) 인성관련 질문

인성에 관련된 질문은 대부분 지원자의 성장과정, 윤리성, 대인관계, 사회성 등 주로 자기소개서를 중심으로 질문하는 형태이다. 그러나 질문내용이 평이하다고 해서 방심해서는 안 된다. 인성질문에는 지원자의 심리적인 문제, 가치관 등에 대해 우회적으로 물어보는 질문형태가 많다. 만약, "취미가 무엇입니까?"라고 질문하였을 때 "예, 저의 취미는 컴퓨터게임입니다." 또는 "TV 연속극 보기입니다."라고 대답했을 경우 면접관이 지원자의 인성을 어떻게 바라보는가에 대해서는 짐작할 수 있다. 아마 게으른 사람이나 수면부족으로 회사 일을 하는 데 어려움이 있을 거라고 생각할 것이다.

인문학을 중요시 여기는 시대에 "감명 깊게 읽은 책이 있는가?"에 질문에도 책에 대해 자신을 나타낼 수 있는 답변할 준비를 해 두어야 한다.

인성관련 질문

질문 1: 조직생활을 할 때 가장 중요한 것은 무엇이라고 생각하는가?

Point 자신이 개인적인 능력이 뛰어나더라도 "조직의 발전과 융화를 위해서는 직장예절을 지키고 팀워크를 발휘하여 좋은 성과를 만들어 내는 것이다."라고 대답하는 것이 좋다. 더불어 경험을 통해 팀워크를 보여 준 사례를 설명하여 답변의 신뢰성과 내용의 진실성을 높인다.

질문 2: 인생의 꿈과 목표에 대해 말해 보시오.

Point 지원자의 꿈과 목표는 지원동기와 연관 지어 말하는 것이 좋다. 또한, 자신이 지원하는 회사 내에서 성장하고 목표를 이룰 수 있는 구체적인 계획을 준비한다. 지원자의 꿈과 목표는 자신이 선택한 업무와 회사에 관련해서 말을 하는 것이 좋다. 기업에 "이 사람이라면 할 수 있을 거야."라는 기대감과 가능성을 전달하도록 노력한다.

질문 3: 지금까지 살아오면서 가장 어려웠던 일과 즐거웠던 일은 무엇인가?

Point 한두 가지쯤은 마음속에 새겨 놓고 있는 것이 좋다. 이는 인성의 단단한 정도를 파악해 보려는 질문이기 때문이다. 누구나 살면서 어려웠거나 즐거웠던 일들은 가지고 있다. 이러한 질문을 받았을 때 그런 일들 하나쯤은 바로 이야기할 수 있도록 준비하는 것이 필요하다. 그러나 일반적으로 생각할 경우 너무 흔하거나 경미한 것은 피하는 것이 좋다.

3) 직업(직무)관련 질문

직업(직무)에 관련된 질문은 전공관련 질문, 직무와 관련된 자기계발 사항, 채용해야 할 이유 등 주로 자신이 지원한 분야의 직무에 대해 수행능력이 어느 정도인지를 알아보기 위한 질문이다. 따라서 직무질문에 대처하기 위해서는 기본적인 전공지식과 지원 분야의 직무내용을 파악하고 자신이 지원한 직무를 성공적으로 수행할 수 있다는 능력을 보여 주는 것이 필요하다.

직무관련 질문

질문: 어느 부서에서 일하고 싶은가? 그 이유는?

Point 면접을 보기 전 지원 회사에 대한 정보를 파악하는 것은 필수사항이다. 회사의 최근 뉴스나 정책을 언급하여 관심도를 표출하는 것도 좋다. 자신이 원하는 부서는 명확히 하고 자신의 전공이나 그동안 해 왔던 취업 준비를 근무하기 원하는 부서의 업무와 잘 조화시켜 답변하는 것이 필요하다. 전공과 지원한 직무에 대해서는 기본적인 지식을 준비하는 것이 좋다.

4) 압박면접에 관련된 질문

압박면접 질문은 주로 유연한 사고와 대처능력을 보고자 하는 것이며, 평소의 개인의 실제 판단기준과 모습을 확인하기 위한 질문으로 이루어진다. "인상이 좋지 않다. 대인관계는 원만하냐?", "학점이 좋지 않다. 학교 다닐 때 많이 놀았냐?", "상사와의 갈등이 있으면 어떻게 하겠느냐?" 등이다. 이러한 질문을 받았을 때 지원자는 침착하게 여유를 가지고 긍정적으로 대답해야 한다. 면접관의 의도에 휩싸여 화를 내거나 표정이 굳어지는 모습을 보여서는 안 된다.

압박관련 질문

질문 : 상사와 업무상 견해가 다른 경우 어떻게 해결하겠는가?

Point 회사는 '이윤 추구'라는 구성원 공동의 목표를 이루기 위해 움직이는 이익집단이다. 그 구성원들 사이에는 의사소통이 원활하게 이뤄져야 함은 물론 함께 일하는 공동체정신과 협동정신이 요구된다. 그리고 아직 한국 기업은 상사를 존중하고 자기 의견을 우회적으로 관철시킬 수 있는 겸손한 자세의 부하직원을 원한다. 너무 뚜렷하게 자기주장을 펴는 것보다는 협동정신을 발휘해 잘 해결해 보겠다는 답변이 더 나은 점수를 얻을 수 있다.

5) 지원동기관련 질문

지원동기는 자신의 평소 관심 분야에 전공과 현장경험을 쌓아 왔음을 언급하고, 지원한 회사의 업무가 자신의 관심 분야와 일치하며, 지원한 회사의 비전과 가능성 등 일하고 싶은 이유를 밝힌다. 또한, 지원 회사에 대한 관심과 열정을 나타내는 것이 필요하다.

지원동기관련 질문

질문: 우리 회사에 지원하게 된 동기는?

Point 지원하는 회사에 대한 지원동기를 명확하게 준비하는 것은 면접을 보는 기본자세다. 지원한 기업의 특성을 알고 기업문화와 지원자와의 관련성을 분석하고, 지원 회사가 원하는 직무능력과 인재상에 맞는 지원동기를 준비한다. 또한, 회사에 대한 관심과 입사하고 싶은 열정을 사례나 스토리를 포함시켜 풀어 나가는 것이 중요하다.

6) 시사성관련 질문

지원자의 전공지식과 스펙이 좋아도 면접에서 탈락하는 경우가 증가하고 있는 추세이다. 따라서 평소에 사회생활에 필요한 지식이나 소양, 시사성 있는 내용들을 준비하는 것이 중요하다. 이를 위해서는 필요한 책과 신문 등을 읽고 관심 있는 회사나 내용에 대해서는 스크랩을 해 놓는 것이 필요하다.

시사성관련 질문

질문: 오늘 조간신문의 톱기사는 무엇이었나?

Point 면접에서 각 분야에 걸친 시사상식을 자주 묻는다. 그러므로 최근 중요한 사건이나 행사 등에 대해 미리 숙지해 둘 필요가 있다. 면접시험에서는 깊이 있는 지식보다는 폭넓은 지식을 요구한다. 따라서 사회 전반에 걸쳐 다양한 상식을 갖추어 만족할 수 있는 답을 할 수 있도록 한다. 그런 의미에서 면접 당일 신문을 읽고 임하는 것이 필요하다.

7) 전공관련 질문

지원자의 전공에 관련된 기본적인 지식은 미리 준비하는 것이 좋다. 특히, 지원 분야와 관련된 기본적인 전공지식은 면접질문에 나올 수 있으므로 반드시 준비해 두어야 한다. 전공과 관련된 자신 있는 부분을 설명하면서 전공활동을 통해 얻은 표창이나 좋은 성과에 대해 자연스럽게 PR하는 것도 좋다. 더불어 전공과 유사성이 없는 업종에 지원할 경우 지원한 업무와 전공과의 관련성에 대해 반드시 질문하므로 적절한 연결고리를 찾아 대비한다. 또한, 전공관련 및 기타 질문에서도 항상 연결되는 꼬리질문에 대비하도록 한다.

8) 지원 회사의 관심도관련 질문

면접시험을 보기 전 지원 회사에 대해 정확히 아는 것은 성공에 반 발자국 다가간 것이다. 이것은 서류 준비 전, 즉 이력서와 자기소개서를 쓰기 전에부터 자신이 입사하게 될 회사에 대해 조사하는 것은 기본적으로 갖추어야 할 예의 또는 기본상식과도 같은 것이다. 그러나 실제로 지원 회사에 대한 기본지식도 갖추지 않은 채 면접에 임하는 지원자들이 많다. 지원 회사에 대해 사전 연구를 하고 질의에 답변 시 관련 내용을 적극 활용해야 한다. 자신이 지원하고자 하는 기업에 대한 특성, 역사, 경영철학, 최근 이슈, 조직 문화 등 기본적인 내용들을 알아보고 막힘없이 대답할 수 있도록 암기해야 한다. 또한, 회사의 최근 기사나 뉴스, 광고 등을 분석해 답변을 준비하여 충성도를 나타내는 것도 좋다.

기본적으로 준비해야 할 사항은 다음과 같다.

- 회사의 연혁
- 회장(또는 창업주) 또는 사장의 이름, 사진(얼굴) 확인, 출신 학교 및 전공과목
- 회장 또는 사장이 요구하는 신입사원의 인재상
- 회사의 사훈, 사시, 경영이념, 경영전략, 캠페인 추진전략, 홍보전략
- 회사의 대표 주력 상품
- 업종별 계열회사, 계열회사의 수 및 해외 지사의 수와 위치
- 신상품, 신개발품에 대한 기획 및 현황
- 그 회사와의 대표 경쟁기업과의 비교·분석(장점 위주, 홍보 위주, 경쟁 우위 방안)

그리고 가능하다면 그 회사와 경쟁관계에 있는 기업과의 비교·분석과 그에 따른 자신만의 생각, 강화전략에 대해 정리해 둔다. 이때 중요한 것은 회사가 그 해에 강조하고 있는 추진전략이나 홍보내용 등 긍정적인 내용을 언급해 주면 좋다. 어떠한 대답이든지 그 회사와 관련된 내용을 하나씩 꼭 넣고 이야기를 풀어 나가면 좋다.

예 1) ○○기업의 올해 '경영전략캠페인'은 고객만족 극대화로 알고 있습니다.
예 2) ○○회사는 '소비자 만족도 최우수기업'으로 선정된 것으로 알고 있습니다.

인사담당자들은 지원자들을 통해서 자신의 회사의 인지도를 확인하고 흐뭇해하면서 지원자에게 좋은 점수를 주게 된다. 또한, 그 회사에 대해 조사하면서 자신과의 연결고리를 찾아보고 질의에 대한 답변 시에 적절히 활용한다.

예 1) ○○회사의 사훈은 '창조적인 인재 개발'로 알고 있습니다. 저는 학생기자활동을 하면서 아이디어 회의와 취재활동을 통해 창조적인 사고 함양이 훈련되었다고 생각합니다. 이에 발맞추어 저는 ○○회사의 마케팅 부서에서 신세대의 사고와 현장에 맞는 톡톡 튀고 참신한 아이디어로 이 회사에 없어서는 안 될 브레인이 되겠습니다.

마지막으로 최근 그 기업에 입사한 선배들을 만나 회사 분위기, 최근 이슈, 회사가 바라는 인재상 등의 정보를 듣는 것도 바람직하다. 지원자의 전공과 관련된 기본적인 지식은 미리 준비하는 것이 좋다. 특히, 지원 분야와 관련된 기본적인 전공지식은 면접질문에 나올 수 있으므로 반드시 준비해 두어야 한다.

9) 기타 황당질문

황당질문은 지원자의 창의성, 스트레스 대처능력, 순발력 등을 알아보기 위한 질문이 대부분이다. 황당질문은 대부분 정답이 없다. 그렇다고 대답을 하지 않거나 정답이 없다고 하면 좋은 점수를 얻지 못한다. 이러한 면접질문은 지원자가 얼마나 면접시험에서 진지하고 성실하게 임하고 있는가를 보여 주는 것이다. 따라서 나름대로 체계적인 논리를 세워서 대답하는 것이 중요하다.

언젠가 아나운서 시험에서 지원자가 면접 시 받은 재미난 질문 하나가 있었다. "세탁기 안에 들어갈 수 있습니까?"라는 엉뚱하고 황당한 질문을 받은 사람이 당황하지 않고 "네. 돌리셔도 됩니다."라고 응수하여 합격했다는 사례가 있다. 또한, 엉뚱한 상상력과 창의력은 물론, 추론능력까지 다단계로 검증하는 기발한 질문이 나올 수 있다. 창의력의 한계를 드러내는 반듯하고 답답한 답변보다는 엉뚱하더라도 자기만의 색깔이 뚜렷한 기발한 대답이 면접관의 기대를 충족하는 답변이 될 것이다.

TIP 11-3 황당 면접질문 사례

- 마음대로 100달러 지폐를 만들어 내는 기계를 얻을 수 있다면 무엇을 내주겠는가?
- 아침에 일어나 보니 이메일이 2,000통이 와 있다. 그중 300통에만 답장할 수 있다면 어떤 기준으로 선정하겠는가?
- 항공기 추락사고에서 홀로 살아남았다면 어떻게 하겠는가?
- 평생 해 본 일 중 가장 '막 나가는' 행동은 무엇이었나?
- 만화캐릭터로 변할 수 있다면 무엇을 선택하겠는가? 그 이유는?
- 외딴 섬에 가야 한다면 누굴 데려갈 것이며, 그 이유는 무엇인가?
- 이누이트(에스키모)에게 냉장고를 팔아야 한다면 어떻게 하겠는가?
- 당신 삶의 현 시점을 담은 책을 출간한다면 그 제목은 무엇으로 하겠는가?
- '시간 내에 작업을 마치는 것'과 '완벽하게 작업을 마치는 것' 중에 단 하나만 선택할 수 있다면 어느 쪽을 택하겠는가?
- 우리 회사가 당신에게 3년 뒤 상환할 것을 조건으로 100만 달러를 준다면 그 돈으로 무엇을 하겠는가?
- 지금 당장 한 명의 인물과 하이파이브를 할 수 있다면 누구와 하겠는가? 죽은 사람이어도 상관없다.
- 노래방에서 혼자 몇 시간 놀 수 있는가?
- 지리산 정상에 있는 산장 주인에게 낚시용품을 팔아 보라.

worksheet 11-2 면접 예상질문을 만들어 보자.

1. 필수질문
*
*
*
*
2. 입사지원서 내용과 관련된 질문
*
*
*
*
3. 직무역량관련 질문
*
*
*
*
4. 가치관에 관련된 질문
*
*
*
*
5. 지원 회사에 관련된 질문
*
*
*
*
6. 최근 이슈가 되고 있는 시사성 질문
*
*
*
*
7. 전공관련 질문
*
*
*
*
8. 자기분석관련 질문
*
*
*
*

9. 상황 가정 질문
*
*
*
*
10. 황당, 압박형 질문
*
*
*
*
11. 기타 질문
*
*
*
*

TIP 11-4 면접 시 주의해야 할 행동요령

1. 면접 전날 준비! 그리고 면접시간 30분 전에는 도착하여 점검하자.

면접 전날에는 가져가야 할 필요한 준비물을 점검한다. 그리고 면접용 복장을 한 번 입어 보고 구김이나 뜯어진 곳이 없는지, 구두까지 모두 적절한지 확인한 후 잘 걸어 두어야 한다. 그리고 기상시간, 준비시간과 함께 면접장소까지 걸리는 예상 소요시간을 점검한다. 왜냐하면 면접장소는 처음 가보는 낯선 곳이기 때문이다. 여유 있게 도착하여 면접에 필요한 멘트를 연습해 보고 차분히 들어간 사람과 허겁지겁 도착하여 숨 돌릴 틈 없이 들어간 사람은 분명한 차이를 보인다.

오랫동안 준비하고 애쓴 자신의 노력과 꿈을 어처구니없이 실패로 흘려 보내지 말자.

2. 면접 D-1

- 면접 시 이력서에 있는 내용을 기초로 질문할 것에 대비하여 제출한 이력서나 자기소개서의 내용을 미리 충분히 숙지한다.
- 회사에 대한 정보를 충분히 수집한다. 회사 홈페이지, 최신 뉴스기사 등은 꼭 읽어 본다.
- 정확한 면접장소와 시간, 교통편과 소요시간을 확인하고 정확한 시간을 따져 본다.
- 소지품은 미리 점검하여 준비해 둔다.
- 좋은 이미지를 주기 위해 충분한 수면과 휴식으로 안정감을 유지하고 컨디션을 조절한다.

3. 면접 D-day

- 면접 당일 준비할 사항을 체크한다. 수험표와 신분증, 필기도구는 기본이다. 그 외 손수건, 지갑, 휴대폰, 옷핀, 손거울, 빗, 여분 스타킹, 화장품, 물 등을 준비한다.
- 조간 뉴스를 읽고 요점정리하며 면접장으로 간다.

4. 면접 대기실에서의 태도나 행동에 유의하라.

대기실에서도 자신을 평가하는 눈이 있다는 것을 명심하라. 대기시간도 면접의 일부라는 것을 잊지 말아야 한다. 대기실에서는 진행을 도와주는 직원들이 있는데 그들은 대부분 인사팀에 소속된 사람들이다. 특히, 면접이 끝난 직후 나오자마자 함께 지원한 동기들과 나누는 말실수(속어) 등을 조심하라. 화장을 고치거나 흡연을 하거나 휴대폰으로 통화를 한다거나 안절부절 불안해하는 모습도 금하는 것이 좋다. 만약 화장실에서 안 좋은 이미지의 언행을 하다가 스쳐지나간 불특정 다수 중 한 사람이 면접관으로 마주치는 순간을 상상해 보라.
면접실에서 퇴실하는 자세도 너무 성급히 나가려고 서두르는 모습보다는 차분하고 여유 있는 마지막 모습을 남기는 것이 좋다. 면접장소인 그 회사 건물을 완전하게 빠져나올 때까지 모든 자신의 행동을 조심하라.

6. 모의면접 역할연기

모의면접이란 실제 면접에 대비해 면접과정을 이미지 트레이닝하는 것이다. 면접은 대기, 면접장 입실, 질의응답, 퇴장의 순으로 이루어지므로 그 과정을 실전과 같이 하여 연습하고 준비하면 실전에 많은 도움이 된다. 더불어 동영상을 이용하여 자신의 표정, 말의 매끄러움, 불필요한 동작 등이 없는지 점검하면 개선효과가 크고 실제 면접에 좋은 결과를 얻을 수 있다. 면접관으로 앉아서 질의응답을 해 보는 것이 여러 시각에서 느끼는 점이 많으므로 서로 돌아가면서 수행한 후 잘못된 점을 반드시 피드백 해 주어야 한다. 최종적으로 전문성이 있는 분을 면접관으로 의뢰하여 연습해 보는 것도 좋다.

worksheet 11-3 모의면접 롤 플레이

- 면접 준비물: 면접번호표, 면접실 셋팅, 캠코더, 빔프로젝트 등
- 모의 면접 진행: 다대다 면접

다대다 면접의 진행 준비 및 과정

① 장소 세팅

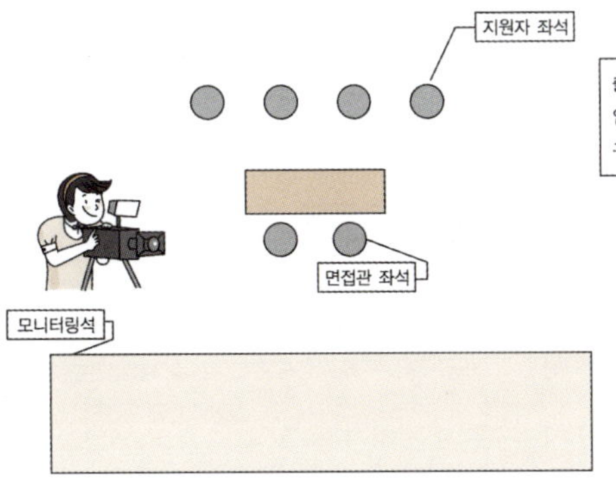

② 필요 인원: 면접관 2명, 촬영 1명, 면접 안내 1명
③ 4~5명 면접팀 구성 및 면접 순서를 정함
④ 모의면접상황 촬영(출입구로 들어오면서부터 나갈 때까지)
⑤ 1팀당 30분 정도 소요
⑥ 면접질문: 지원자의 희망직무, 기업의 특성에 따라 면접관이 사전에 준비해야 함.

- 모의면접 안내
  - 소속 면접팀 순서가 될 때까지 면접실에서 대기하도록 안내함.(※면접실을 마련할 여건이 안 될 경우 모니터링석에서 대기하고 있다가 출입구로 나가서 다시 들어오도록 안내함.)
  - 모의면접이 끝나면 모니터링석에서 타 팀의 모의면접상황을 모니터링하도록 안내함.
  - 모든 면접팀의 순서가 종료되면 면접 동영상 모니터링 있음을 공지함.

TIP 11-5 면접 체크리스트 사례 1

면접평가표(1)

응시자	응시번호	성명					
분야	기준항목	항목					서술평가
인품	1. 용모 및 태도	1	2	3	4	5	
	2. 인성	1	2	3	4	5	
	3. 표현력	1	2	3	4	5	
	4. 사회성	1	2	3	4	5	
	5. 열정	1	2	3	4	5	
	6. 도전정신	1	2	3	4	5	
업무 능력	7. 이해도	1	2	3	4	5	
	8. 실무능력	1	2	3	4	5	
	9. 창의력	1	2	3	4	5	
	10. 전문성	1	2	3	4	5	
	11. 외국어 능력	1	2	3	4	5	
점수 합계							

TIP 11-6 면접 체크리스트 사례 2

개인면접 체크리스트

<table>
<tr><td>수험번호</td><td></td><td>성명</td><td colspan="2"></td><td>전공</td><td colspan="3"></td></tr>
<tr><td rowspan="2">질문항목</td><td rowspan="2" colspan="2">평가기준</td><td rowspan="2" colspan="2">Check Point</td><td colspan="4">평 가</td></tr>
<tr><td>A+</td><td>A</td><td>B</td><td>C</td></tr>
<tr><td rowspan="2">1. 용모</td><td rowspan="2" colspan="2">건강상태와 용모가 적합한가?</td><td colspan="2">• 건강 상태</td><td></td><td></td><td></td><td></td></tr>
<tr><td colspan="2">• 품위, 용모</td><td></td><td></td><td></td><td></td></tr>
<tr><td rowspan="3">2. 자기 표현력</td><td rowspan="3" colspan="2">자기 생각을 바르게 설명하는가?</td><td colspan="2">• 간결 명료</td><td></td><td></td><td></td><td></td></tr>
<tr><td colspan="2">• 언어 선택</td><td></td><td></td><td></td><td></td></tr>
<tr><td colspan="2">• 밝은 음성</td><td></td><td></td><td></td><td></td></tr>
<tr><td rowspan="4">3. 지식과 경험</td><td rowspan="4" colspan="2">직무수행에 필요한 지식과 경험은 어느 정도인가?</td><td colspan="2">• 지식 수준</td><td></td><td></td><td></td><td></td></tr>
<tr><td colspan="2">• 수행능력</td><td></td><td></td><td></td><td></td></tr>
<tr><td colspan="2">• 자신감</td><td></td><td></td><td></td><td></td></tr>
<tr><td colspan="2">• 노력</td><td></td><td></td><td></td><td></td></tr>
<tr><td rowspan="3">4. 기업관</td><td rowspan="3" colspan="2">기업에 대한 바른 인식도는 어떠한가?</td><td colspan="2">• 적극적인 사고</td><td></td><td></td><td></td><td></td></tr>
<tr><td colspan="2">• 발전적 · 긍정적인 사고</td><td></td><td></td><td></td><td></td></tr>
<tr><td colspan="2">• 협동심</td><td></td><td></td><td></td><td></td></tr>
<tr><td rowspan="3">5. 신뢰성</td><td rowspan="3" colspan="2">책임감이 강하고 성실하고 신뢰할 수 있는가?</td><td colspan="2">• 성실</td><td></td><td></td><td></td><td></td></tr>
<tr><td colspan="2">• 의지</td><td></td><td></td><td></td><td></td></tr>
<tr><td colspan="2">• 책임감</td><td></td><td></td><td></td><td></td></tr>
<tr><td rowspan="2" colspan="3">종합</td><td colspan="2">• 장래성이 있다.</td><td></td><td></td><td></td><td></td></tr>
<tr><td colspan="2">• ○○가족이 될 수 있다.</td><td></td><td></td><td></td><td></td></tr>
<tr><td>총평</td><td>평가점</td><td>A+</td><td>A</td><td>B</td><td>C</td><td>총점</td><td colspan="2"></td></tr>
<tr><td colspan="9">면 접 자 (인)</td></tr>
</table>

TIP 11-7 모의면접 피드백

■ 면접 피드백 준비물: 면접 동영상, 빔 프로젝트 등

■ 모의면접 피드백

- 한 명당 약 5분 정도씩 상영하고 잘한 점과 개선할 점을 피드백한다.
- 진행자도 피드백내용을 경청하고 누락된 피드백내용이 있으면 전달해야 한다.
- 모의면접 경험담을 나누어 보도록 한다.

■ 모의면접 피드백 시 전달사항

- 면접은 면접실에서 시작되는 것이 아니라 회사에 들어오면서부터 나갈 때까지이다.
- 특히, 면접 대기실, 화장실, 엘리베이터 등에서의 태도가 매우 중요하다.
- 면접태도는 면접 당시에만 발휘하는 것이 아니라 평소 비즈니스 매너를 익혀서 자연스럽게 연출될 수 있도록 하는 것이 중요하다.
- 압박면접의 의도를 잘 파악해야 한다.
  (면접관은 지원자를 곤란하게 만들기 위해 답변하기 어려운 질문을 하는 것이 아니라 개인의 문제해결능력과 임기응변능력, 준비되지 않는 상황에서 연출되는 태도와 가치관 등을 보기 위해 어려운 질문을 한다.)
- 면접시험은 누구에게나 긴장되는 순간이다. 면접관들도 평상시 이를 고려하지만 지나치게 긴장할 경우 문제가 될 수 있다. 이를 해결하기 위해서는 꾸준한 연습, 시나리오 작성 등이 필요하다.

PART

07

인성과 채용

Chapter 12 채용인성

채용인성

CHAPTER

12

1. 인성(人性)의 정의

1) 사전적 의미

사람의 성품, 각 개인이 가지는 사고와 태도 및 행동특성으로 정의한다. 성품은 사람의 성질이나 됨됨이를 의미하며, 성질은 정신적 바탕 혹은 사물이나 현상이 본래부터 가지고 있는 독특한 바탕으로, 됨됨이는 사람의 품행이나 인격으로 풀이한다. 즉, 인성은 사람의 성질, 마음의 본바탕으로서 고유의 특성이나 됨됨이라고 정의한다.

2) 영어단어적 의미

인성을 뜻하는 영어단어로는 성격적 측면을 강조한 'Personality'와 인간다움에 대한 가치판단인 'Character'로 구분된다.

① **Personality**: 가면을 의미하는 페르소나(Persona)에서 유래된 것으로 사람이 태어나면서 가지는 특성으로서의 인간본성을 의미한다.

② **Character**: 고대 그리스어인 카라쿠테르(karakter)에서 유래된 것으로 도덕과 윤리적 기준을 고려한 개인이 성장하면서 보여주는 성질이나 특성을 의미한다.

3) 정신분석적 의미

기질과 기능이 순수하고, 그림을 그리지 않은 백지와 같다고 할 수 있으며, 체험과 교육을 통하여 발달, 형성, 구축된다. 즉, 유전적 뿌리가 있지만 부모의 영향, 사회적 배경, 교육의 지표와 정도에 따라 나무 굵기와 잎의 색깔에 영향을 미치며, 꽃의 아름다움이 달라진다. 인성의 정의는 학자에 따라 다소 다르게 나타나고 있다. 이러한 견해들이 서로 중복되기도 하나 그들의 주장을 포괄적으로 이해한다는 점에서 대표적인 학자의 주장을 살펴보고자 한다.

〈표 12-1〉 학자별 인성의 의미

학자	인성을 갖춘 사람
프로이트 (Sigmund Freud)	개인의 본능적 욕구(id)를 현실적 욕구(ego), 도덕적 욕구(super ego)의 제약 가운데서 합리적으로 충족시켜 나가는 것이라고 하였다. 즉, 본능, 자아, 초자아가 조화와 균형을 유지하여 자아의 기능이 개인욕구의 갈등과 충동, 도덕 간의 갈등을 해결하여 이성적 통제를 할 수 있는 기질과 기능을 가진 사람을 의미한다.
아들러 (Altred Adler)	'행동의 주요한 동기는 성적 욕구가 아니라 개인적인 목표를 성취하고 장애를 극복하고자 하는 노력이다'라고 하였다. 또한 사회 공동체 속에서 사랑, 우정, 일에 대한 성취감을 느끼며, 타인과 비합리적으로 투쟁하지 않으며 다른 사람들을 기어코 이기려 하지 않으면서 자기 동료인 인간을 가치 있는 존재로 보는 사람을 의미한다.
융 (Carl Gustav Jung)	자기 존재의 목적과 의미를 깨달으면서 책임 있고 개성적인 자아의 성취를 이룬 사람을 의미한다.
매슬로우 (Abraham Maslow)	현실의 길을 탐구하고 추구하면서 인간의 기본적인 욕구인 생리적 욕구, 안정의 욕구와 소속감과 사랑의 욕구, 자존감의 욕구를 대체적으로 만족시킨 후 자신의 잠재능력을 충분히 발휘하여 자기실현의 욕구를 성취한 사람을 의미한다.
에릭 프롬 (Erich Fromm)	사랑할 능력이 있고 타인과 진정한 인간관계를 확립할 수 있으며, 자기 이성으로 세계를 파악하고 이해하는 능력을 가지고 생산적인 일을 함으로써 보람과 가치를 느끼는 사람을 의미한다.
로저스 (Carl Rogers)	개인이 자신의 독특한 주관적인 경험 속에서 자아실현을 이루어 나가는 사람을 의미한다.

이러한 여러 학자들의 견해를 살펴본 결과 인성(人性)이란 사람의 삶 속에서 나타나는 아름다운 마음의 포괄적 개념으로 타고난 유전적 요인과 후천적으로 형성된 인간으로서 갖추어야 할 공동체에서 필요한 참된 덕목을 의미한다.

2. 인성검사 해석

1) 인성검사의 목적

인성검사의 목적은 피검사자의 인성을 객관적으로 분석하여 불건전한 인성의 환경을 찾아내어 합리적인 개인 맞춤형 상담을 통해 건전한 인성을 가지고 생활하게 하여 인간이 공동체 속에서 행복한 삶을 영위하게 하고 더불어 그가 속한 조직에서 잘 적응하고 공동체 목표를 이루어 나갈 수 있는 인재를 선발하기 위함이다.

2) 인성검사의 구성 항목

인성의 기능은 아홉 개 항목으로 나눈다. 인성의 특성을 재인식하고 창조적인 방향으로 적응할 수 있는 인성(건전한 인성)은 어떤 인성이며, 이와 반대인 창조적인 방향으로 적응하지 못하는 인성(불건전 인성)이 무엇인지 원인과 처방을 통해 건전한 인성을 갖춘 사람으로 나아갈 수 있는 상담의 기틀을 마련하기 위함이다.

〈표 12-2〉 **건전한 인성과 불건전한 인성**

	건전한 인성	불건전한 인성
1	근면성, 성실성, 정직성, 진실성, 준비성 등	게으름, 태만, 의욕부족, 비양심적, 불안 등
2	책임감, 성취력, 진취성, 사명감, 의무감, 실천력, 세심성 등	책임회피, 직무공포감 등
3	협동성, 사회성, 대인관계, 희생심, 봉사심, 협조성, 공동체 의식 등	이기적, 대인관계 결여, 비협조적, 자기중심적 등
4	자주성, 능동성, 적극성, 자신감, 자립심, 자율성, 도전성, 의지력 등	의존적, 강박관념증, 결정력 부족, 자신감 결여, 소극적 등
5	준법성, 질서의식, 규범성, 규율성, 규칙적 등	위법성, 저항의식, 불신, 부정적, 파괴적 행위 등
6	지도력, 섭외력, 추진력, 친절성, 리더십, 설득력, 통솔력, 정의감 등	수동성, 소심성, 주위 지나친 의식, 지나친 긴장 등

	건전한 인성	불건전한 인성
7	감정순수, 감정통제, 외부환경 긍정적 등	감정억압, 불쾌신경증, 감정자제력 부족, 거센 흥분, 신경과민성 등
8	정서안정, 정신건강, 현실적 등	충동성, 공상, 과대의식증, 분열성 등
9	집중력, 인내력, 침착성, 안전성, 지구력, 끈기력, 자제력 등	산만, 초조, 불건전 의식, 마음안정 부족 등

3) 일반적 인성의 본질

① 5대 기질: 본능, 자아, 초자아, 감정, 정서

② 9대 기능: 근면성, 책임성, 협동성, 자주성, 준법성, 지도성, 동기, 태도, 집중력

3. 인성항목별 해석기법

인성의 9대 기능별 해석은 A+등급부터 E등급까지 6등급으로 나누어져 있다. A+등급은 최우수, A등급은 우수, B등급은 준우수, C등급은 보통, D등급은 낮은 수준이며, E등급은 매우 낮은 수준으로 해석한다. D등급 이하일 경우 장애요인이 발생하고 있거나 발생할 가능성이 높은 경우라고 볼 수 있다. 낮은 원인을 분석한 후 상담을 실시하는 것이 좋다. 본 해석 기준은 한국사회교육개발원 인성검사에 기초를 둔다.

〈표 12-3〉 인성점수 환산표

평가수치	A+ 등급 (최우수)	A 등급 (우수)	B 등급 (준우수)	C 등급 (보통)	D 등급 (낮음)	E 등급 (매우 낮음)
표준인성 검사점수	10~9	8.9~8	7.9~6	5.9~4	3.9~2	1.9~0
환산점수	100~90	89~80	79~60	59~40	39~20	19~0

1) 근면성

근면성은 본능의 자기보존의 욕구에서 비롯된다. 행동을 할 때 나태하고 게으른 행동은 본능 자체의 욕구가 극히 충족되지 못한 상태이며 포만감을 지니지 못했을 때 의욕을 상실하는 결과를 가져올 수 있다. 일을 열심히 하면 땀을 흘리게 되고 목이 마르듯이 소변과 대변의 경우와 땀을 흘리고 침을 뱉는 경우의 본능은 근면성과 관련이 있다. 예를 들어 아름다운 옷을 사 입고 싶고, 그림을 그려보고 싶어 하고, 음악을 듣고 싶어 하고, 꽃을 가꾸어 보고 싶어 하는 등 자신이 아름다워지려고 노력하는 경우와 같은 본능의 욕구가 적절할 때 근면성은 정상적이 될 수 있다. 본능의 쾌감이 적절한 것과 같다.

(1) 근면성이 높을 때의 장점

근면성이 높으면 매사에 성심성의껏 노력하며, 건강상태가 좋고 매사에 의욕이 왕성하며 적극적이다. 주위 사물에 대한 정서적 애정이 높다.

(2) 근면성의 결핍요인과 개선방향

결핍요인	개선방향
– 물질적 욕구부족 시 – 건강이 좋지 않을 때 – 외부에 의해 지나친 억압을 받을 때	– 물질적 욕구충족으로 영양보충을 한다. – 긍정적 사고 갖기 – 본능적, 창조적 의욕을 억압하는 원인을 찾아 해소하기 – 사물에 대한 관심과 애정을 갖기

(3) 등급별 상태 파악

A+, A	B, C	D, F
① 본능의 욕구가 왕성하다 ② 창조적 욕구가 왕성하다 ③ 적극적이고 능동적이다 ④ 인내심이 있고 성실하다	① 의욕과 능동적인 면이 있다. ② 영양상태가 보통이다. ③ 노력과 끈기가 있다.	① 본능적 욕구가 좌절되어 있다. ② 의욕이 없고 소극적이다. ③ 건강상태가 좋지 않다. ④ 습관성 변비, 신경성 소화 불량 등을 나타내기도 한다.

2) 책임성

책임감은 본능의 욕구 중에서 자기 보존의 욕구와 삶의 가치관과 관련이 있다. 실패의 연속은 보존할 수 있는 욕구를 상실하게 하며, 삶에 대한 가치관을 희박하게 해주는 결과를 초래하게 한다. 어떤 일을 한 후 보람을 느끼지 못하면 책임감이 없는 결과를 의미한다. 어떤 결과를 통하여 본능적인 성취동기를 갖고 그것에 대한 만족감을 갖도록 할 때 책임감은 더욱 높아진다. 부모의 성급한 기대와 과시욕은 책임감을 결핍시킬 수 있는 요인이 된다. 긍정적인 성취동기와 반복될 때 책임감은 향상된다.

(1) 책임성이 높을 때의 장점

일에 대한 사명감이 높고, 목표에 대한 결과를 추구하는 성취력이 우수하다. 또한 일처리가 정확하고 믿음직스러우며, 매사에 철저하고 세심하다.

(2) 결핍요인과 개선방향

결핍요인	개선방향
- 정신적 욕구부족으로 애정결핍 (부모, 주위인물) - 결과에 대한 보상이 주어지지 않을 때 (또는 자신의 욕구기대치가 클 때)	- 성취의욕 갖기 - 계획적인 생활을 하기 - 자신감을 갖기 - 사고의 폭 넓히기

(3) 등급별 상태 파악

A+, A	B, C	D, F
① 매사에 철저하고 세심하다. ② 계획적이고 준비성이 좋다. ③ 목표와 결과를 추구하는 성취력이 우수하다.	① 하고자 하는 의욕은 있으나 철저한 계획적인 면이 부족하다. ② 의무감은 있으나 스스로 판단하여 실행하는 것은 부족하다.	① 매사에 흥미와 관심이 없다. ② 생각의 폭이 좁고 게으르다. ③ 일에 대한 사명감이 부족하며 계획적인 면과 준비성이 없다.

3) 협동성

협동성은 자아에서 비롯된 것으로 이성의 폭이 넓고 융통성이 있을 때는 협동성의 행동 반응이 높다. 반면 이성의 폭이 협소하고 극단적일 경우에는 협동성의 반응이 낮다고 할 수 있다. 자아는 어머니에 의해 가장 큰 영향을 받는다. 이성과 어머니의 협동성은 밀접한 관련이 있으며 어머니의 생활지도는 우리 자신의 생활태도에 이성과 협동성이 크게 작용한다고 할 수 있다. 협동성은 이익개념을 떠난 적응력과 희생정신, 단체생활에서의 친화력과 봉사정신, 이해심과 객관적 사고의 흐름과 관련된다.

(1) 협동성이 높을 때의 장점

대인관계가 좋고 사고의 폭이 넓고 사회활동을 좋아하며 협조지향적이다. 외향적 기질이 강하여 이해력이 넓고 공동체 의식이 좋다.

(2) 결핍요인과 개선방향

결핍요인	개선방향
– 성장과정에서의 어머니의 포용력(애정, 사랑, 관심 등) 부족 – 공동체 의식(객관성 부족과 자기 자신에 대한 의식)이 부족할 때	– 객관성의 폭을 넓혀 이해심 갖기 – 충분한 대화를 통해 불안과 두려움을 해소하기

(3) 등급별 상태 파악

A+, A	B, C	D, F
① 대인관계가 좋고 사고의 폭이 넓다. ② 이해력이 넓고 공동체 의식이 좋다. ③ 외향적 기질이 강하다.	① 무의식적인 불안과 두려움이 내제되어 있다. ② 이해력이 다소 부족하며 방관의 자세를 갖는다.	① 대인관계가 부족하다. ② 자신의 이익을 먼저 생각한다. ③ 사회적 관계를 기피하는 경향이 있다.

4) 자주성

자주성은 행동이 자발적이며 스스로 일을 처리할 수 있는 능력을 의미한다. 자주성이 높은 사람은 독자적인 해결력과 능동적 행동을 보이며 어떤 일을 하더라도 자신감이나 의욕이 있다. 수동적인 사람은 어떤 일을 하더라도 자신감과 의욕이 없어 보이는 상태를 말하는 것으로 이런 경우는 자아(이성)의 상태에서 비롯되는 것이라 하겠고 자아에서 문제화되는 상태를 불안해하는 것이라 하겠다. 예기되는 상태를 부정적으로 감지하고 나쁜 결과가 오리라는 인식에 의해 판단과 각오를 망설이게 됨으로써 수동적 행동 반응을 일으킨다고 한다.

(1) 자주성이 높을 때의 장점

스스로 결정하고 매사에 해결능력이 뛰어나며 일처리가 능동적이다. 어떤 일을 추진할 때에 남의 보호나 간섭을 받지 않고 스스로 해결하려고 노력한다.

(2) 결핍요인과 개선방향

결핍요인	개선방향
– 부모로부터의 지나친 간섭을 받을 때 – 어머니의 가변성이 부족할 때 (과잉보호, 성급한 기대)	– 자신감 갖기 – 할 수 있는 일은 스스로 하기

(3) 등급별 상태 파악

A+, A	B, C	D, F
① 자신감이 있다. ② 주관적 의식이 강하다. ③ 자발적 행동이 우수하다. ④ 고집스러운 면이 있다.	① 독자적 의식이 있다. ② 의타심과 독립심이 다소 있다. ③ 자주성이 있는 편이다.	① 자신감이 없다. ② 의타심이 많고 수동적이다. ③ 소극적이고 내성적이다. ④ 교육의 수용상태가 좋지 않다.

5) 준법성

준법성은 초자아에서 비롯되는 것으로서 그 양심이 엄격할 때 준법성이 높아진다. 준법성은 원래부터 타고난 것이 아니라 양심의 기능이 내적, 외적 충동을 엄격하게 통제할 때 규범과 질서를 지키려는 마음상태를 가지게 되는 것이다. 주변 환경이나 아버지로부터 엄격성을 부여받은 것이다.

(1) 준법성이 높을 때의 장점

윗사람에 대한 신뢰도가 높고, 약속이나 규칙을 철저하게 이행한다. 절도 있는 사고력을 갖고 있고 제반 규범을 폭넓게 이해할 수 있다.

(2) 결핍요인과 개선방향

결핍요인	개선방향
– 양심의 엄격성이 상실할 때 (아버지의 엄격성 부족) – 본능적인 욕구나 이성의 지나친 가변성으로 인해 양심이 엄격하게 통제하지 못할 경우	– 아버지에 대한 신뢰감 갖기 – 주위 환경 정리 정돈 – 충고 받아들이기

(3) 등급별 상태 파악

A+, A	B, C	D, F
① 약속, 규칙을 철저하게 이행한다. ② 윗사람에 대한 존경심이 있다. ③ 제반규범을 폭넓게 이해한다. ④ A+일 때 다소 결벽증세가 있다.	① 제반규범을 잘 지키는 편이다. ② 윗사람의 말은 비교적 잘 듣는 편이다. ③ 규칙, 약속 따위를 어길 때가 있다.	① 규범을 무시하는 경향이 있다. ② 윗사람에 대한 불신감과 신뢰성 상실로 저항의식이 내포 되어 있다. ③ 우유부단하고 멋대로 행동한다.

6) 지도성

지도성은 초자아의 영역에 속하는 것으로 자기표현을 잘하여 친구들에게 충고와 칭찬을 잘한다. 외향적인 성격으로 적극적이고 대범하다. 집단 속에서는 통솔력, 설득력이 뛰어난 성격특성을 보인다.

(1) 지도성이 높을 때의 장점

단체 속에서 통솔력 · 설득력 · 어휘력에서 뛰어난 능력을 발휘한다. 타인에게 신뢰감을 많이 받으며 지휘능력과 집단을 이끌어 가는 정신력을 발휘할 수 있는 능력이 있다.

(2) 결핍요인과 개선방향

결핍요인	개선방향
– 실수나 잘못을 지나치게 꾸중할 때 – 피해의식이 잠재되어 있을 때	– 실수나 잘못을 지나치게 의식하지 않기 – 단체 생활의 경험을 충분하게 갖기

(3) 등급별 상태 파악

A+, A	B, C	D, F
① 지배의식이 있다. ② 단체 통솔력이 있다. ③ 쾌활한(외향적) 성격 ④ 활동적이며 자신감이 다.	① 다소 소심한 성격을 보인다. ② 자기 표현력이 다소 부족다. ③ 비교적 활동적이나 적극적이지 못하다. ④ 지도력이 있는 편이다.	① 실수나 잘못을 지나치게 의식한다. ② 내성적이고 비활동적이다. ③ 자기표현력, 어휘력, 설득력이 부족하다. ④ 지도자 역할에 공포를 갖는다.

7) 감정

감정은 마음의 유쾌한 상태나 불쾌한 상태를 의미한다. 감정은 자극에 의해 행동의 직접적인 원인을 제공한다. 감정이 순수할 때 일어나는 일의 동기는 긍정적으로 수용하고 진취적이고 의욕이 높고, 감정이 억압되거나 불쾌할 때 자신에게 일어나는 일에 대해 부정적인 거부감을 일으키고 폐쇄적인 상태에 이를 수 있다.

(1) 긍정적 감정이 높을 때의 장점

긍정적 감정은 행복과 기쁨을 가져다주고, 확고한 자신감과 외부환경이나 자신이 처한 상황을 정확하게 분별할 수 있는 뛰어난 능력을 발휘할 수 있다.

(2) 결핍요인과 지도방향

결핍요인	개선방향
– 주위 인물이나 환경에 의해 억압 받을 때 – 불쾌감의 반복적인 체험 – 정신적인 충격	– 객관적인 사고 갖기 – 역지사지 마음 갖기

(3) 등급별 상태 파악

A+, A	B, C	D, F
① 감정 상태가 순수하다. ② 침착하고 능동적인 행동을 한다. ③ 사물을 감지하는 상태가 정상적이다.	① 감정 상태나 신경계통이 비교적 순수하다. ② 다소 신경질적이며 흥분할 때가 있다.	① 감정상태가 억압되어 있다. ② 신경계통이 긴장 상태에 있다. ③ 사소한 일에도 흥분을 잘하고 신경질적이다. ④ 수동적인 행동을 한다.

8) 정서

정서는 인물이나 사물, 즉 자연과 접촉하는 점에서 느끼는 정신 상태를 의미한다. 정서 상태가 안정되고 풍부할 때는 사고하는 방식이 흐름이나 행동하는 점이 성숙한 반응을 보일 수 있다. 행동과 정서의 안정 정도와 인식과 사고의 흐름을 살펴본다. 가정에서 부모의 관계가 원만하지 못하고 갈등이 심할 경우나 부모님의 극단적인 생활지도를 했을 때와 같은 경우이며 형제간의 갈등, 사회에 대한 부적응 등이 정서에 영향을 주었을 때 태도에 문제성을 일으키는 요인이 된다.

(1) 정서가 안정적일 때의 장점

행동의 균형 상태를 유지하고, 논리적이며 건전한 사고력을 가질 수 있다. 판단력이 뛰어나며 매사에 성실하고, 행동의 균형 상태를 유지할 수 있다.

(2) 결핍요인과 개선방향

결핍요인	개선방향
– 기대감이 크게 상실되었을 때 – 본능적인 욕구(소유욕)가 매우 강할 때 – 인격(자존심)에 손상을 받을 때	– 현실을 받아들이기 – 실제적 사고하기

(3) 등급별 상태 파악

A+, A	B, C	D, F
① 정서가 안정되어 있다. ② 성실한 사고와 실제적 사고를 한다. ③ 판단과 행동이 우수하다.	① 정서 상태가 비교적 안정되어 있다. ② 다소 주위가 산만하며 환상과 공상을 한다.	① 정서 상태가 불안하다. ② 환상과 공상으로 흐르며 안절부절못한다. ③ 과대망상, 피해망상, 자폐증 등이 잠재되어 있을 수 있다.

9) 집중력

집중력은 원래 가지고 있는 힘이나 정신을 최대한 발휘하게 하는 능력이며 어떤 일에 몰두할 수 있는 능력을 의미한다.

(1) 집중력이 높을 때의 장점

사고가 깊고 기억력이 우수하다. 치밀하고 신중하여 변덕이 없으며 외부자극에 순응성이 우수하고 지구력이 강하다.

(2) 결핍요인과 개선방향

결핍요인	개선방향
- 일에 대한 흥미, 관심 부족 - 목표의식이나 계획성 부족 - 인내력 부족 - 울적하거나 불안한 심리	- 주변 환경 정리하기 - 걱정이나 불안을 갖지 않기 - 목표를 세우고 끈기 있게 밀고 나가기 - 침착하게 행동하기

(3) 등급별 상태 파악

A+, A	B, C	D, F
① 기억력이 우수하다. ② 치밀하고 신중하여 변덕이 없다. ③ 사고가 깊다	① 자세가 불안하여 산만해지지 쉽다. ② 일을 할 때 가끔 잡념이 생긴다. ③ 한 가지 일에 오랫동안 몰두하지 못하는 경향이 있다.	① 전념하지 못하고 대충 지나간다. ② 일을 빨리 끝내려고 조급해한다. ③ 기억력, 인내력, 독해력이 떨어진다.

인성은 혼자 살아간다면 전혀 중요하지 않은 것이다. 공동체 사회에서 서로 공존하면서 자아실현을 통한 행복추구를 하기 위해서 필요한 것이다. 자신이 불편하고 싫어한다고 배제하고 협력하지 않는 인재는 기업체에서도 채용하지 않을 것이다. 자신이 부족한 인성항목은 무엇인지 확인하고 마음으로 느끼고 행동으로 수정해 나간다면 자신이 속한 사회는 물론 자신도 행복해질 수 있을 것이다. 자신이 희망하는 기업의 인재상에 적합하도록 경험을 통해 노력한다면 그 기업에서 필요한 인재가 되는 것이다.

worksheet 12-1 나의 인성을 알아보자.(인성검사)

다음 각 문항을 읽고 전혀 그렇지 않으면 ①, 별로 그렇지 않으면 ②, 보통이면 ③, 대체로 그러하면 ④, 매우 그러하면 ⑤에 ✓표 하세요. 답안지에 문항별로 점수를 기록한 후 세로 합계 점수를 계산해 보세요.

	문 항	①	②	③	④	⑤
1	나는 과제를 한 번에 모아서 하지 않고 그때그때 하는 편이다.					
2	나는 지겨운 일이라도 정해진 시간 안에 일을 마친다.					
3	나는 무슨 일을 하더라도 자신감이나 의욕이 있다.					
4	나는 나의 의견보다는 다른 사람들의 의견을 먼저 수용하는 편이다.					
5	나는 규칙적인 생활을 잘하고 있다.					
6	나는 사람을 만나거나 사귈 경우 낯가림이 심한 편이다.					
7	나는 하던 일을 신속히 끝내려고 조급해하는 편이다.					
8	나는 가끔 남의 험담을 이야기할 때가 있다.					
9	나는 사람들이 내 생각과 매우 다른 생각을 나타낼 때 불쾌하게 생각한다.					
10	나는 이야기하는 도중에 점점 부풀려서 말을 할 때가 있다.					
11	나는 몸이 피곤해도 해야 할 것은 꼭 해내고야 만다.					
12	나는 어떤 일을 주로 혼자 힘으로 결정하여 처리해본 경험이 많다.					
13	나는 다른 사람들을 돕는 것을 좋아한다.					
14	나는 약속시간 전에 미리 나가서 기다리는 편이다.					
15	나는 모임에서 장기자랑 순서가 돌아오면 마음이 불안해지는 편이다.					
16	나는 하는 일이 잘되지 않거나 힘들 때는 곧바로 포기하는 편이다.					
17	나는 누가 잘되면 강한 질투심을 느낀다.					
18	나는 자존심이 상하거나 불쾌한 일을 겪으면 심한 분노를 느낀다.					
19	나는 노력은 하지 않고 그저 목적만 달성하려는 면이 있다.					
20	나는 오늘 해야 할 과제나 일 등은 미루지 않고 그날로 끝내는 편이다.					
21	나의 문제는 스스로 해결하는 편이다.					
22	나는 싫어하는 모임이나 행사에는 참여하지 않는 편이다.					
23	나는 정해진 규칙대로 할 때 안정감을 느낀다.					
24	나는 사교적인 편이다.					
25	나는 계획했던 일을 중도에 그만두는 경우가 종종 있다.					
26	나는 생각하는 방식의 흐름이나 행동하는 점이 가끔 성숙한 면모를 보이지 못할 때가 있다.					

	문 항	①	②	③	④	⑤
27	나는 다른 사람의 화난 감정을 잘 풀어주는 편이다.					
28	나는 한 가지 일이 끝나면 쉴 틈도 없이 또 다른 일을 시작하는 편이다.					
29	나는 한번 시작한 일은 매듭을 지어야만 마음이 한결 편안하다.					
30	나는 나의 생각에 따라 자발적으로 행동하지 못하는 편이다.					
31	나는 다른 사람을 위한 희생적인 삶도 가치가 있다고 생각한다.					
32	나는 윗사람에 대한 존경심과 신뢰감이 부족한 편이다.					
33	나는 혼자 지내기보다 여럿이 함께 어울리기를 좋아한다.					
34	나는 참을성이 없는 편이다.					
35	나는 다른 사람을 험담하기보다는 칭찬을 잘하는 편이다.					
36	나는 새롭게 창조하려는 의욕이 부족한 편이다.					
37	나는 언제나 진실된 말만 한다.					
38	나는 해야 할 일을 끝내고 난 후 여가를 즐기는 편이다.					
39	나는 어떤 행동을 하다가 어려운 문제에 부딪히면 스스로 노력하는 자세가 부족한 편이다.					
40	나는 봉사 활동을 자주하는 편이다.					
41	나는 규칙적인 생활을 하지 않고 무질서한 생활을 하는 경우가 많다.					
42	나는 모임 단체에 나가는 것을 부담스러워 한다.					
43	나는 집중이 안 되고 조급해 하는 면이 있다.					
44	나는 누구를 때리거나 해치고 싶은 충동이 생길 때가 있다.					
45	나는 감정기복이 심한 편이다.					
46	나는 내 욕심 때문에 남에게 거짓말을 잘 하는 편이다.					
47	나는 하는 일이 허술하고 끝마무리가 좋지 않을 때가 종종 있는 편이다.					
48	나는 행동이 자발적이지 못하고 남이 하는 것을 보고 따라만 하는 경우가 많은 편이다.					
49	나는 곤경에 처한 친구나 동료를 잘 도와주는 편이다.					
50	나는 어질러지면 즉각 청소한다.					
51	나는 다른 사람의 의견을 먼저 듣고 나의 의견을 말하는 편이다.					
52	나는 무슨 일이든지 지속적으로 하지 못하는 편이다.					
53	나는 친구로부터 강한 질책을 받을 때 깊은 복수심을 종종 느낀다.					
54	나는 울화가 터지면 나도 모르게 폭력을 행사하는 편이다.					
	합 계					

답 안 지

(■ 문항은 역채점하시오. 1→5, 2→4, 3→3, 4→2, 5→1)

문항	1	2	3	4	5	6	7	8	9
나의 점수									
문항	10	11	12	13	14	15	16	17	18
나의 점수									
문항	19	20	21	22	23	24	25	26	27
나의 점수									
문항	28	29	30	31	32	33	34	35	36
나의 점수									
문항	37	38	39	40	41	42	43	44	45
나의 점수									
문항	46	47	48	49	50	51	52	53	54
나의 점수									
합계점수									
환산점수 (각 인성점수 합계×100)÷30									
인성	근면성	책임성	자주성	협동성	준법성	리더십	집중력	정서	감정

* 위 문항 6,7,8,9,10,15,16,17,18,19,22,25,26,30,32,34,36,39,41,42,43,44,45,47,48,52,53,54 문항은 역채점한다.(예 1→5, 2→4, 3→3, 4→2, 5→1)

※ 환산점수 예) 근면성 점수 : 23점(원 점수), 30점(총 점수)
100점 만점 환산점수 : (23×100)÷30= 76.8점

☞ 자신이 부족한 인성은 무엇이며, 어떻게 개선해 나갈 것인지에 대해 작성하시오.

PART

08

취업전략

Chapter 13 나만의 취업전략

1. 셀프 취업 마케팅
2. 취업인맥 관리하기
3. 채용정보 100% 활용하기

나만의 취업전략

CHAPTER

13

1. 셀프 취업 마케팅

셀프 취업 마케팅이란 구직시장에서의 공개채용을 통한 구직활동방법과는 구분되는 것으로서 '잠재적 취업 기회를 확대하고, 취업 성공 가능성을 높여 주는 구직활동'이라고 정의할 수 있다. 회사를 직접 방문하거나 관련자를 통한 취업정보 수집, 자신을 직접 마케팅하는 활동, 구인처 발굴, 정보 수집, 조언 구하기, 추천받기 등이 포함된다.

〈표 13-1〉 셀프 취업 마케팅의 목적

구인처 발굴	좋은 일자리 정보 수집 향후 잠재적 구인 기회에 대한 사전 구직활동 전개
정보 수집	취업 분야에 대한 정보 수집
조언 구하기	취업을 위한 준비사항에 대해 조언을 얻음
추천받기	구직 기회 제공 가능한 추천인 의뢰받음

셀프 마케팅은 크게 준비, 성사, 수행, 마무리 등 네 단계로 이루어지며, 각 단계별 주요 내용은 다음과 같다.

〈표 13-2〉 셀프 취업 마케팅의 4단계

준비단계	→	성사단계	→	수행단계	→	마무리단계
• 대상자 선정 • 이력서, 자기소개서 준비 • 질문 목록 준비	→	• 이메일 작성하기 • 전화 접촉	→	• 직접 방문(질문 내용, 필기도구, 복장 등 점검)	→	• 감사편지 쓰기 • 수집정보 정리하기

첫째, 준비단계에서는 접촉 대상자 선정, 이력서, 자기소개 준비, 질문 목록 준비가 포함된다. 기업의 대상자는 취업에 도움을 줄 수 있는 인맥으로부터 소개를 받으면 좀 더 수월하다. 대상자 선정에서는 지식과 인적 네트워크가 풍부한 사람, 다른 사람을 추천해 줄 수 있는 사람, 실질적 채용 권한이 있는 사람 중에서 선정하는 것이 좋다. 대상자를

선정한 후에는 그 사람에게 자신을 어떻게 알릴 것인가를 준비해야 하는데, 취업 분야 및 희망직업, 경력, 취업 준비사항, 자신의 강점 및 특기사항 등을 포함하여 작성하면 된다. 그리고 대상자 특성에 따라 어떤 내용을 질문하여 확인할 것인지 정한 후 알고 싶은 내용이 빠지지 않도록 목록을 작성하면 모든 준비를 갖추게 되는 것이다.

둘째, 성사단계는 이메일 작성하기와 전화 접촉하기로 이루어지는데, 전화 접촉 전 이메일을 보내는 것은 자신을 미리 알리면 전화 접촉이 원활해지며, 이력서를 첨부하여 미리 읽도록 유도하는 것도 효과적이다.

셋째, 수행단계에서는 직접 방문하여 필요한 정보를 수집하게 된다. 직접 방문 전에는 그동안 전화 및 이메일을 보낸 내용을 다시 한 번 확인하고, 질문 목록과 필기도구를 준비하며, 복장은 상대방의 직급과 직무에 맞춰 준비한다. 특히, 사전 약속시간 이내 미팅이 종료될 수 있도록 해야 하며, 시간 연장이 필요한 경우에는 반드시 상대방에게 양해를 구해야 한다.

그리고 마지막으로 마무리단계에서는 감사편지 쓰기와 수집정보 정리하기가 포함된다. 감사편지를 쓸 때는 상대방에게 감사를 표시함은 물론 방문 접촉 시 불충분했던 내용을 보강하고 좀 더 적극성을 표현한다면 자신을 다시 한 번 알릴 수 있는 기회로 활용할 수 있다.

worksheet **13-1** 셀프 취업 마케팅을 위한 간단한 자신의 소개내용을 적어 보자.

구분	내용
취업희망 분야 (희망직무)	
직무수행을 위한 본인의 역량 (경력, 자격증, 기타)	
직무수행을 위한 본인의 차별화된 강점	
앞으로의 포부	

worksheet 13-2 셀프 마케팅을 위해 어떤 정보를 수집하고 싶은지, 어떤 도움을 받고 싶은지 질문 목록을 정리해 보자.

연번	질문할 내용
1	
2	
3	
4	
5	
6	
7	
8	
9	
10	

worksheet **13-3** 접촉 대상자를 염두에 두고 자신을 효과적으로 알릴 뿐만 아니라 방문 접촉을 성공할 수 있도록 전화 접촉 대본을 작성해 보자.

구분	대본
인사말	
목적 설명	
미팅 요청	
확인 감사	

2. 취업인맥 관리하기

1) 취업 구인망 구축하기

구인망을 구축한다는 것은 기업의 비공개 채용정보를 파악해서 제공해 줄 수 있는 구직자의 인맥을 의미한다. 그동안 취업형태를 보면 가족, 친지 소개, 직장동료 소개, 학교 스승의 추천 등 인맥으로의 취업이 여전히 높고, 신문, 인터넷, 공개시험, 기타 순으로 나타나고 있다. 효율적인 취업을 하기 위해서는 인터넷 정보에 앞서 회사의 비공개 채용정보에 관심을 가지는 것이 무엇보다도 중요하다.

2) 디지털 인맥 구축하기

디지털 인맥은 개인의 자발적인 선택과 관계없이 학연과 지연으로 알게 된 아날로그적인 인맥과 달리 연령, 직종, 인종과 관계없이 온라인상에서 맺어진 인맥이다.

비대면 문화가 확산됨에 따라 SNS(페이스북, 인스타그램, 커뮤니티, 미니홈피, 마이크로블로그, 프로필 기반 서비스)를 이용하는 사람들이 많아질 것으로 예상된다. 이와 같이 SNS를 이용하여 취업정보뿐 아니라 생활에 도움이 되는 정보를 얻을 수 있다는 측면에서 디지털 인맥 구축도 적극적으로 활용할 필요가 있다.

미국 IT 전문 매체 매셔블(mashable.com)은 트위터로 성공적인 취업을 이룰 수 있다고 소개하면서 '트위터로 일자리를 찾는 여섯 가지 방법'을 소개하고 있다. 첫째, 일하고 싶은 전문가처럼 트윗하라. 자신이 관심을 가지고 있는 분야에 대해 고용주들이 관심을 가질 만한 정기적이고 기발한 트윗이 중요하다. 둘째, 해시태그(hash tag)를 사용하라. 해시태그는 같은 취미나 관심을 가진 사람들과 소통할 때 사용하는 일종의 태그암호이다. 트윗을 작성하고 글 끝에 '#채용정보, #일자리 구함'과 같은 해시태그를 붙이는 것도 좋은 방법이다. 셋째, 인사담당자와 자신의 관심 분야에서 일하고 있는 사람과 소통하라. 넷째, 꾸준한 유대관계를 형성하라. 트윗을 하면서 자신이 구직 중임을 알리고 관련 분야의 종사자들과 꾸준한 유대관계를 형성하라. 다섯째, 취업을 위한 적극적인 행동을 하라. 실제 트위터상에서 '나를 채용하세요!'라는 구직의 절박함을 알리기 위해 삭발한 사진과 흥미로운 모습을 자신의 프로필에 등록하여 구직 기회를 얻은 사례가 있다. 여섯째, 오프라인 활동도 매우 중요하다. 온라인상의 이름, 아바타, 트위터로는 밀접한 유대관계를 만드는데 한계가 있다. 더욱더 친밀한 유대관계 유지를 위해서는 역시 '직접적 만남'이 중요하다.

worksheet **13-4** **자신에게 비공개 채용정보를 제공해 줄 수 있는 취업인맥을 구축해 보자. (소속, 이름, 전화번호 등을 상세하게 적고 실행해 보자.)**

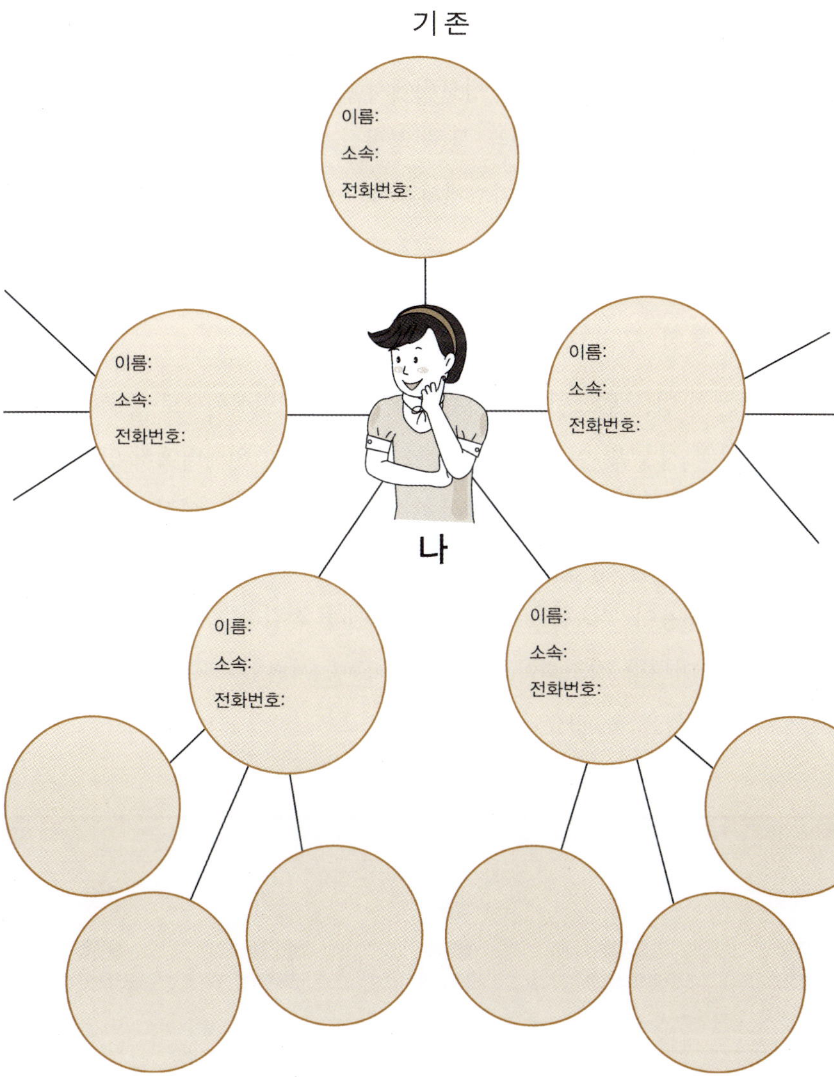

3. 채용정보 100% 활용하기

1) 워크넷

워크넷(https://www.work.go.kr)은 한국고용정보원에서 운영하는 고용안정정보망이다. 대기업 및 공공기관 등 각종 인재채용정보는 물론 직업심리검사를 받고 곧바로 검사결과를 확인할 수도 있다. 또한, 이력서 및 자기소개서 작성요령, 면접요령 등 취업과 관련된 다양한 정보를 접할 수 있다.

(1) 인터넷을 통한 구직 신청방법

구직 신청을 하는 방법은 워크넷 홈페이지에 접속하여 개인회원으로 등록하고 홈페이지에 로그인하여 구직 신청 및 이력서를 등록하면 관할 고용지원센터에서 인터넷에 게재한다. 구직 신청을 하면 취업정보와 취업알선을 제공받을 수 있고, 실전 취업면접을 경험할 수 있다는 측면에서 매우 유용하다. 또한, 취업알선이 잘 안될 경우에서는 자신의 이력서, 자기소개서의 내용이 부족할 가능성이 있어 이를 점검하는 데도 활용할 수 있다. 이와 같이 워크넷뿐 아니라 잡코리아(www.jobkorea.co.kr), 사람인(www.saramin.co.kr) 등 주요 취업사이트에 구직 신청을 할 필요가 있다.

[그림 13-1] 워크넷 구직 신청방법

(2) 구인정보 찾기

워크넷에서는 직종별, 기업형태별(강소기업, 대기업, 공기업/공공기관, 외국계기업, 벤처기업 등)로 채용정보를 검색할 수 있으며, 청년인턴 채용정보 등이 게재되어 있다. 구직자가 원하는 조건으로 채용정보를 검색하여 지원할 수 있다.

[그림 13-2] 워크넷 채용정보 검색결과 화면

worksheet **13-5** 자신에게 적합한 구인정보를 찾아 적어 보고, 직접 지원서를 제출해 보자.

NO	사업장명	지역	모집 직종	자격/학력	임금	면접 유무	평가
1주							
2주							
3주							
4주							
5주							
6주							
7주							
8주							
9주							
10주							
11주							
12주							
13주							
14주							
15주							

2) 기타 취업사이트 활용

비대면 시대에 구인·구직과 관련하여 가장 많이 활용되고 활동이 이루어지는 공간은 인터넷이다. 구직을 하는 사람과 구인을 하는 기업이 인터넷을 통해 원활하게 정보를 교류하고 있다. 대부분의 기업은 인터넷을 적극 활용하고 있다. 그러므로 취업을 준비하고 있는 구직자들은 기본적으로 인터넷 채용정보를 활용하는 것이 도움이 된다.

따라서 인터넷 취업사이트를 활용한 구직활동은 필수사항이다. 앞에서 설명한 한국고용정보원이 운영하는 워크넷을 활용하는 방법을 설명하였다. 그밖에 채용에 필요한 유익한 취업사이트의 활용방법에 대해 구체적으로 알아보고자 한다. 대표적인 취업포털사이트는 한국고용정보원의 워크넷, 잡코리아, 사람인, 리쿠르트, 인쿠르트 등이 있다. 또한 직업(직무)의 성격에 따라 전문 취업사이트가 유용할 수 있다. 각 전문 분야의 유용한 취업사이트를 살펴보는 것도 중요하다. 취업을 준비하는 사람은 자신이 지원하고자 하는 채용정보를 가능한 신속하게 파악하기 위해 자신에게 적합하다고 생각되는 취업사이트를 수시로 검색할 필요가 있다.

TIP 13-1 분야별 전문 취업포털 사이트

분야	사업명	URL
의료	메디잡	www.medijob.cc
정보통신	게임잡	www.gamejob.co.kr
쇼핑몰 · 백화점	샵마넷	www.shopma.net
이공계 기술 산업	이엔지잡	www.engjob.co.kr
일반 사무직	어카운팅피플	www.accountingpeople.co.kr
언론 · 미디어	미디어잡	www.mediajob.co.kr
	광고정보센터	www.adic.co.kr
건설 · 교통 · 물류	워커	www.worker.co.kr
	콘잡	www.conjob.co.kr

분야	사업명	URL
호텔 · 관광 · 오락 · 요식	호텔잡	www.hoteljob.co.kr
	외식과 사람들	www.foodwork.co.kr
항공 · 해운	코리아쉬핑가제트	www.ksg.co.kr
교육	훈장마을	www.hunjang.com
고시 · 공무원 · 공사 · 별정직	고시넷	www.gosinet.co.kr
사회복지	한국사회복지사협회	www.welfare.net
	복지넷	www.bokji.net
외국계 · 해외	차이나통	www.chinatong.net
	피플앤잡	www.peoplenjob.com
디자인 · 패션	한국디자인진흥원	www.designdb.com
	디자이너잡	www.designerjob.co.kr
	패션스카우트	www.fashionscout.co.kr
채용 공통 포털사이트	잡코리아	www.jobkorea.co.kr
	잡이룸	www.joberum.com
	사람인	www.saramin.co.kr
	리쿠르트	www.recruit.co.kr
	인쿠르트	www.incruit.com
	HT컨설팅	www.htconsulting.co.kr

참고문헌

김인기 외(2007). 자기주도형 성공취업과 진로. 한국전문대학협의회.
김인기 외(2010). 자기주도형 인성과 경력개발. 한국전문대학협의회.
김인기(2009). 성공취업전략. 백석대학교.
김인기(2017). 인성진로코칭. 양서원.
김인기(2017). 성공취업진로. 양서원.
김주영 외(2010). CS2 경북전문대학. 한국전문대학협의회.
배윤희(2017). 8Step으로 완성하는 스피치 트레이닝.
스티븐 코비(1999). 성공하는 10대들의 7가지 습관. 김영사.
이경환(2011). 직장 생태학. 맥그로우컨설팅.
이필선, 박종현(2010). 취업 상식사전. 길벗.
이향정 외(2009). 서비스와 이미지메이킹. 백산출판사.
설민준(2018). 취업면접 합격 기술. 시대고시기획 시대교육.
조민혁(2012). 기적의 자소서. (주)조선에듀케이션.
조영신 외(2010). 취업에 고수가 되는 비법. 일문사.
조현태(2010). 직장 예절과 직장 성공의 연관성에 대한 사례분석. 경희대학교.
최윤주, 안성수(2015). NCS 창의적 사고기법으로 접근하기. 학지사.
컬린터너(2007). 365일 성공의 기술. 현대미디어.
한국고용정보원(2008). 대졸청년층 직장적응능력향상 프로그램개발 연구보고서.

〈참고사이트〉

국가직무능력표준 사이트 https://www.ncs.go.kr
두산그룹 https://career.doosan.com
잡이룸 https://www.joberum.com
전자공시시스템 https://dark.fss.or.kr
포스코 https://www.posco.co.kr
한국고용정보원(워크넷) https://www.work.go.kr
한국고용정보원(한국직업능력개발 훈련정보망) https://hrd.go.kr
CJ채용 https://recruit.cj.net

찾아보기

저자소개

김 인 기 (金寅冀)

한국기술교육대학교 대학원 상담학 박사(진로 및 직업상담 전공)
전, 고용노동부 고용지원센터 근무
대학 취업지원역량인증제 시범사업 평가위원
직업능력개발훈련사업 심사평가위원
현, 백석대학교 사회복지학부 교수
백석대학교 대학원 평생교육 · 진로직업상담 전공 교수
(주)한국커리어잡스 자문교수
(사)휴먼심리인성진로연구소장

〈저 서〉
- 자기주도형 성공취업과 진로
- 자기주도형 인성과 경력개발
- 실전 취업멘토링
- 취업멘토링
- 진로탐색과 경력관리 / 진로탐색과 미래설계
- 인성진로코칭

〈논 문〉
- 대학생과 부모의 애착관계 지각에 따른 진로탐색 자기효능감 차이
- 대학생이 지각한 아버지 특성과 대인불안 진로탐색 자기효능감, 진로탐색행동 간 구조모형 검증
- 대학생이 지각한 아버지 특성 척도 개발 및 타당화

성공 취업스토리텔링: 손에 잡히는 취업 기본 워크북

1판 1쇄 발행 2021년 8월 25일
1판 2쇄 발행 2024년 1월 30일

지 은 이 | 김인기

발 행 인 | 박철용
발 행 처 | 양서원
주 소 | 경기도 파주시 직지길 522 파주출판도시
전 화 | 031-955-8000(代)
팩 스 | 031-955-8005
홈페이지 | www.yswpub.co.kr
이 메 일 | yswgroup@naver.com
출판등록 | 1987년 11월 24일 제 406-2003-037 호

ISBN 978-89-994-1182-3

정가 19,000원